하나님의 복음

하나님의 복음
Copyright ⓒ 새세대 2014

초판발행   2014년 9월 28일
지 은 이   곽요셉

디 자 인   표지 김지현 | 내지 이영순
펴 낸 곳   도서출판 새세대
홈페이지   www.newgen.or.kr
이 메 일   churchgrowth@hanmail.net
출판등록   2009년 12월 18일 제2009-000055호
주   소   경기도 성남시 분당구 정자동 210-1
전   화   031) 761-0338 팩스 031) 761-1340

ISBN 978-89-967016-7-5
책값은 뒤표지에 있습니다.

하나님의 복음

곽요셉 지음

도서
출판 새세대

서문

　　오늘날 한국교회는 복음의 위기와 직면하고 있습니다. 복음의 올바른 선포와 하나님의 말씀에 대한 올곧은 헌신이 강단에서 사라지고 있습니다. 인간의 필요와 문화 유행에 따라 각색되는 '새로운 복음들'이 넘쳐나고 있습니다. 교회들은 인위적인 교회성장 프로그램들에 무척 민감해하고, 사회적 이미지를 개선한다면서 세상의 소리에 귀를 기울이고 있습니다. 그러나 정작 교회가 귀를 기울이고 시선을 집중해야 할 하나님의 복음을 간과하고 있습니다. 상황이 어렵고 복잡할수록 해법은 단순명료합니다.

　　우리가 바라보아야 할 복음은 오직 하나님의 복음입니다. 인간의 지혜가 종합된 복음이 아니고, 세상의 욕구에 부응하는 복음도 아닙니다. 하나님께서 어떠한 구원의 메시지와 계획을 펼치셨는지에 충분히 집중하지 않기에 유사 복음들이 등장하여 교회들을 혼란시키고 있습니다. 하나님의 복음은 사람들에게서 난 것도 아니요, 사람으로 말미암은 것도 아닙니다.

하나님의 복음은 하나님으로부터 온 것이며, 예수 그리스도의 가르침과 삶에서 가장 선명하고 충만하게 제시되었습니다. 예수님의 말씀은 단순히 성인의 교훈이나 세상에서의 성공을 위한 지혜와는 견줄 수 없는 하나님의 유일무이한 구원 계획을 담고 있습니다. 예수님의 공생애 사역 전체가 우리를 향한 하나님의 지극하시고 영원하신 사랑과 은총을 반영하고 있습니다. 우리는 예수님을 통해서만 하나님을 온전히 발견할 수 있습니다. 예수님은 우리가 따르고 닮을 수 있는 인간적 고결함의 모델이 아니라, 바로 거룩하신 하나님 자신입니다. 예수님에게서 우리는 처세술이나 세상의 교훈이 아닌 하나님의 절대 복음과 만나야 합니다.

본 설교집은 사복음서에 나오는 예수님의 가르침과 비유와 삶을 묵상하며 이 시대를 사는 그리스도인들을 위한 하나님의 구체적인 진리와 섭리를 찾아갑니다. 세상에 동화되고 욕망에 부응하는 왜곡된 복음이 아닌 초월적인 하나님 나라의 복음으로 이 세상을 넉넉히 이기는 성도의 특권을 발견하시기 바랍니다.

2014년 9월 20일
예수소망교회에서 곽 요 셉

목차

 1부 하나님의 복음_예수 그리스도

1장_ 하나님의 복음(막 1:14-15) …… 11

2장_ 예수님의 일과(막 1:35-39) …… 23

3장_ 배척 받으시는 예수님(막 6:1-6) …… 39

4장_ 다 이루었다(요 19:23-30) …… 52

5장_ 부활의 증인(마 28:1-10) …… 66

6장_ 길에서 만난 예수(눅 24:13-27) …… 79

2부 너희는 나를 누구라 하느냐

7장 너희는 나를 누구라 하느냐(마 16:13-17) …… 96

8장 주의 길을 준비하라(눅 3:1-6) …… 108

9장 말씀이 육신이 되셨다(요 1:14-18) …… 123

10장 위로부터 오시는 이(요 3:31-36) …… 138

11장 영생의 말씀(요 6:66-71) …… 153

12장 내 이름으로 보내실 성령(요 14:25-31) …… 166

3부 나는 죄인을 부르러 왔노라

13장_나는 죄인을 부르러 왔노라(마 9:9-13) ······ 184

14장_ 그들의 누룩을 주의하라(마 16:5-12) ······ 196

15장_ 하나님의 초월적 용서(마 18:21-35) ······ 210

16장_ 하늘의 기쁨(눅 15:1-7) ······ 223

17장_ 죄 없는 자가 먼저 돌로 치라(요 8:1-11) ······ 236

18장_ 내가 스스로 버리노라(요 10:11-18) ······ 247

4부 네가 나를 사랑하느냐

19장 네가 어떻게 읽느냐(눅 10:25-29) ······ 262

20장 재물로 친구를 사귀라(눅 16:1-10) ······ 274

21장 듣는 자는 살아나리라(요 5:24-29) ······ 286

22장 내 이름으로 구하라(요 14:12-15) ······ 301

23장 내 안에 거하라(요 15:1-11) ······ 316

24장 네가 나를 사랑하느냐(요 21:15-17) ······ 329

1부

하나님의 복음
예수 그리스도

1장

하나님의 복음

요한이 잡힌 후 예수께서 갈릴리에 오셔서 하나님의 복음을 전파하여 이르시되 때가 찼고
하나님의 나라가 가까이 왔으니 회개하고 복음을 믿으라 하시더라(막 1:14-15).

위대한 작품, 『레미제라블』(*Les Miserables*)을 남긴 빅토르 위고(Victor-Marie Hugo), 많은 사람이 그를 프랑스 최고의 작가로 인정합니다. 그러나 젊은 시절 그의 사생활은 매우 문란했습니다. 작품을 쓰는 시간 외에는 주벽을 일삼으며 방탕하게 살았습니다. 가족들조차도 그를 멀리했습니다. 술만 먹으면 폭력과 폭언으로 사람들을 괴롭혔습니다.

1841년 여름, 그의 생애를 뒤바꿔 놓을 충격적인 사건이 일어납니다. 가장 사랑했던 딸 레오폰디느가 세느 강에서 익사한 것입니다. 빅토르 위고는 싸늘한 시신으로 돌아온 딸의 핏기 하나 없는 얼굴을 하얀 천으로 덮으면서 오열했습니다. "내 죄악에 대한 하늘의 심판이다. 죽은 것은 내 딸 레오폰디느가 아니다. 이것은 천하의 죄인인 나의 죽음이다."

그는 그날부터 방탕한 삶을 청산하고, 경건한 삶을 추구했습니다. 이후로 자신의 어두운 과거를 회상하면서 소설을 집필하기 시작했는데, 이 작품이 바로 위고 생애의 역작 『레미제라블』입니다. 그는 말년에 이렇게

고백했습니다. "하나님을 만난 순간부터 내 모든 인생관이 달라졌다. 이 진리는 사랑하는 딸의 생명을 주고 산 것이다."

복음_하나님 자신

복음이 무엇입니까? 복음을 믿는 자는 거듭납니다. 구원을 받습니다. 그리고 새사람으로 변화됩니다. 이 모든 구원의 서정이 복음의 역사입니다. 죽은 영혼을 살리고 변화시키는 이 대단한 복음이 도대체 무엇일까요? 복음은 '하나님 자신'입니다. 다시 말해, 하나님이 복음입니다. 이 복음을 믿을 때, 즉 하나님 자신을 믿을 때 우리는 살고 변화됩니다.

그런데 지금, 복음은 믿는데 정작 하나님은 안 믿는 이상한 현상이 만연하고 있습니다. 복음을 받아들인다고 하면서 하나님의 존재와 역사와 임재에 대해서 믿지 않는 자칭 기독교인이 수두룩합니다. 이들의 신앙은 참으로 애매모호합니다. '복음 따로 하나님 따로'입니다.

복음은 하나님 자신입니다. 이 시대는 분명 복음이 실종된 시대입니다. 기독교 안에도, 교회 안에도 복음이 점점 사라져갑니다. 거룩한 강단에서는 하나님 대신 인간의 지혜와 세상의 교훈이 선포됩니다.

물론 실제적인 교훈이 아무 유익이 없는 건 아닙니다. 청중으로 하여금 즉각적으로 반응하게 하고 그만큼 효과적일 수도 있습니다. 그러나 그런 교훈이 인간을 거듭나게 하지는 못합니다. 이처럼 인간의 표면만을 건드리고 영혼의 중심을 파고들지 못하는 복음을 신학적으로 '새로운 복음'(New Gospel)이라고 합니다. 이런 복음이 기독교의 주류를 이룬 지 벌써 몇십 년이 되었습니다.

복음과 종교의 차이

「뉴욕타임스」에서 개신교 목회자 가운데 교황으로 선출될 만한 인물을 지목한 적이 있었는데 바로 존 스토트(John Stott) 목사입니다. 그는 대표적인 복음주의자입니다. 저도 이분의 책을 많이 읽었습니다. 이분이 돌아가시기 전에 이런 말씀을 남겼습니다. "현대 교회는, 성장은 있지만 영적 깊이가 없다. 단적으로 복음이 없다." 그 어느 시대보다 교회 안에서 다양한 성경공부와 많은 프로그램이 시행되고 있지만 정작 복음이 없습니다. 현대 기독교인들은 복음이 무엇인지 모릅니다.

인도에서 20년 동안 선교사로 지내다가 선교학 교수로 활동했던 존 시몬즈(John Symonds) 박사가 인도에서 사역할 때 일입니다. 어느 날 한 인도 사람이 그를 찾아와서 이렇게 묻더랍니다. "저는 당신을 이해할 수 없습니다. 인도는 많은 종교의 발상지입니다. 수많은 종교가 있고, 수많은 종교인이 있는데 왜 또 다른 종교를 여기서 전하여 혼란스럽게 하는 겁니까?" 시몬즈 박사는 이렇게 대답했습니다. "친구여, 나는 종교에는 관심이 없고, 복음에 깊은 관심이 있습니다."

종교와 복음 사이에는 엄청난 차이가 있습니다. 종교는 인간이 만든 것이며, 복음은 하나님께서 주셨습니다. 종교는 신을 위해서 인간이 행하는 것이고, 복음은 인간을 위해서 하나님께서 이루신 것입니다. 종교는 하나님에 대한 인간의 추구이며, 복음은 인간에 대한 하나님의 추구입니다. 종교는 인간이 '자기 의'의 사다리를 타고 올라 하나님을 만나겠다는 시도이며 노력입니다. 그러나 복음은 하나님께서 예수 그리스도의 성육신의 사다리로 이 땅에 내려오셔서 죄인인 우리를 만나주시는 것입니다. 종교는 좋은 권면이지만 복음은 영광스러운 선포입니다. 종교는 인간을 받아들이나 변화시키지 못하며, 복음은 인간을 그대로 받아들여서 변화시킵니다. 종교는 외적인 개혁에 목적을 두고, 복음은 내적인 변화를 목표로 합니다. 종교는 희게 칠하며, 복음은 희게 씻어줍니다. 종교는 종종 인간을 속이기도 하지만, 복음은 믿는 모든 자를 항상 구원에 이르게 하는 하나님의 능력입니다. 많은 종교가 있지만 복음은 단 하나뿐입니다.

다시 한 번 강조합니다. 복음은 하나님 자신입니다. 하나님의 약속이 복음이요, 하나님의 행동이 복음입니다. 인간의 지혜, 인간의 열심, 인간의 선행, 인간의 교훈이 인간에게 유익과 기쁨을 주기도 하고 삶의 질을 높이는 것 같지만 잠깐 그런 것뿐입니다. 이런 것들은 복음이 아니기에 절대 사람의 본성을 변화시키지 못합니다. 복음만이 타락한 인간의 본성을 근본적으로 변화시킵니다.

하나님의 복음_하나님이 행하시는 일

오늘 본문에는 예수님 사역의 요약이며 본질이자 핵심이 기록되어 있습니다. 예수님께서 이 땅에 오셔서 하신 모든 사역을 한마디로 정의한 말씀입니다. "예수께서 갈릴리에 오셔서 하나님의 복음을 전파하여"(14절). 예수님께서 공생애를 시작하시면서 갈릴리에서 하나님의 복음을 전파하시는데, 승천하실 때까지 이 일을 하셨습니다. '하나님의 복음'을 전파하셨습니다. 하나님의 기쁜 소식이지, 인간이 만든 지혜, 프로그램, 체험, 이런 것들이 아닙니다. 복음에는 죄와 의와 심판에 대한 메시지가 충만히 나타납니다. 하나님께서 행하신 일, 지금 행하시고 앞으로 행하실 일, 그리고 하나님만이 하시는 일을 그분이 우리에게 주셨습니다. 이것이 하나님의 기쁜 소식, 하나님의 복음입니다.

우리가 설교를 듣거나 여러 경건서적을 보면서 뭔가 깨닫는 것이 있다면, 반드시 성경을 펼쳐 말씀으로 확인해야 합니다. 분명 성경의 언어로 옷 입고 있지만 순전한 하나님의 말씀을 교묘하게 빗나간 교훈이 있기 때문입니다.

하나님의 말씀으로 잘 포장된 교훈들이 어떤 유익을 주든지, 재미가 있든지, 상식적이든지, 내 취향에 맞든지, 그것은 복음이 아닙니다. 신비한 체험이나 간증, 성공사례, 자기계발이나 가정과 인간관계를 위한 많은 지혜들이 인간의 심금을 울리고 삶을 잠시 윤택하게 할지라도 그것들은 복음이 아닙니다. 복음에서 멀어지게 하는 교묘한 유혹입니다. 간교한 사탄의 역사입니다.

하나님의 복음은 하나님께서 행하시는 그 무엇입니다. 은혜입니다. 선물입니다. 인간이 행하는 것이 아닙니다. 인간의 어떤 노력도, 열정도 복음이 아닙니다. 하나님의 복음은 능력입니다. 추상적인 것이 아닙니다. 실제적인 사건으로, 능력으로 임해서 사람을 변화시킵니다. 복음은 인간을 한 번 변화시키는 데 그치지 않고, 믿는 자 안에서 지속적으로 그를 변화시킵니다.

'하나님의 복음'의 진수_예수 그리스도

'하나님의 복음'의 진수는 두 가지입니다. 하나는 예수 그리스도요 또 하나는 하나님 나라입니다. 예수 그리스도와 하나님 나라, 이것이 하나님의 복음입니다. 그 외에는 그럴듯한 그 무엇도 다 위선이요, 거짓입니다.

예수 그리스도는 하나님 자신입니다. 그분이 성육신하여 이 땅에 인간으로, 하나님 아들의 모습으로 오셨습니다. 이것이 복음입니다. 그 안에 무궁무진한 지혜가 있습니다. 하나님의 아들이 이 세상에서 악인들의 손에 이끌려 십자가에서 죽으십니다. 죽으실 수 없는 분이 죽으십니다. 그 사건 안에 무궁무진한 메시지가 있습니다. 하나님의 계시가 있습니다. 그리스도의 성육신과 십자가는 하나님께서 행하신 일입니다. 그리스도께서 십자가에서 피 흘리시며 인류의 죄를 대속하셨습니다. 사람이 행한 거라곤 죄를 지은 것밖에 없는데 하나님이신 그리스도께서 우리에게 아무 대가를 요구하지 않으시고 자신을 우리에게 선물로 내어주셨습니다. 이것이 복음입니다.

우리를, 이 죄인을, 구제불능의 죄인을 변화시키시는 분은 오직 예수 그리스도이십니다. 인간이 스스로 구원에 이르려고 고상한 교훈을 구하기도 하고 선을 행하기도 했지만 이런 시도들은 오히려 복음의 장애물이 될 뿐입니다. 그리스도께서 십자가에 죽으심으로 구원을 이루셨습니다. 구원의 차선책은 없습니다. 오직 예수, 오직 복음이 구원의 길입니다.

비누 생산업을 하는 불신자가 어떤 목사님과 함께 길을 가며 대화를 나누었습니다. 이 불신자가 냉소적으로 질문했습니다. "목사님, 당신이 전파하는 그 복음이 지금까지 한 게 뭐죠? 2,000년 동안 한 게 뭐냐는 말입니다. 아직도 이 세상에 폭력과 비리와 부정과 부패가 난무하고, 교회마저 타락했는데 복음이 도대체 한 게 뭡니까?" 목사님은 정말 할 말이 없었습니다. 그런데 가는 길에 도랑의 진흙더미에서 흙 범벅이 되어 노는 아이들이 보였습니다. 이 모습을 본 목사님이 웃으면서 이렇게 말씀했답니다. "그 비누도 별로 한 게 없군요. 깨끗하게 한다고 하는데, 한 게 뭐요? 저 애들도 다 지저분하구먼…" 그랬더니 불신자가 "비누를 사용해야 깨끗해지지요"라고 받아쳤습니다. 그때 목사님이 말씀했습니다. "복음도 마찬가지예요. 사용해야 깨끗해지지요."

복음을, 예수 그리스도를 믿어야, 예수 그리스도를 나의 구주, 구세주로 영접해야 그 사람이 변화됩니다. 하나님께서 예수 그리스도로 말미암아 역사하실 때 영혼이 변화됩니다. 그러므로 문제는 그리스도를 믿지 않는 인간에게 있습니다.

'하나님의 복음'의 진수_하나님 나라

복음은 하나님 나라입니다. 하나님 나라, 천국은 하나님과 함께하는 삶을 말합니다. 하나님과 함께하는 영생의 삶, 그것이 천국입니다. 이 시대의 기독교에서는 '하나님 나라를 이룬다, 열심히 해서 확장시킨다'는 표현을 자주 사용합니다. 이런 표현은 하나님 나라를 잘 모르기 때문에 하는 말입니다.

하나님 나라는 하나님께서 하신 일입니다. 인간이 하나님 나라 운동을 열심히 한다고 하나님 나라가 이루어지는 것이 아닙니다. 그래서 우리는 주기도문에서 고백합니다. "하나님의 나라가 임하옵시며." 오직 하나님만이 하나님의 일을 이루시고, 그 일을 확장하십니다. 그러나 이 일을 인간이 하려고 할 때, 하나님 나라의 성공과 실패가 수치로 환산되는 것입니다. 우스운 얘기지만, 한국의 모든 종교인의 인구를 더하면 우리나라 인구보다 많다고 그러지 않습니까?

그리고 하나님 나라는 장소가 아닙니다. 하나님과 함께하는 삶 자체입니다. 하나님과의 관계입니다. 하나님을 경외하고, 갈망하고, 하나님의 임재를 확신하고 하나님과 함께하는 삶, 그것이 하나님 나라입니다. 하나님과 함께할 때 하나님께서 의와 평강과 희락을 주십니다. 하나님 나라에 산다면서 자기 의가 나타나고, 기쁨도 없고, 평안도 없다면 그는 진정으로 하나님 나라를 소유한 것이 아닙니다. 정말 하나님 나라의 복음을 믿으면 성경말씀대로 그에게 의와 평강과 희락이 있습니다(롬 14:17).

잘못된 복음_번영의 복음

세계적인 구약학 교수로 알려진 월터 카이저(Walter Kaiser) 박사가 「물질축복에 대한 구약성경의 견해」라는 소논문을 썼습니다. 이 논문에서 그는 이 시대에 복음이 없다고 선언하면서, 가장 잘못된 복음이 번영의 복음이라고 말합니다. 미국 대다수 교회와 성도가 번영의 복음에 물들었다고 해도 과언이 아닐 정도로 상황이 심각하답니다. 월터 카이저 교수는 비성경적이며 복음이 아닌 교훈을 말하는 번영 복음의 특성 다섯 가지를 세시합니다.

첫째, 말의 신적 능력입니다. 번영의 복음을 따르는 자들은 하나님께서는 말의 권세를 인정하시고 사용하시기로 선택하셨다고 말합니다. 그러나 성경은 단지 긍정적인 말의 힘을 지지하지 않습니다. 세상은 자꾸 긍정적으로 사고하고 긍정적인 말을 하라고 권합니다. 인간의 절망적인 상태에 대해 직면하기를 피하면서, 예수의 이름, 성령 등 모든 좋은 것을 제시한다 해도 그것은 복음이 아닙니다. 하지만 사람들은 자기의 악한 본성은 건드리지 않고 좋은 말들로 회유하는 거짓 복음에 쉽게 넘어갑니다.

둘째, 부에 대한 신적 약속입니다. 예수를 믿으면 복 받고 부자가 된다는 말은 거짓입니다. 하나님은 분명 복의 근원이시지만 하나님께서 이런 거짓을 약속하신 일이 없습니다.

셋째, 복음의 관점에서 가난은 신적 저주라는 것입니다.

넷째, 치유에 대한 신적 약속입니다. 이들은 아픈 것은 결코 하나님의 뜻이 아니며, 믿음을 행사하면 치유를 받는다고 말합니다. 또 사람이 무엇이든 자기 확신을 가지고 하나님께 요구하면 받을 수 있다고 가르칩니다. 예수님을 믿으면 불로장생합니까? 성경 어디에도 이런 약속이 없습니다.

다섯째, 성공에 대한 신적 약속입니다.

하나님의 복음과 복음에의 응답_회개와 믿음

하나님의 복음은 예수 그리스도와 하나님 나라입니다. 예수님은 공생애 처음부터 끝까지 하나님의 복음을 전하시고, 하나님 나라를 선포하셨습니다. 예수님께서 부활하신 뒤 40일 동안, 그 귀중한 시간에도 오직 하나님 나라의 일을 가르치셨다고 성경은 말씀합니다.

하나님의 복음을 믿어 천국에 들어갑니다. 병이 낫고, 성공하고, 부와 건강을 얻고, 자기 꿈을 성취하고, 즐거움을 얻는 것 정도가 아닙니다. 복음을 믿고 지금 여기서 하나님과 함께 살고, 장래에 거룩한 몸으로 부활해서 천국에서 영원히 하나님 영광의 풍요로움에 참여하는 것, 이것이 복음입니다. 하나님께서 천국과 지옥이 반드시 있다고 말씀하셨습니다. 복음은 최후 심판을 선포합니다. 최후 심판을 통해 천국백성과 지옥에서 영벌을 받을 죄인들이 나뉩니다. 중간지대는 없습니다.

인간은 하나님의 복음에 대해 반드시 반응하게 되어 있습니다. '예' 혹은 '아니오' 둘 중 하나입니다. 믿든지 안 믿든지, '아멘' 하든지 거절하든지. 내가 '아멘'으로 영접하면 하나님의 자녀이고, 아니면 불신자입니다.

복음에 '아멘' 하는 자의 반응은 항상 두 가지로 나타납니다. 회개와 믿음입니다. 예수님께서 말씀하십니다. "하나님의 나라가 가까이 왔으니 회개하고 복음을 믿으라"(15절). 회개란 하나님의 말씀, 율법 앞에서의 회개입니다. 그러나 구원받은 사람은 그 이상입니다. 은혜 앞에서 회개합니다. 십자가에 나타난 하나님의 은혜와 사랑이 너무 커서, 하나님 자신이 피 흘리고 죽으신 그 자리에서 회개합니다. 죄를 인식하고 하나님께 돌아가는 것입니다. 오직 하나님의 은총이 아니면 살길이 없음을 깨닫습니다. 그리고 하나님과 함께 살고픈 갈망을 가지고 정결케 되기를 간절히 구합니다. 이것이 회개입니다. 이 회개는 한 번에 끝날 문제가 아닙니다. 우리가 이 땅에 발 딛고 사는 한 날마다 이루어져야 할 일입니다.

그리고 믿음은 복음에 대한 믿음입니다. 어떤 인간의 교훈이나 지식, 세상의 경험 같은 것이 아닙니다. 복음을 믿어 구원에 이릅니다. 복음은 하나님의 약속이요, 하나님의 실천입니다. 사람이 행하는 그 무엇이 아닙니다. 하나님께서 하고 계신 일입니다.

믿음은 전적인 순종을 뜻합니다. 살아계신 하나님을 믿음으로 '아멘' 하고, 그대로 되기를 소망하며 사는 것이 믿음입니다. 만일 순종하지 않으면 변화가 없습니다. 복음의 능력을 체험하지 못합니다. 하나님의 복음은 영원합니다. 그래서 우리는 날마다 반복적으로 복음을 경험해야 합니다. 일용할 양식처럼 이 복음이 내 피와 살이, 인격과 삶이 되어야 합니다.

하나님의 복음과 복음에 대한 반응-지속적인 변화

사탄은 끊임없이 하나님의 복음과 하나님의 나라를 대적합니다. 이 일을 위해 사탄은 이미 복음을 받은 자들이 한 번 경험한 복음으로 만족하고 살도록 부추깁니다. 이 세상은 급속도로 변화되고 새로운 자극이 인간을 현혹하는데 우리는 그냥 그 자리에 머물러 있다면, 이 싸움에 승산이 없습니다.

물론 복음의 내용에 새롭게 더할 것은 없습니다. 예수 그리스도와 하나님 나라, 그것이 복음의 핵심 내용입니다. 세상이 자꾸 변하니까 복음에 새로운 내용을 더하라는 말이 아닙니다. 우리가 그 지혜와 능력의 복음을 반복해서 묵상함으로 부지런히 새로운 것을 제시하는 사탄의 궤계를 물리치자는 말입니다. 복음 외에 다른 무엇이 있는 것이 아닙니다. 그런데 교인들이 자꾸 다른 것을 원하고, 목회자도 어떻게 해서든지 교인들을 좀 변화시켜 보자는 취지로 자꾸 새로운 것을 소개합니다. 그러다가 교회가 망가집니다. 우리는 끝까지 복음을 붙들어야 합니다. 그 속에 숨은 진리, 예수 그리스도와 하나님 나라를 지속적으로 선포하고 묵상할 때 세상을 이길 능력을 소유하고 누릴 수 있는 것입니다.

하나님의 복음의 역사

장기진 할아버지를 아실지 모르겠습니다. 이분은 17세에 나병이 발병해 소록도에 들어가서 93세까지 살았습니다. 2년 전에 돌아가셨는데 소록도에서 가장 오래 사신 분이라고 합니다. 저는 얼마 전 그분의 생애 마지막 5년을 함께하면서 임종까지 지킨 한 청년에게 이 할아버지의 이야기를 들었습니다.

우리 생각에는, 소록도에서 손목과 팔목이 다 잘린 상태로 그렇게 오래 사는 것이 얼마나 힘들었을까 싶습니다. 그런데 그분의 생각은 전혀 달랐습니다. 할아버지는 소록도에 들어가서 복음을 듣고 그리스도인이 되었습니다. 그 후로 그분의 삶이 달라졌습니다. 자기 손으로 식사도 못 하시는 분이 항상 찬송하고, 기도하고, 만족하고, 감사하며 사셨답니다.

무엇이 이분을 변화시켰습니까? 예수 그리스도와 하나님 나라입니다. 하나님은 복음 안에서 역사하십니다. 복음 외에 다른 것을 소망하는 사람은 이미 복음으로부터 멀어진 것입니다. 이 사람은 복음적 생각이 없는 것이요, 복음적 삶의 방식을 버린 것이요, 복음의 진리를 모르는 것입니다. 한 마디로 거듭나지 못한 사람입니다.

거듭난 사람은 복음을 믿고 날마다 복음을 경험함으로 복음 안에 나타난 하나님의 사랑, 은혜, 지혜, 능력, 약속, 모든 것을 누리고, 기뻐하며 감사합니다. 복음 안에서만 만족이 있고, 복음 안에서만 감사가 있고, 헌신이 있고, 기쁨이 있고, 영광의 미래가 약속되어 있습니다. 성령 하나님께서는 항상 우리를 하나님의 복음으로 인도하십니다. 복음 안에서 하나님을 만나게 하십니다. 하나님의 임재에 대한 확신으로 오늘을 살게 하십니다. 믿음으로 세상을 이기고, 나를 이기도록 인도하십니다. 오늘도 하나님께서는 하나님의 복음 안에서 역사하십니다.

기 도

전지전능하신 하나님 아버지. 오직 하나님의 복음을 믿어 하나님의 자녀가 되었지만, 그 복음을 부지불식간에 떠나 살며 또 다른 새로운 것을 추구하며, 다른 데서 기쁨을 찾고 복음 아닌 것을 소원하는 불신앙의 삶을 용서하여 주옵소서. 복음이 하나님 자신이며, 하나님이 복음인 사실을 늘 묵상하기 원합니다. 복음은 그것을 믿는 사람을 변화시키며, 하나님의 지혜와 능력을 체험하고 누리게 함을 늘 기억하여, 우리로 하여금 하나님께 영광 돌리며 살도록, 성령이시여, 항상 우리를 복음의 길로 인도하여 주옵소서. 우리 주 예수 그리스도의 이름으로 간절히 기도합니다. 아멘.

예수님의 일과

새벽 아직도 밝기 전에 예수께서 일어나 나가 한적한 곳으로 가사 거기서 기도하시더니 시몬
과 및 그와 함께 있는 자들이 예수의 뒤를 따라가 만나서 이르되 모든 사람이 주를 찾나이다
이르시되 우리가 다른 가까운 마을들로 가자 거기서도 전도하리니 내가 이를 위하여 왔노라
하시고 이에 온 갈릴리에 다니시며 그들의 여러 회당에서 전도하시고 또 귀신들을
내쫓으시더(막 1:35-39).

지그 지글러(Zig Ziglar) 박사가 쓴 『시도하지 않으면 아무것도 할 수 없
다』(*What I Learned on the Way to the Top*)라는 책에 이런 문구가 나옵니다. "나
는 누구일까요? 나는 당신의 영원한 동반자입니다. 또 당신의 가장 훌륭
한 조력자일 뿐 아니라, 가장 무거운 짐이 되기도 합니다. 나는 당신을 성
공적으로 이끌기도 하고, 실패의 나락으로 끌어내리기도 합니다. 나는 위
대한 사람들의 하인일 뿐만 아니라, 실패한 모든 이들의 주인이기도 합니
다. 나를 당신의 이익을 위해 이용할 수도 있고, 당신의 실패를 위해 사용
할 수도 있습니다. 나를 훈련시키십시오. 그리고 나를 확실하게 당신 것으
로 만든다면 나는 당신의 발 앞에 세상을 가져다 줄 것입니다. 만일 당신
이 나를 가볍게 여긴다면 나는 당신을 파멸의 길로 이끌 것입니다." 여기

서 '나'는 누구일까요? '나'는 바로, 습관입니다.

습관의 중요성

습관은 날마다 같은 일을 반복함으로 형성되는 삶의 방식입니다. 단순하게 하루하루 반복되는 행위가 습관을 만들고, 습관이 한 사람의 성품을 형성하고, 성품이 운명을 결정한다는 사실을 항상 생각하십시오. 그래서 이런 말이 있습니다. "성공하는 사람에게는 성공하는 방식이 있다." 좋은 방식, 좋은 습관을 내 것으로 만들어야 합니다. 나쁜 습관은 나를 실패의 삶으로 내몰기 때문입니다.

노만 빈센트 필(Norman Vincent Peale) 박사의 『적극적 사고방식』(*The Power of Positive Thinking*)은 한때 세계적인 베스트셀러였습니다. 이 책의 논지는 아주 분명합니다. 누구나 인생에서 위험과 시련과 고통과 위기를 만나기 마련인데 이런 장애물이 우리 인생을 지배하도록 방치해서는 안 된다는 것입니다. 어떻게 그렇게 할 수 있습니까? 노만 필 박사는 적극적 사고방식을 통해 삶의 장애물을 극복할 수 있다고 말합니다. 환경에 지배되는 삶의 방식이 아니라, 환경을 초월하고 이겨나가는 적극적인 삶의 습관을 기르면 성공적인 삶을 살 수 있다는 말입니다. 한마디로 생각의 습관을 강조하는 것입니다.

스티븐 코비(Stephen Covey) 박사의 『성공하는 사람들의 7가지 습관』(*The 7 Habits of Highly Effective People*)의 주제도 분명합니다. 습관이 인생을 결정한다는 것입니다. 저자가 성공하는 사람들을 관찰하고 분석해보니 그들한테는 성공하는 습관이 있었다고 합니다. 그래서 저자는 성공을 위한 일곱 가지 습관을 소개합니다.

여러분은 어떤 습관을 가지고 하루하루를 살아갑니까? 특별히 그리스도인으로서, 하나님의 자녀로서 여러분은 어떤 습관을 가지고 살아갑니까? 지금의 나는 예수 믿기 전, 그리스도인이 되기 전의 나와 무엇이 다릅니까? 날마다 변화되고 있습니까? 오늘 내 주변에 있는 불신자들과 나는 무엇이 다릅니까? 그들과 어떤 다른 습관을 가지고 오늘을 살아갑니까?

예수님의 하루 일과_두 가지 습관

오늘 본문에는 예수님의 하루일과가 간략하게 기록되어 있습니다. '일과'라는 단어의 사전적 의미는 '날마다 일정하게 하는 일'입니다. 말하자면 일정한 습관을 말하는 것입니다. 성경에 간략하게 기록된 예수님의 하루를 통해서 우리는 예수님의 일생 가운데 날마다 반복된 습관을 발견할 수 있습니다. 예수님의 습관은 두 가지였는데, 하나가 기도이고, 다른 하나가 복음 전도였습니다.

예수님은 변화무쌍한 삶의 현장에서 다양한 사건을 만나셨지만, 항상 일관되게 행하신 것은 기도와 복음 전도였습니다. 예수님의 습관은 모든 그리스도인이 가져야 할 경건한 습관입니다. 만일 당신이 이런 습관을 따라 살고 있지 않다면 당신은 회개해야 합니다. 지금 당신이 하나님 나라와 너무나 거리가 먼 삶을 산다는 증거이기 때문입니다.

예수님의 하루 일과_기도

예수님께서는 날마다 기도하셨습니다. 예수님은 아침에 눈을 뜨시자마자, 세상으로 나가시기 전, 일하시기 전, 다른 사람을 만나시기 전에 먼저 하나님을 만나셨습니다. 기도하며 하루를 시작하셨습니다. 그리고 기도로 마치셨습니다. 그리스도인은 이런 습관을 가져야 합니다. 본문 35절은 분명히 말씀합니다. "새벽 아직도 밝기 전에 예수께서 일어나 나가 한적한 곳으로 가사 거기서 기도하시더니." 세상으로 향하시기 전에 먼저 조용히 하나님을 대면하시고 기도하셨습니다.

하나님의 복음을 믿고 묵상하며 하루하루를 살아갈 때 그 사람은 기도의 사람으로 변화합니다. 성령께서 복음 안에 있는 그 사람을 기도하는 사람으로 만들어 가십니다.

그렇다면 어떻게 기도해야 할까요? 어떤 기도가 바른 기도입니까? 우리는 하나님의 복음으로부터 기도해야 합니다. 복음은 그 자체에 능력이 있어서 믿는 자들로 하여금 하나님을 갈망하고, 하나님께 기도하도록 만듭니다.

예수님께서는 기도 없이 아무 일도 행하지 않으셨습니다. 그리스도인이 누구입니까? 하나님 나라의 백성은 누구입니까? 거듭난 하나님의 자녀는 누구입니까? 교회 출석하고, 선행하고, 봉사하면 하나님의 백성입니까? 기도하는 사람이 하나님 나라의 백성이요 하나님의 자녀입니다. 기도가 삶의 일부가 아니라, 삶 전체이어야 합니다. 모든 일을 기도하고 시작하고 행해야 합니다.

기도의 생활화

두 사람이 예배를 드리러 가는 길에 한 사람이 물었습니다. "이봐, 친구. 기도 중에 말이야, 담배를 펴도 되나? 자네 어떻게 생각해?" 그러자 "나는 잘 모르겠는데?" 하면서 랍비에게 물어보자고 했습니다. 질문자가 먼저 가서 물었습니다. "랍비여, 기도 중에 담배를 좀 펴도 되겠습니까?" 랍비가 엄숙하게 말했습니다. "정신 나갔소? 기도는 하나님과의 거룩한 대화인데, 무슨 생각이오? 절대로 안 되오." 그 이야기를 친구에게 전해주니까, 그 친구가 자기가 가서 다시 물어봐야겠다면서 말을 좀 바꾸어서 이렇게 물었습니다. "랍비여, 담배 피우면서 기도해도 되겠습니까?" 그러니까 랍비가 웃으면서 "되지, 왜 안 되겠소. 형제여, 기도는 때와 장소가 필요 없소. 담배를 피우는 중에도 얼마든지 기도할 수 있소."

기도는 모든 삶 속에서 하는 것입니다. 가정에서 일을 하든, 사회에서 일을 하든, 정치를 하든, 목회를 하든, 봉사를 하든, 모든 행위에 앞서 하나님께 아뢰고, 하나님의 지혜를 구하고, 능력을 구하는 것입니다. 이렇게 기도로 사는 삶이 그리스도인의 삶이요, 하나님 나라의 삶입니다.

기도의 장애물

그런데 우리는 현실 속에서 기도의 큰 장애물을 자주 만납니다. 첫 번째 장애는 우리가 기도하지 않는다는 것입니다. 부지불식간에 기도하지 않고 있습니다. 두 번째로 우리는 잘못된 기도에 익숙합니다. 그러니 기도 응답의 확신도 없고 심지어는 기도가 아무 소용이 없다고 생각하게 됩니다. 이것은 사탄의 역사입니다. 사탄이 기도를 가로막습니다. 사탄은 하나님이 일하시는 방편이 되는 기도를 가장 싫어하기 때문입니다.

그래서 예수님께서 말씀하셨습니다. "항상 기도하며 깨어 있으라"(눅 21:36). 의도적으로 깨어 기도해야 기도할 수 있습니다. 또 "중언부언하지 말라"(마 6:7). 이방 종교인들처럼 장황하게 떠들고 설명할 필요가 없습니다. 특별히 "사람에게 보이려고 하지 말라." 제가 대표 기도자에게 항상 말쏟드리는 것이 있습니다. "사람은 잊어버리십시오. 그러면 두려울 것이 없습니다. 걱정 근심이 없습니다. 오직 하나님만 바라보십시오." 그렇게 기도하면 성령께서 용기를 주십니다. 담대하게 기도할 수 있습니다. 그래서 예수님께서 말씀하십니다. "은밀한 중에 계신 네 아버지께 기도하라"(마 6:6). 이것이 기도입니다.

예수님의 기도_은밀한 중의 기도

본문은 예수님께서 홀로 아침 일찍 일어나시어 한적한 곳에서 기도하셨다고 말씀합니다. 예수님께서 제자들을 데려다가 기도 훈련도 하실 겸, 기도하러 가자고 하실 수도 있지 않습니까? 그러나 일부러 그렇게 하지 않으셨습니다. 기도는 그렇게 해서 되는 일이 아닙니다. 기도는 홀로 하나님을 대면하는 시간입니다. 은밀한 중에 보시는 하나님께 은밀하게 기도해야 합니다.

그런데 오늘 교회는 자꾸 기도의 행위를 강조합니다. 그러다보니 집단적 행위의 기도를 자꾸 강조하고, 기도를 프로그램으로 만듭니다. 기도에 있어 가장 중요한 것은 그 내용입니다. 기도자의 마음입니다. 그리고 태도입니다. 예수님은 은밀한 중에 보시는 하나님께 은밀하게 기도하셨습니다.

예수님의 기도_복음 안에서의 기도

기도는 배워야 합니다. 먼저는 예수님께 배워야 하고, 다음은 성경을 통해서 배워야 합니다. 성경 전체에 많은 기도가 있지만, 항상 먼저 생각해야 할 기도의 본은 겟세마네 동산에서의 기도입니다. 간략하게 기록되어 있지만, 그것이 성경에서 가장 중요한 기도의 모범입니다. 예수님은 십자가를 감당하시기 전에 기도하셨습니다. 제자들과 같이 기도하시고 또홀로 기도하셨습니다. "이르시되 아빠 아버지여 아버지께는 모든 것이 가능하오니 이 잔을 내게서 옮기시옵소서 그러나 나의 원대로 마시옵고 아버지의 원대로 하옵소서"(막 14:36).

예수님은 지금 처한 상황을 그대로 말씀하셨습니다. 누가 그 잔을, 그십자가를 감사하면서 지고 싶겠습니까? 예수님께서는 그 상황을 그대로표현하시면서 기도하셨습니다. "그러나 제 뜻대로 마옵시고 아버지의 뜻대로 하시옵소서." 기도는 하나님과 나누는 대화입니다. 전지전능하신 하나님과의 인격적인 교제입니다. 우리는 오직 복음 안에서, 하나님의 복음을 믿음으로 하나님의 자녀가 되었기에 자녀 된 신분으로 아버지께 기도합니다.

복음을 떠나서는 기도할 수 없습니다. 복음 없이 기도하는 것은 다른종교에서도 볼 수 있는 종교행위에 지나지 않습니다. 오직 복음 안에서만 참된 기도를 할 수 있습니다. 우리는 기도 중에 하나님의 뜻을 발견합니다. 아니, 하나님의 뜻대로 되기를 결단합니다. 하나님께서는 전지전능하셔서 모든 것을 아십니다. 미래를 아십니다. 나보다 나를 더 잘 아십니다. 더욱이 하나님께서는 나를 사랑하십니다. 그것을 믿기에 "아버지의 뜻대로 하시옵소서"라고 기도할 수 있습니다. 이와 같이 예수님께서는 항상기도하시면서 하나님 나라의 삶을 보여주셨습니다. 이것이 그리스도인이본받아야 할 경건한 습관입니다.

예수님의 하루 일과_전도

예수님의 중요한 일과 중에 하나는 바로 전도였습니다. 예수님께서는 날마다 복음을 전하셨습니다. 그래서 본문 38절에는 이렇게 기록되어 있습니다. "이르시되 우리가 다른 가까운 마을들로 가자 거기서도 전도하리니 내가 이를 위하여 왔노라." 예수님께서 성육신하셔서 이 땅에 오신 목적은 전도였습니다. 이것이 하나님의 뜻입니다. 예수님은 그 뜻을 자기 것으로 만드셨습니다. 습관으로 만드셨습니다. 하나님의 복음을 날마다 묵상함으로써 하루를 시작하고 믿음으로 범사에 감사하면, 기도하고 전도하게 됩니다. 별도로 '나는 이 시간에 전도해야 된다'고 할 것이 없습니다. 복음이 그로 하여금 전도하도록 만듭니다.

복음 안에서 기도하고 전도하는 자는 고백하게 될 것입니다. '내가 이 땅에서 하나님의 은총으로 복음을 믿어 그리스도인이 된 이유는, 앞으로 하나님 나라에 가기까지 복음을 전도하기 위해서다.' 우리가 정말 이 땅에, 이런 험악한 세상에 사는 이유는 다른 것이 아닙니다. 우리는 하나님의 복음을 위해 아직 이 땅에 남아있습니다.

이런 웃지 못 할 이야기가 있습니다. 현대 그리스도인에게 날마다 일어나는 세 가지 기적이 있답니다. 첫째는 예수님을 믿는다고 하면서, 정작 성경말씀은 거들떠보지도 않는 것입니다. 둘째는 예수님을 사랑한다고 하면서도 정작 전도할 생각은 전혀 안하는 것입니다. 셋째는 그럼에도 예수님을 믿고 사랑한다고 자신 있게 말하는 것입니다. 정말 기적입니다. 이럴 수가 없는데 말입니다.

곽선희 목사님이 오래전부터 즐겨 인용하시는 잠언이 하나 있습니다. "소가 소금을 먹으면 물을 안 먹겠느냐." 짠 소금을 잔뜩 먹으면 소는 물을 찾기 마련입니다. 마찬가지로 내가 하나님의 복음을 생각하고, 믿고, 영접하여 내 마음에 복음이 있다면 복음을 전할 수밖에 없습니다. 성경은 분명히 말씀합니다. 구원에 이르는 믿음이란 하나님의 복음을 마음으로 믿어 입으로 시인하는 것이라고 말입니다. 마음으로 믿으면 입으로 시인할 수밖에 없습니다.

전도의 본질_메시지

성경에 전도라는 표현으로 'evangelism'이라는 단어가 나오는데, 이 단어는 항상 두 가지 성경적 의미가 있습니다. 첫째는 전도의 행위이고, 둘째가 전도의 메시지입니다. 그런데 한국 교회는 전도의 열정, 전도 행위에 대한 열정은 세계에서 최고인데 메시지를 효과적으로 전하는 전달력은 매우 부족합니다. 사찰에 들어가서 예수 믿으라고 하는가 하면, 공공장소에서도 큰 소리로 전도하려고 합니다. 물론 어디서든 전도할 수 있습니다. 하지만 방법이 좀 인격적이지 못하다는 점이 문제입니다. 가장 중요한 것은 행위가 아닙니다. 전도의 메시지입니다. 그러므로 전도의 방법을 택하려거든 메시지를 감화력 있게 전달하는 것을 목표로 해야 합니다.

전도의 본질은 메시지에 있습니다. 메시지를 믿으면 행위는 따라옵니다. 그런데 자꾸 메시지는 온데간데없고, 행위만 강조하고 훈련합니다. 그런데 성경을 보면 교회를 존속시키고 복음이 전파되게 하려고 전도행위를 가르친 적이 단 한 번도 없었습니다.

잘못된 전도

마이클 그린(Michael Green)은 유명한 전도학자입니다. 그는 초대 교회사를 비롯하여 오랜 동안 교회사를 연구했는데, 하나님의 교회가 전도하는 방법을 가르친 적이 없었다고 밝힙니다. 다양한 전도법 개발에 골몰하는 것은 복음에 대한 모욕입니다. 하나님께서 살아계시고 복음 자체에 능력이 있는 것이지 획기적인 전도법이 따로 있는 것이 아닙니다. 이런 시도를 통해 전도법에 능숙한 전도꾼이 생겨났습니다. 이들이 전도법에 통달했을지라도 메시지를 올바르게 이해하고 전하지 못한다면 복음의 능력이 나타나지 않을 것입니다. 성령께서는 바른 복음의 메시지를 통해 역사하십니다. 오직 하나님 나라의 복음을 전하는 것, 케리그마를 전하는 것이 전도입니다. 하나님께서 살아계시고, 하나님께서 엄청난 일을 행하셨고, 예수 그리스도께서 이 땅에 오시어 수많은 신령한 복을 선언하시고 믿음을 선물로 주셨음을 전하는 것입니다. 우리는 하나님께서 오늘도 행하고 계신 것을 선포할 뿐입니다.

그런데 자꾸 지나친 열정 때문에 행위에 집중하다보니 어떻게든지 교회에 등록을 시키고, 예수 믿게 하려고 애쓰고, 예수 믿으면 성공하고 모든 일이 잘 되니까 교회에 오라고 강요합니다. 심지어는 지금 실패하고 병든 사람들을 예수 믿고 안수 받으면 반드시 병이 낫고 일이 잘 된다고 설득해서 교회로 데려옵니다. 예수 믿고 교회에 나오면 자아성취가 이루어지고, 자녀문제가 해결되고, 만사가 형통하게 된다고 호언장담합니다. 그러나 성경 어디에 그런 말씀이 있습니까? 이런 메시지는 바른 메시지가 아니기에 전도를 하면서도 하나님의 영광을 가립니다.

잘못된 전도의 결과

얼마 전 저녁식사에 초대되어 몇몇 분과 식사를 같이 했는데, 낯선 분들이 한두 분 있었습니다. 그 가운데 서울에 있는 아주 유명한 대형교회 교인 한 분이 계셨습니다. 그분은 성경공부에 심취해서 열심히 성경공부를 한다고 말씀하셨습니다. 그리고 자기가 속한 소그룹 순장님이 정말 좋다고 자랑을 했습니다. 그래서 신앙생활을 열심히 하는구나 하고 생각했는데, 이분이 조금 뒤에 이런 말을 합니다. 늦게 아들을 낳았는데, 아들이 그렇게 기도 받는 걸 좋아해 자기 전에 늘 기도해준답니다. 그래서 제가 궁금해서 "뭐라고 기도하십니까?"라고 물었더니, 이렇게 답했습니다. "이 아이가 항상 사랑받게 해주세요. 어딜 가든지 사랑받는 자녀 되게 해주세요."

제가 그분한테 이렇게 말씀드렸습니다. "제가 그냥 넘어갈 수가 없어서 한 말씀 드립니다. 그 기도는 자녀를 망치는 기도입니다. 자녀를 위해서 기도한다면 적어도 '이 자녀가 하나님을 사랑하고, 이웃을 사랑하고, 어떤 일에서도 사랑하는 사람으로 살게 해 주세요'라고 기도해야 하지 않을까요? 이것이 바른 기도입니다. 여태껏 성도님이 자녀를 위해 드린 기도는 잘못된 기도입니다. 회개하셔야 됩니다." 초면에 그랬더니 이분이 눈이 동그래졌습니다. 정말 충격을 받은 것 같았습니다. 결국 눈물이 글썽글썽해집니다. 무엇인가 잘못된 것을 깨달은 모양이었습니다.

그리고 저에게 "그럼 자녀를 어떻게 교육해야 되겠습니까?"라고 물었습니다. 제가 대답했습니다. "항상 성경에서 답을 얻어야 합니다. 세상 것은 세상이 가르칠 것이고 중요한 것은 하나님을 경외하는 것, 그리고 부모님을 공경하는 것입니다. 그게 안 되면 다 모래 위에 쌓은 집 같습니다. 이것이 되어야 합니다. 이것을 가르쳐야 합니다. 이것이 부모의 책임입니다."

이번에는 "하나님을 경외하는 게 뭡니까?"라고 물었습니다. 그래서 다시 말했습니다. "성경을 보세요. 하나님의 이름이 거룩하고, 주의 나라가 거룩하고, 그의 일이 거룩하고, 교회가 거룩합니다. 거룩하신 하나님께서는 죄를 심판하십니다. 하나님은 창조주 하나님이시요, 거룩한 하나님이십니다. 그런데 그분이 사랑의 하나님이시라서 복음을 믿는 자의 죄를 사해주십니다. 아예 한 번도 죄짓지 않은 것처럼 여겨주십니다. 거룩하신 하나님, 그분을 뵈려면 먼저 경외심을 가져야 합니다. 말씀을 배우든 봉사를 하든, 그 이전에 하나님을 향한 경외가 있어야 합니다."

그랬더니 이분이 그 자리에서 이렇게 말합니다. "제가 그래서 하나님이 싫다니까요. 하나님이 너무 무서워요." 성경이 자꾸만 하나님을 경외하라고 말씀해서 두렵다는 것입니다. 그래서 물었습니다. "그럼 어떤 하나님이 좋으십니까?" 예상대로 사랑의 하나님이라고 대답했습니다. 왜 이런 교인이 생깁니까? 누군가가 이분에게 계속해서 잘못된 메시지를 전했기 때문입니다. 이것이 오늘 기독교의 단면입니다.

하나님의 복음만을 전해야

이 시대는 '문화선교', '문화전도'라는 개념이 신학적으로 자주 정의되고 가르쳐지며 전해집니다. 성경에는 이런 용어가 없습니다. 오직 하나님의 복음을 전하는 것이지, 문화전도나 문화선교는 성경 어디에 근거를 둔 말인지 모르겠습니다. 오히려 예수님이나 사도들은 성경을 초석으로 삼고 세상과 문화를 거슬렀습니다. 뒤집었습니다. 하나님 나라는 세상을 거스릅니다. 그런데 사람들은 세상 문화를 알지 못하면 또는 문화와 친숙하지 않으면 복음이 전도되지 않는다고 생각합니다.

성경을 보면 단 한 번도 문화를 활용해서 복음을 전한 적이 없습니다. 중요한 것은 올바른 메시지입니다. 오직 하나님의 복음, 정말 하나님께서 행하셨고, 행하시고, 행하실 일, 그것만 전하면 됩니다. 정말 복음의 능력을 믿고 전하면 됩니다. 그럴 때 열정을 가지고 전할 수 있습니다.

전도의 본질_성령의 역사를 믿음

복음을 전하는 자는 성령의 역사를 믿어야 합니다. 성령께서 역사하지 않으시면 아무리 올바른 복음이 전해져도 소용없습니다. 오직 복음과 성령의 역사 안에서 천국의 문이 열리고, 하나님의 영광의 수혜자가 태어나고, 거듭난 새 사람이 됩니다. 그러므로 전도의 열매나 사역의 열매는 하나님께 맡기십시오. 내가 하나님의 복음을 바르게 전하고 있다면 그것으로 충분합니다.

예수님께서 전도에 힘쓰시는 장면은 모든 공관복음서에 나타납니다. 예수님이 전도하신 모습 중에 가장 극적인 것은 예수님께서 부자청년을 만나시는 장면입니다. 부자청년은 그 당시 재벌입니다. 유산을 많이 받았던 것 같습니다. 자기 발로 예수님께 와서 "제가 무엇을 행해야 영생을 얻으리이까? 구원을 받겠습니까?"라고 여쭌 것을 보면 그는 선하고 도덕적인 사람이었을 것입니다. 예수님께서 이 청년을 보시니 성경지식도 많고 심성이 착해, "네가 십계명을 배웠으니 그대로 행하라"고 말씀하셨습니다. 그랬더니 청년이 하는 말이 다 지켰다고 합니다. 그는 이만큼 훌륭한 사람입니다.

이때 예수님께서 뭐라고 말씀하십니까? "네가 한 가지가 부족하다. 너의 소유를 다 팔아서 가난한 사람에게 주고 나를 따르라." 그런데 그 청년이 아주 큰 부자이므로 근심하며 돌아갔습니다. 이것이 예수님의 전도입니다.

오직 하나님의 복음과 성령의 역사가 아니면 전도는 불가능합니다. 오직 하나님만이 하실 수 있는 것이 전도입니다. 뒷날 그 부자청년이 구원받은 하나님의 자녀가 되었는지 아닌지는 아무도 모릅니다. 그러나 전도라는 것은 하나님의 복음을 바르게 전하는 것입니다.

예수님께서 말씀하십니다. "다른 가까운 마을들로 가자 거기서도 전도하리니"(38절). 지금 낯선 자들에게 가는 것이 전도입니다. 낯선 자들에게, 불신자들에게 하나님의 복음을 전해야 합니다. 쉽지 않은 일입니다. 그러나 나는 믿음으로 복음만 전하면 됩니다. 그러면 하나님께서 행하십니다.

"다 이루었다"_기도와 전도의 삶

18세기 대각성운동의 선구자였던 유명한 조지 휘필드(George Whitefield) 목사님이 질문을 받았습니다. "목사님, 목사님께서는 성경에 본문도 많고 메시지도 많은데, 왜 그처럼 유독 거듭남에 대한 설교만 고집하십니까? 그 주제로 무려 300번이 넘게 설교하셨습니다." 목사님이 이렇게 대답했습니다. "당신이 반드시 거듭나야 하기 때문입니다."

하나님 나라의 복음과 성령의 역사 외에는 거듭남의 역사가 없습니다. 예수님께서 십자가에서 마지막 죽으시기 전에 "다 이루었다"라고 선언하셨습니다. 무엇을 이루신 것입니까? 예수님께서 이 땅에 오신 지 33년이 되었는데, 세상은 엉망이었습니다. 불의와 불평등과 폭력과 테러와 살인이 가득했습니다. 노예제도도 여전하고 변한 것이 하나도 없었습니다. 거기다가 직접 뽑으신 열두 제자 가운데 열한 명이 도망갔고, 가룟 유다는 예수님을 팔아넘기기까지 하였습니다. 그런데 무엇을 다 이루셨다는 것입니까?

예수님은 하나님의 복음을 전하는 일을 다 이루셨다고 말씀하신 것입니다. 그분께 주어진 시간 안에서 하나님의 복음에 충만하여 기도하신 일과 전도하신 일을 다 이루신 것입니다. 이 모든 것을 이루시고 하나님께 영광 돌리시는 것입니다. 그리스도인의 삶도 마찬가지입니다. 하나님 앞에 가서 "착하고 충성된 종아 하늘의 상이 크도다"라는 말씀을 들어야 합니다. 이 말씀은 다 이룬 사람에게 하신 말씀입니다. 이 칭찬은 예수님과 같이 다 이루었다고 고백하는 사람에게, 하나님의 복음에 충만하여 모든 삶의 과정에서 기도하고 전도하는 이에게, 기도하고 전도하는 그 일을 다 이룬 사람에게 하나님께서 주시는 은총입니다.

그리스도인의 일과

여러분의 일과는 어떠합니까? 하나님과 함께하며 하나님께 영광 돌리는 삶을 오늘도 살아가십니까? 우리는 예수님과 같이 하나님의 복음을 기뻐하고 믿으므로 감사하며, 그 안에서 기도하고 복음을 전해야 합니다. 내게 주어진 삶 가운데서, 그 현장에서 하나님의 지혜와 능력을 체험케 하시는 그분의 크신 역사를 나타내는 것이 그리스도인의 일과가 되어야 합니다.

성령 하나님께서는 오늘도 하나님의 복음 안에서 역사하십니다. 하나님의 복음을 믿는 이로 하여금 기도하게 하시고, 전도하게 하십니다. 그리스도인은 날마다 예수님이 보내셨던 일과대로 살 때, 하나님께 가까이 가며 신령한 세계를 보고 하나님의 임재의 확신 속에 하나님의 은총을 누립니다.

기도

전지전능하신 하나님 아버지. 오직 하나님의 복음을 믿음으로 하나님의 자녀가 되었지만, 복음 안에서 살지 못하며, 기도하지 아니하고, 잘못된 기도에 익숙해지며, 복음 전도와 무관하게 살아가는 죄인을 용서하여 주시옵소서. 오직 하나님의 복음을 날마다 묵상하며, 성령 안에서 기도하며, 복음을 전하면서 하나님의 지혜와 능력을 체험하며, 하나님께서 주신 분복을 누리며, 하나님 앞에서 형통한 삶을 살아가는 하나님의 자녀가 되도록 인도해 주소서. 우리 주 예수 그리스도의 이름으로 간절히 기도드립니다. 아멘.

배척받으시는 예수님

예수께서 거기를 떠나사 고향으로 가시니 제자들도 따르니라 안식일이 되어 회당에서 가르치
시니 많은 사람이 듣고 놀라 이르되 이 사람이 어디서 이런 것을 얻었느냐 이 사람이 받은 지
혜와 그 손으로 이루어지는 이런 권능이 어찌됨이냐 이 사람이 마리아의 아들 목수가 아니냐
야고보와 요셉과 유다와 시몬의 형제가 아니냐 그 누이들이 우리와 함께 여기 있지 아니하냐
하고 예수께서 그들에게 이르시되 선지자가 자기 고향과 자기 친척과 자기 집 외에서는 존경
을 받지 못함이 없느니라 하시며 거기서는 아무 권능도 행하실 수 없어 다만 소수의 병자에게
안수하여 고치실 뿐이었고 그들이 믿지 않음을 이상히 여기셨더라(막 6:1-6).

러시아의 한 작가가 평소에 마음에 품고 존경하던 러시아의 대문호 푸
슈킨(Aleksandr Pushkin)을 찾아갔습니다. 그는 푸슈킨의 집 정원을 거쳐 현
관문 앞에 다다랐습니다. 그때 갑자기 집안에서 사람이 뛰쳐나왔습니다.
조그맣고 보잘것없어 보이는 못생긴 사나이였습니다. 그는 깜짝 놀라 문
에서 물러나며 이렇게 중얼거렸습니다. '예의 없는 사람 같으니라고. 저
런 사람이 선생님 댁을 드나들면 선생님께 누가 되고 선생님의 체면을 깎
을 뿐이지.' 작가는 다시 옷을 단정히 추스르고 초인종을 눌렀습니다. 마
침 하인이 나오자 그는 정중하게 인사하고 이렇게 물었습니다. "푸슈킨 선
생님을 만나 뵈러 왔습니다. 안에 계시지요?" 하인이 대답합니다. "방금

3장_ 배척받으시는 예수님 39

나가셨는데 못 만나셨나요?" "아, 지금 나가신 분이 푸슈킨 선생님이십니까?" "예, 그분이 푸슈킨 선생님입니다." 그는 지식인이라고 자처하면서 겉모양만 보고 사람을 판단하는 자신이 너무나 부끄러웠습니다.

편견의 파괴적 영향력

고정관념과 편견은 무서운 질병입니다. 편견은 새로운 기회와 가능성을 파괴합니다. 그런데 고정관념과 편견은 모든 인간 안에 항상 내재합니다. 그러므로 우리는 자신이 언제라도 편견에 사로잡힐 수 있음을 인식해야 합니다.

심리학자 고든 올포트(Gordon Willard Allport) 박사는 오랜 연구 끝에 집필한 저서 『편견의 본질』(The Nature of Prejudice)에서 편견에 관한 세 가지 정의를 내립니다. 첫째, 편견은 내가 속한 집단의 응집력을 증가시킵니다. 잘못된 이슈로 모인 집단인데도 강력한 응집력을 가지고 움직입니다. 둘째, 편견은 내가 속하지 않은 집단에 대한 폐쇄성을 크게 만듭니다. 그래서 나와 다른 사람들하고 소통이 안 되고 결국은 관계마저 단절됩니다. 셋째, 편견은 갈등을 통해서 집단 정체성을 형성하는 데 영향을 미칩니다. 결국 다툼과 비난 속에서 적대관계가 되고, 스스로 비인간화됩니다. 이 얼마나 무서운 일입니까?

영국의 비평가 버나드 쇼(Bernard Shaw)의 유명한 일화입니다. 버나드 쇼가 가만히 보니, 영국 사람들이 미켈란젤로의 작품은 누구나 좋아하지만 로댕의 작품을 싫어하는 사람이 많다는 사실을 알게 되었습니다. 그래서 그는 사회적 편견이 얼마나 무서운지 보여주기 위해서 미켈란젤로는 좋아하지만 로댕은 싫어하는 사람들을 초대했습니다. 그리고 그들 앞에서 한 장의 그림을 보여주면서 이렇게 말했습니다. "이 그림은 최근에 제가 입수한 로댕의 작품입니다." 초대된 사람들이 온갖 험담과 욕설로 작품을 난도질했습니다. 그 소동이 거의 끝나갈 무렵 버나드 쇼가 입가에 싱긋 웃음을 지으며 말했습니다. "아, 제가 작품을 그만 바꿔들고 나왔네요. 이것은 로댕의 작품이 아니라 미켈란젤로의 작품입니다." 그 자리에 모인 사람들이 얼마나 부끄러웠겠습니까?

그리스도인_예수 그리스도 안에서 새사람

우리의 고정관념과 편견은 우리 자신을 망칩니다. 우리는 자신의 무지에 대해 무지합니다. 그러므로 편견에 관한 한, '그럴 수도 있지'라고 쉽게 넘어갈 문제가 아닙니다. 자신의 무지에 대한 무지는 죄악입니다.

그리스도인이란 누구입니까? 예수 믿고 구원받았다는 것이 무엇을 의미합니까? 성경에 여러 가지 정의들이 나오는데, 성경은 분명히 말씀합니다. 구원받았다는 것은 예수 그리스도 안에서 새사람이 된 것입니다. 다시 말해, 새로운 피조물이 된 것입니다.

새로운 피조물이 되었다는 건, 분명 옛사람과 다른 새사람이 되었다는 의미입니다. 새사람이 되면 고정관념과 편견이 깨집니다. 예수를 구주, 구세주라고 하면서 예전의 고정관념과 편견을 그대로 가지고 살 수는 없습니다. 그러므로 우리는 계속 깨어지고 날마다 부서져야 합니다. 그리고 새로운 세계관, 진리관, 인생관, 가치관과 생활방식으로 오늘을 살아가야 합니다. 하나님의 복음이 그 사람을 그렇게 만들어가는 것입니다. 우리가 복음을 묵상하고 복음에 순종할 때 성령께서 우리를 새사람으로, 새 마음을 가진 사람으로 변화시키십니다.

고향에서 배척받으시는 예수님

　본문에는 이 시대에 중요한 계시를 전하는 사건이 기록되어 있습니다. 예수님은 고향에서 하나님의 복음을 전하시고 수많은 이적을 행하셨습니다. 아마 다른 곳에서보다 고향에서 더 많은 이적을 행하셨을 것입니다. 30년을 사신 곳이니까 더 많이 관심을 기울이셨을 테니 말입니다. 그런데 고향 사람들은 예수님을 배척했습니다. 분명 예수님은 구원의 소식과 신령한 복을 선포하시고, 하나님의 복음을 전하셨을 것입니다. 더불어 가난한 자, 병든 자, 소외된 자를 고치시고 돌보셨을 겁니다. 고향 사람들의 육체적 연약함을 회복하시고 영적인 무지를 깨우치신 예수님이 무슨 잘못이 있어 사람들에게 배척을 받으셨을까요?

　세상은 고정관점과 편견에 사로잡혀 잘못된 세계관, 가치관, 진리관, 인생관을 버리지 않고 끝까지 고집합니다. 한마디로 자신의 무지에 대해 무지합니다. 이것은 악입니다. 이 지독한 악으로 말미암아, 다른 사람을 망치는 건 당연한 일이고, 더 큰 문제는 자신이 망가집니다.

　본문 2절에 보면 많은 사람들이 예수님의 권세 있는 말씀을 듣고 놀랐습니다. 그리고 많은 이적을 행하시는 예수님을 보고 "이런 권능이 어찜이냐?" 하며 놀랐습니다. 그런데 그냥 놀랐을 뿐 그 이상 나아가지 못합니다. "그리고 배척했더라"가 본문의 결말입니다. 이처럼 어리석은 사람들이 어디 있습니까? 이것이 불행이요, 비극입니다. 아니, 재앙입니다.

눈이 있어도 보지 못하는 사람들

　하나님의 사람 아우구스티누스가 말했습니다. "눈이 감겨 있으면 빛이 가까이 있다하더라도 전혀 유익하지 않다." 빛이 아무리 밝히 비추어도 눈이 감겨 있으면 아무것도 볼 수 없습니다. 빛이시고 하나님이신 예수님께서 그들에게 오셔서 많은 이적을 보여주시고 권능 있는 메시지를 전해주셔도 자기가 눈을 감으면 예수님을 배척할 수 있습니다. 세상이 이렇다는 것입니다.

예수님은 오늘도 배척받으십니다. 세상이, 심지어는 교회가, 그리스도인이 예수님을 배척합니다. 그리스도인들은 그리스도가 살아계심을 입술로 시인하면서도 그리스도의 임재를 인식하지 못합니다. 지금 그리스도인들은 그저 추상적인 신앙고백에만 머물고 있는 경우가 허다합니다.

본문의 고향 사람들은 말합니다. "이 사람이 마리아의 아들 목수가 아니냐?" 마태복음 13장에 나오는 같은 사건에서도 이렇게 말합니다. "그 목수의 아들이 아니냐?" 어떤 의도로 하는 말입니까? 예수님의 배경을 따지는 것입니다. 예수님의 아버지가 목수이니 예수님은 겨우 목수의 아들이라는 의미입니다. 이들은 하나님이신 예수님을 보면서도 예수님의 인간적인 배경에 눈이 가려 그분을 알아보지 못했습니다. 편견에 사로잡힌 자들은 현상 너머의 것을 볼 수 없습니다. 이들에게는 더 나은 미래가 없습니다.

자신이 보고 싶은 것만 보는 사람들

제가 자주 떠올리는 격언이 있습니다. "사람은 자신이 보고 싶은 것만 본다"는 말입니다. 저도 제 견해에만 매몰될 때가 많습니다. 그래서 늘 회개합니다. 인간은 자신의 경험과 지식의 한계 안에서만 생각하고 판단하려고 합니다. 말하자면 자기 스스로 감옥에 갇힌 것입니다. 세상이 얼마나 넓습니까? 얼마나 다양한 지평이 있습니까? 그런데도 자기가 본 책, 자기가 경험한 것에서 벗어나지 못하는 존재가 인간입니다. 인간은 참 어리석습니다. 자유롭지 못합니다. 이렇게 자기 한계에 갇혀 사는 인생은 실패합니다. 허탄한 인생을 살 수밖에 없습니다. 자기만의 세계에서 하루 속히 빠져 나와야 합니다.

예수님께서는 이 땅에 오셔서 항상 하나님의 복음을 전하셨습니다. 날마다 기도하셨고, 묵상하셨으며, 전도하셨습니다. 많은 선행을 베푸셨습니다. 이렇게 세상을 위해 사셨던 예수님을 세상은 어떻게 대했습니까? 예수님을 죄인으로 몰아세워 참혹한 십자가 형틀에 죽게 하지 않았습니까? 지금도 마찬가지입니다. 인간은 심령에 깊이 박힌 고정관념과 편견 탓에 예수님을 믿어드릴 수가 없습니다. 결국 인간의 불신앙이 지금도 예수님을 십자가에 못 박고 있습니다.

복음을 잘못 들은 사람들

요즘은 예수는 좋지만 교회는 싫다며 신앙생활을 거부하는 사람들이 많습니다. 그럴듯한 핑계입니다. 하지만 여기에 엄청난 모순이 있고, 사탄의 궤계가 있습니다.

성경적으로 불신자들은 예수님을 절대 좋아할 수 없습니다. 그런데 왜 이런 반응이 일어납니까? 복음이 잘못 전해진 탓입니다. 그들이 생각하는 예수님은 인생의 위대한 스승이요 기독교라는 종교의 창시자입니다. 가난한 자를 도와주고, 인류를 사랑하는 성인에 지나지 않습니다. 여기서 좀 더 나가면, 신이 제시한 조건을 만족시키면 부와 건강을 주는 변덕스러운 신 정도로 생각합니다. 예수님을 알되 부분적으로 알 뿐입니다. 성경은 분명히 말씀합니다. 하나님이신 예수님을 믿지 않으면 구원받지 못합니다. 지옥에 갑니다. 멸망합니다. 이것이 최종 메시지요 결론인데, 그것은 쏙 빼놓고 듣기 좋은 소리만 늘어놓습니다.

저는 종종 중국에 가면 종교지도자들을 만날 기회를 갖는데, 그때마다 같은 생각을 합니다. 다들 5대 종교 분야에서 박사학위를 받아 학생들을 가르치는 석학들입니다. 그 많은 중국사람 중에서 뽑힌 최고의 종교지도자들입니다. 이미 성경을 섭렵한 분들입니다. 물론 학문적으로 알 뿐이지만 말입니다. 이분들은 제가 목사인 줄 아니까 저 듣기 좋으라고 하는 소리인지 예수님이 좋답니다. 예수님은 참 훌륭하다고 말합니다. 그런데 이 사람들은 뼛속까지 사회주의자입니다. 사회주의에는 하나님이라는 초월자를 상정하지 않습니다. 그런데도 예수님이 좋답니다.

복음의 장애물_예수님 자신

하나님이 없다고 하면서 예수님은 좋다니요. 이런 모순은 오늘날 교회와 그리스도인이 복음을 잘못 전한 탓입니다. 예수님은 세상 끝 날에 재판장으로 오실 것입니다. 예수님을 믿지 않은 자의 결국은 영원한 지옥행입니다. 그런데 예수를 안 믿으면서도 그분을 좋아한다고 하니, 이런 억지도 없습니다.

우리는 지식이 없어서, 믿음이 나약해서, 환경이 받쳐주지 않아서 복음을 전해도 열매가 없다고 생각합니다. 그러나 복음 전파의 가장 큰 장애는 복음 자체입니다. 인간의 경험과 지식을 가지고는 예수 그리스도와 하나님의 나라를 도저히 믿을 수가 없습니다. 하나님께서 이 땅에 오시면서 고작 말구유에서 태어나시고, 십자가를 지시고, 부활승천하신 것이 사실이라니, 이것이 복음이라니, 인간의 상식으로는 납득이 되지 않습니다. 눈에 띄는 이적이 당장 눈앞에서 펼쳐져도 믿을까 말까 한데, 판타지 같은 이야기를 믿으라니….

그런데 그처럼 미련해 보이는 방법이 하나님의 구원방식입니다. 복음의 가장 큰 장애물은 예수님 자신이고, 믿지 않는 이 세대는 항상 하나님을 배척합니다. 이것이 당연한 복음의 이치인데 어떤 저항도 없이 복음을 받아들이게 하려고 심판의 메시지는 배제한 채 '부드럽게' 복음을 전하려다 보니, 복음을 왜곡되게 받아들인 사람들이 교회에 넘쳐나게 되는 것입니다.

교회와 그리스도인에게 배척받으시는 예수님

세상뿐만 아니라 교회와 그리스도인도 예수님을 배척합니다. 하나님은 깜깜한 암흑과도 같은 죄악된 세상에 교회를 만드셨습니다. 교회를 통해 세상을 고치시려 하셨기 때문입니다. 그래서 교회로 하여금 하나님께서 하신 일을 계속 선포하고 증거 하도록 하셨습니다. 이런 교회의 사역을 통해 하나님께서 일하셨습니다. 그러므로 교회는 세상으로 나가야 합니다. 그런데 오히려 세상이 자꾸 교회로 들어옵니다. 지금 교회에는 세상 방식이 들어오고, 타락한 세계관이 들어와 타락의 길을 걷고 있습니다.

교회의 주인은 누구입니까? 예수님이십니다. 예수님이 복음으로, 말씀으로 교회를 통치하십니다. 그런데 이제 교회의 주인은 사람이 된 듯합니다. 더욱 심각한 것은 직분 가진 몇 사람이 주인 행세를 하는 문제입니다. 어떤 교회는 목사가 주인입니다. 전통, 제도, 관습에 얽매인 교회도 많습니다.

사무엘상 8장을 보면, 이스라엘 백성이 하나님께 왕을 요구하는 사건이 나옵니다. 그 이전까지는 하나님께서 친히 왕이 되셔서 선지자들과 말씀을 통하여 이스라엘을 통치하셨습니다. 그런데 이제는 이런 통치방식에 싫증이 난 것입니다. 그래서 이스라엘 백성이 말합니다. "모든 나라와 같이 우리에게 왕을 세워 우리를 다스리게 하소서"(5절). 그러니까 사무엘이 가슴을 치고 답답해하며 하나님께 이 사실을 아룁니다. 그런데 하나님께서 뜻밖의 말씀을 하셨습니다. "그들이 너를 버림이 아니요 나를 버려 자기들의 왕이 되지 못하게 함이니라"(7절). 하나님의 백성이 하나님을 배척합니다. 하나님 말씀의 통치를 거부합니다.

교회와 그리스도인에게 거부당하시는 예수님

여러분은 하나님을, 예수님을 거부하지 않는지 생각해 보십시오. 오늘날 그리스도인은 예수님께서 인류의 구세주이심을 문제없이 고백합니다. 그런데 '나의 구주'(My Lord)로 고백하는 데서 문제가 됩니다. 우리는 하나님 앞에서 자아를 내려놓지 못합니다. 옛 세계관이, 나의 뜻이 예수님을 밀어냅니다. 즉, 예수님이 온 인류의 구주이신 건 분명하지만 나의 구주, 나의 주인으로는 인정하지 않는 것입니다. 내가 주인으로 자리 잡고는 끝까지 주인자리를 내어주지 않습니다. 그러면 예수님께서 그 사람을 통하여 역사하지 않으십니다. 우리가 날마다 하나님의 복음을 묵상하고, 기억하고, 찬송하고, 믿고, 순종해야 할 이유가 여기에 있습니다. 우리는 수시로 예수님을 주인 자리에서 밀어내기 때문에 항상 복음의 영향력 아래 있어야 합니다. 그럴 때 우리 안에서 무궁무진한 하나님의 역사가 나타납니다. 복음이 우리를 사로잡지 않으면 복음에 대해 아무리 많은 지식을 가졌더라도, 엄청난 이적을 경험했더라도 자기 옛 자아를 그대로 고수하면서 살아갈 수밖에 없습니다.

오래전에 있었던 일입니다. 한 흑인 부랑자가 어떤 백인의 저택에 가서 문을 두드렸습니다. 주인은 부랑자를 저 뒷문으로 오라고 하고는 문을 열어 먹을 것을 줍니다. 그리고 한마디 합니다. "우리 같이 기도합시다. 내가 기도할 테니 따라하세요." 이 흑인은 영 마음에 안 들지만, 그래도 빵을 주겠다니까 따라합니다. 주인이 이렇게 기도합니다. "하늘에 계신 우리 아버지." 흑인이 따라합니다. "하늘에 계신 당신의 아버지." "아니라니까요. 하늘에 계신 우리 아버지라고 하세요." 하지만 그는 완강합니다. "하늘에 계신 당신의 아버지." "당신, 왜 그러는 거요? 내가 이렇게 호의를 베풀고 같이 기도하자는데, 왜 제대로 안하는 거요?" 그랬더니, 흑인이 말합니다. "우리 아버지면 당신과 내가 형제인데, 이 조그만 빵 덩어리 하나 주면서 뒷문으로 오라고 하는 그 사람의 아버지가 내 아버지일 리가 없지 않소?"

예수님을 배척한 결과

마하트마 간디(Mohandas Karamchand Gandhi)의 자서전에 기록된 유명한 일화가 있습니다. 간디는 청년기에 성경을 보면서 감동을 받고 크리스천이 되고자 결심합니다. 힌두교는 카스트라는 신분제도와 맞물려 있어 간디의 맘에 들지 않았습니다. 그래서 실제로 설교도 듣고, 목사님께 어떻게 하면 크리스천이 될 수 있느냐고 묻기도 하려고 교회에 갔습니다. 그런데 당시는 인종차별이 있던 시절이라 교회에서 안내하는 분이 간디에게 당신은 여기에 못 들어온다고, 저쪽으로 가서 예배드리라며 막으셨습니다. 간디는 너무 실망하여, '이따위 차별까지 감수하면서 기독교인이 될 필요가 있을까?' 생각하고는 그냥 힌두교인으로 살기로 했습니다.

예수 믿기 이전의 편견과 고정관념과 잘못된 세계관과 진리관을 깨뜨려야 합니다. 그렇지 않으면 예수님을 배척하는 것입니다. 예수님을 배척하는 사람은 하나님의 지혜와 능력을 체험할 수 없습니다.

본문에는 예수님께서 배척당하신 일에 대하여 이렇게 기록되어 있습니다. "거기서는 아무 권능도 행하실 수 없어 다만 소수의 병자에게 안수하여 고치실 뿐이었고"(5절). "그들이 믿지 않음을 이상히 여기셨더라"(6절).

영어 성경(NIV, New International Version)에서는 6절 말씀을 "He was amazed."이라고 기록했습니다. 예수님께서 놀라시고 충격을 받으셨습니다. 이렇게 많은 말씀을 주시고, 권세를 주시고, 능력을 주셨는데도 믿지 않았으니 말입니다.

이제 우리는 어떻게 할 것인가?

어떻게 해야 우리 안의 고질적이고 무서운 악, 나를 파괴시키는 고정관념과 편견을 깨뜨릴 수 있습니까? 예수 그리스도에게 열쇠가 있습니다. 우리는 믿음으로 그리스도를 구세주, 구주로 받아들여야 합니다. 그럴 때 그분이 우리 안에서 주인이 되셔서 그분의 지혜와 능력으로 우리를 변화시키십니다. 그리고 성경말씀으로 돌아가십시오. 매일매일 성경대로 생각하고 살려고 분투해야 합니다. 성경의 관점으로 생각하고, 보고, 고백해야 합니다. 예를 들어, 성경이 '하나님께서 천지를 창조하셨다'고 말씀하시면 그 진리를 바탕으로 생각해야 합니다. 어떤 첨단 과학기술이 개발되어도 그 진리 안에서 벗어나서는 안 됩니다. 매사에 성경대로 생각할 때 우리는 변합니다. 성경대로 생각하고, 성경에 계시된 하나님을 알고 믿는 만큼 우리의 존재가 새로워집니다.

기원전 333년에 알렉산드로스가 고르디우스(Gordius)의 매듭을 풀기 위해서 그 앞에 섰습니다. 알렉산드로스는 이 매듭을 풀어야만 왕이 될 수 있다는 전설을 믿었습니다. 그런데 아무리 고민을 해도 매듭을 풀 수가 없었습니다. 며칠 후 그는 한 가지 지혜를 얻었습니다. 결국 중요한 것은 매듭을 푸는 방식이 아니라, 매듭을 푸는 것 자체임을 깨달은 것입니다. 그래서 칼을 빼들어 그 매듭을 잘라버렸습니다. 매듭을 꼭 한 올 한 올 풀어야 한다는 고정관념에 사로잡혀 있었으면 평생 못 풀었을 것입니다.

우리 안에 있는 옛사람의 본성과 세계관은 아무도 못 끊습니다. 이것을 끊는 단 하나의 방법은 하나님의 방법입니다. 우리 삶의 틀, 생각의 틀, 그리고 세계관과 의식이 변해야 합니다. 이 변화는 오직 예수 그리스도 안에서, 성령 안에서, 성경 안에서만 가능한 것입니다.

예수님으로 인해 변화된 사람들

하나님의 사람 스데반, 그는 우리와 같은 사람입니다. 그는 예수를 믿고 구원을 받은 후, 그 안에 성령께서 계시니까 담대히 복음을 전했습니다. 종교지도자들이 사람들을 선동하여 그를 핍박하고 배척하면서 돌로 쳐 죽였습니다. 하지만 스데반은 저항하지 않았습니다. 예수님처럼 그대로 당했습니다. 오히려 찬송했습니다. 그는 정말 자기 안에 살아 계신 그리스도를 보고 믿었기에 그렇게 담대할 수 있었습니다. 예수님께서 자기를 못 박은 사람들을 원망하지 않으시고 오히려 그들을 위해 기도하셨던 것처럼 그도 예수님의 뒤를 따릅니다. 그러고는 그들을 위하여 기도합니다. "저들을 사하여주소서." 천국을 바라보는 자, 하나님의 약속을 믿고 소망하는 자의 당연한 결말입니다.

십자가에 죽으신 예수님께서 부활하시고 승천하셨습니다. 그분은 오늘도 살아계십니다. '살아 역사하시는 그리스도'(living Christ)를 믿는 믿음이 구원에 이르는 믿음입니다. 그 믿음으로 살아갈 때 변화됩니다. 옛 사고방식이 깨지고 자기를 부인하면서 그분을 정말 나의 구주로 영접하게 됩니다. 자아를 고집하는 삶을 계속해서 영위하는 사람에게는 새로운 미래가 없습니다. 그는 결코 천국을 소유할 수 없습니다.

성도는 하나님을 아는 지식, 즉 진리로 새롭게 됩니다. 주일예배 시간은 항상 우리 자아가 깨어지는 시간입니다. 하나님의 말씀으로, 하나님의 방법으로 깨어지고, 새로워지는 시간입니다. 성령께서는 주의 말씀을 듣고 믿는 자에게 이렇게 역사하십니다. 복음을 믿는 하나님의 자녀에게 항상 새로운 미래가 약속되어 있고, 하나님과 함께하는 형통한 삶이 보장되어 있다는 사실을 기억하십시오.

기도

전지전능하신 하나님 아버지. 오직 하나님의 복음을 믿어 하나님의 자녀가 되었음에도, 살아 계신 예수 그리스도를 구세주로 고백함에도 우리는 자꾸 옛사람의 본성에 이끌려 살려고 합니다. 아직도 편견과 고정관념을 버리지 못하고 하나님을 원망하고 때때로 낙심하는 이 죄인을 불쌍히 여겨 주시옵소서. 진실로 복음을 믿음으로 예수님을 나의 구주로 영접하며, 성령의 인도하심 속에 성경대로 생각하고, 성경진리대로 사물을 인식하는 하늘나라의 안목을 갖게 하옵소서. 복음의 증인으로 하나님의 지혜와 능력을 체험하며 하나님께 영광 돌리며 살도록 인도하여 주옵소서. 우리 주 예수 그리스도의 이름으로 간절히 기도드리옵나이다. 아멘.

4장

다 이루었다

군인들이 예수를 십자가에 못 박고 그의 옷을 취하여 네 깃에 나눠 각각 한 깃씩 얻고 속옷도 취하니 이 속옷은 호지 아니하고 위에서부터 통으로 짠 것이라 군인들이 서로 말하되 이것을 찢지 말고 누가 얻나 제비 뽑자 하니 이는 성경에 그들이 내 옷을 나누고 내 옷을 제비 뽑나이다 한 것을 응하게 하려 함이러라 군인들은 이런 일을 하고 예수의 십자가 곁에는 그 어머니와 이모와 글로바의 아내 마리아와 막달라 마리아가 섰는지라 예수께서 자기의 어머니와 사랑하시는 제자가 곁에 서 있는 것을 보시고 자기 어머니께 말씀하시되 여자여 보소서 아들이니이다 하시고 또 그 제자에게 이르시되 보라 네 어머니라 하신대 그 때부터 그 제자가 자기 집에 모시니라 그 후에 예수께서 모든 일이 이미 이루어진 줄 아시고 성경을 응하게 하려 하사 이르시되 내가 목마르다 하시니 거기 신 포도주가 가득히 담긴 그릇이 있는지라 사람들이 신 포도주를 적신 해면을 우슬초에 매어 예수의 입에 대니 예수께서 신 포도주를 받으신 후에 이르시되 다 이루었다 하시고 머리를 숙이니 영혼이 떠나가시니라(요 19:23-30).

독일의 한 성당에 아주 커다란 성화가 걸려 있었습니다. 십자가에 달리신 예수님을 그린 그림입니다. 그림 하단에는 예수님께서 십자가 상에서 하신 귀중한 말씀이 기록되어 있습니다. 그런데 성당에서 결혼식이 열릴 때마다 성당 관계자들이 이 고귀한 말씀을 천으로 가리느라고 아주 진땀을 뺀다고 합니다. 그 말씀은 누가복음 23장 34절에 기록된 말씀입니다. "아버지 저들을 사하여 주옵소서 자기들이 하는 것을 알지 못함이니이다"

십자가를 떠나면 기독교가 아닙니다

종교개혁자 마르틴 루터(Martin Luther)는 이렇게 말했습니다. "기독교의 신학은 십자가의 신학이다." 십자가를 떠난 복음은 없습니다. 십자가를 떠난 기독교도, 교회도, 그리스도인도 존재하지 않습니다. 하나님의 사람 에밀 부르너(Emil Bruner)는 말했습니다. "십자가는 기독교 신앙의 상징이고, 교회의 상징이며, 예수 그리스도 안에 있는 하나님의 계시의 상징이다. 오직 믿음, 오직 하나님의 영광을 위한 종교개혁의 모든 투쟁은 단지 십자가의 바른 해석을 위한 투쟁이었다. 십자가를 올바로 이해하는 사람은 성경을 이해하며, 그리스도를 이해한다."

당시 로마 가톨릭의 결정적인 오류는 그들 안에 십자가가 없었다는 것입니다. 그들은 십자가를 왜곡되게 가르쳤습니다. 십자가를 떠났습니다. 그래서 종교개혁이 일어나게 됩니다. 십자가를 떠난 기독교는 없습니다.

십자가가 계시하는 진리

저명한 신학자 존 스토트(John Stott) 목사님은『그리스도의 십자가』(The Cross of Christ)라는 저서에서, 십자가는 우리에게 세 가지 진리를 계시해 준다고 강조합니다. 첫째, 우리 자신에 관한 진리요, 둘째, 하나님에 관한 진리요, 셋째, 예수 그리스도에 관한 진리입니다.

첫째, 십자가는 우리의 죄가 지극히 무서운 것임을 분명히 말해줍니다. 죄에 빠진 인간의 존재와 상태가 얼마나 심각한지 십자가가 고발합니다.

둘째, 하나님의 사랑은 우리의 이해를 초월할 만큼 놀라운 것임을 말해 줍니다. 우리는 십자가에 나타난 하나님의 사랑을 은혜라고 부릅니다.

그런데 그 은혜가 사랑받을 자격이 없는, 하나님의 진노 아래 있는, 하나님을 거역하는 자들에게 선물로 주어졌습니다. 이 사실을 십자가가 계시합니다.

셋째, 예수 그리스도에 관한 진리를 말해 줍니다. 그리스도의 구원은 값없이 주시는 선물임이 분명합니다. 인간은 오직 그리스도의 피로 구원받습니다. 십자가는 여기에서 그치지 않고 우리로 하여금 거룩한 삶을 살게 하는 동기와 목적을 부여해 줍니다.

십자가의 신비

예수 그리스도의 십자가는 신비입니다. 십자가는 우리로 하여금 신비의 세계로 나가게 합니다. 하나님의 은혜와 진리의 신비로 이끌어 주는 것이 십자가입니다. 하나님 나라와 하나님의 영광, 그 모든 하나님의 세계를 알도록 우리를 이끌어 주는 것이 십자가입니다.

신비란 인간이 이해할 수 있는 것이 아닙니다. 이해를 넘어선 영역입니다. 이 신비를 낱낱이, 명확하게 파헤치고 싶은 마음이 든다면 그것은 사탄의 유혹입니다. 하나님의 신비는 우리가 헤아릴 수 없는 영역인데 그것을 인간의 제한된 지성으로 파악하려다가 시험에 빠져 십자가를 떠나기 때문입니다.

십자가의 신비는 하나님의 마음이요, 하나님의 뜻이요, 하나님의 역사입니다. 그 자체가 신비입니다. 어느 누가 하나님을 이해할 것이며, 하나님을 온전히 알 수 있겠습니까? 사도 바울은 고백합니다. "깊도다 하나님의 지혜와 지식의 풍성함이여"(롬 11:33). 인간의 지혜와 능력으로는 하나님의 신비를 온전히 깨달을 수 없다는 사실을 기억하십시오. 인류는 이 신비 앞에서 침묵해야 합니다. 신비 앞에 경외를 보내야 합니다. 그리고 경건한 마음으로 신비의 세계를 묵상해야 합니다.

묵상이란, 깊이 생각하는 것입니다. 그렇다고 자기 내면에서 뭔가를 끌어내는 것이 아니라 성령께서 인도해 주셔야만 우리는 깨달을 수 있고 깨달은 만큼 믿을 수 있습니다. 묵상을 통해 깨달은 진리에 우리는 놀라고 기뻐하며 하나님을 찬양합니다. 그리고 말씀해 주시는 하나님을 더욱 신뢰하며 살게 됩니다.

저명한 목회자인 랜디 알콘(Landy Alcorn)은 그의 저서, 『악의 문제 바로 알기』(If God Is Good)에서, '번영신학'의 폐해에 대해 강조합니다. 번영신학 때문에 오늘 기독교와 교회가 망가지고 있다는 것입니다. 그는 이렇게 말합니다. "부와 건강을 약속하는 번영신학이 사람들로 하여금 악과 고통을 다룰 능력을 상실하게 한다. 부와 건강과 성공을 말하는 번영신학의 가장 큰 피해자는 하나님이다. 하나님을 거짓말쟁이로 만들기 때문이다."

기독교는 오직 십자가 복음 위에 서 있습니다. 십자가 복음은 번영신학이 아닙니다. 번영신학은 십자가를 현저히 왜곡합니다. 가짜 진리를 만듭니다. 하나님을 거짓말쟁이로 만듭니다. 더는 십자가의 신비를 알지 못하게 만듭니다. 세상이 아니라 오히려 교회와 그리스도인이 이 신학을 앞장서서 퍼트리고 있으니, 이것은 명백한 사탄의 역사입니다.

예수님이 십자가에서 하신 말씀_"다 이루었다"

본문에는 예수님께서 십자가에 달리셔서 돌아가시는 중에 우리에게 주신 고귀한 말씀이 기록되어 있습니다. 사복음서 전체를 보면, 예수님께서는 십자가 상에서 일곱 마디의 말씀을 하셨습니다. 이를 가리켜 '가상칠

언'(架上七言)이라 하는데, 그 가운데 특별히 여섯 번째 말씀, "다 이루었다"(It is finished)라는 말씀이 요한복음에 계시되어 있습니다.

십자가는 우상이 아닙니다. 십자가는 말씀이요, 메시지입니다. 그래서 성경은 말씀합니다. "십자가의 도가 … 구원을 받는 우리에게는 하나님의 능력이라"(고전 1:18). 여러분은 십자가의 메시지를 얼마나 기뻐하고 갈망합니까? 이것은 아주 중요한 문제입니다. 우리가 예수님이 누구인가라는 질문에 답을 하려면 예수님의 말씀이나, 기적이나, 그분의 생애만 가지고는 안 됩니다. 오직 십자가의 토대 위에서만 예수님께서 누구이신지를 알 수 있습니다. 예수님께서 십자가 위에서 비로소 다 이루었다고 말씀하신 이유를 알 때, 그분에 대해, 그리고 하나님에 대해 온전히 이해할 수 있습니다. 그리스도인의 믿음과 소망이 바로 십자가에 있습니다. "다 이루었다"는 말씀 안에 있습니다.

그렇다면 예수님께서 무엇을 이루셨습니까? 예수님은 하나님의 뜻을 이루셨습니다. 인간의 소원과 뜻을 이루신 것이 아닙니다. 건강이나 부와 성공, 세상의 개혁을 이루신 것이 아닙니다.

예수님의 십자가_우리를 위한 것

예수님 당시는 가장 악한 시대입니다. 정치, 경제, 교육, 문화, 사회, 모든 것이 타락했습니다. 세상은 그것을 문화라고 하고, 지식이라고 합니다. 하지만, 하나님께서 보시기에는 하나님 없는 세상이 미쳐 돌아가는 형국에 지나지 않습니다. 그러나 하나님께서는 이런 세상을 사랑하셨습니다. 그 세상을 위해서 십자가라는 사건이 있는 것입니다.

자녀가 소원하는 것이 꼭 그에게 유익한 것이 아닐 때가 많습니다. 그래서 자식을 위해 필요하고 좋은 것이면 몰라도 자식을 망치는 것이라 판단하면 소원을 들어주지 않습니다. 세상이, 우리가, 인간이 '원하는 것'과 우리를 '위한 것'은 차원이 다릅니다. 하나님께서는 세상을, 인간을 매우 잘 아십니다. 그 하나님께서 세상을 위하여, 인간을 위하여 무엇을 하셨는데 그것이 바로 십자가입니다. 그래서 십자가의 신비 안에서 하나님의 세계를, 온 세상의 섭리를 볼 수 있습니다.

십자가에 달려 죽으신 예수님이 부활하시고 승천하신 그리스도이십니다. 하나님 우편에 앉아 계신 그분이 십자가에 죽으신 분입니다. 십자가 없는 부활, 생명, 천국은 없습니다. 예수님께서 십자가 상에서 이 모든 것을 이루셨기 때문입니다.

예수님의 십자가_고통

십자가는 고통입니다. 예수께서 십자가 형벌을 받으실 때, 정신적으로, 영적으로 엄청난 고통을 겪으셨습니다. 십자가의 길은 고통의 길입니다. 이 세상에서의 성공과 행복과 번영을 보장하는 길이 아닙니다. 십자가의 길은 천국에서는 말로 표현할 수 없는 영광인데, 이 세상에서는 그저 고통스런 길입니다.

예수님께서 먼저 십자가의 길을 따라 고통을 받으셨습니다. 그리고 그분의 뒤를 따르는 사도들도 고통을 받았습니다. 초대교회도 사도들의 유전을 따랐습니다. 그리스도인이라 불리는, 참으로 거듭난 모든 사람이 예수님의 십자가를 따라 고난을 받습니다.

십자가를 벗어버리면 고난이 없습니다. 하지만 하나님께서 믿는 자에게 허락하신 기업은 고통 없는 삶, 시험 없는 삶, 시련 없는 삶이 아닙니다. 십자가를 떠난 것은 다 가짜입니다. 그러니 내가 그리스도인이라고 믿거든 자꾸 고통을 회피하지 마십시오. 십자가를 거부한 삶은 허탄합니다. 아무리 성공하고 번영해도 기독교 진리에서 현저하게 벗어난 삶입니다.

진정한 하나님의 사람은 이 땅에서의 시련을 통해 십자가를 알아갑니다. 시련 중에 하나님의 나라를 보기 시작합니다. 십자가의 고통을 감수하는 자는 단순한 고통을 뛰어넘습니다. 하나님은 이 고난을 통해 교회를 세우시고, 복음이 전파되게 하시고, 찬송을 받으십니다. 순교적 신앙으로 십자가를 감당한 사람들을 통해 하나님의 영광을 취하십니다.

예수님의 십자가_새로운 시대의 선포

예수님의 십자가는 새 시대의 시작을 알리는 선포입니다. 하나님은 완전히 새로운 인생, 새로운 소망, 새로운 진리, 새로운 세계를 십자가로부터 선언하셨습니다. 예수 그리스도의 십자가를 믿는 사람이 새 사람, 새로운 피조물인데 이들이 바로 그리스도인입니다.

십자가를 따르는 사람은 세상이 알지 못하는 것을 봅니다. 새로운 주권, 새로운 통치, 새로운 나라, 새로운 영광을 봅니다. 하나님의 나라, 하나님의 영광, 하나님의 주권, 하나님의 통치를 인정하는 것이 그리스도인의 표지입니다. 그래서 십자가 앞에는 모든 것이 명백하게 나뉩니다. 그리스도인과 불신자, 십자가 안에 있는 사람과 십자가 밖에 있는 사람, 천국 가는 사람과 지옥 가는 사람.

십자가 이전에는 하나님의 율법, 십계명으로 판단을 받았습니다. 지키면 복 받고, 아니면 벌을 받았습니다. 그러나 십자가 이후로는 율법이 아니라 십자가의 은혜로 판단을 받습니다. 은혜를 받느냐 거부하느냐, 믿느냐 안 믿느냐로 천국행과 지옥행이 결정된다는 말입니다. 우리는 십자가의 은혜가 통치하는 때를 살아가고 있습니다.

십자가 없는 삶

최근에 로마 카톨릭은 프란체스코를 새로운 교황으로 선출했습니다. 전 세계 매스컴이, 프란체스코 교황이 처음으로 집전한 미사에서 강론한 내용을 대서특필 했습니다. 저는 그것을 보고 깜짝 놀랐습니다. 정말 충격이었고, 새로운 기대를 갖게 되었습니다. 그가 특별히 추기경들을 지목해 강론한 내용입니다. "우리는 신부일 수도 있고, 추기경일 수도 있고, 교황일 수도 있습니다. 그러나 우리에게 십자가가 없다면 우리는 그리스도의 제자가 아닙니다." 종교개혁의 선언이 로마 가톨릭 교황의 입에서 나오다니, 정말 의아했습니다. 교황이든 교회든 십자가가 없으면 아무것도 아닙니다. 십자가 복음 외에는 다 없어져야 합니다.

승리의 선언

예수께서 십자가에서 다 이루었다고 말씀하신 이후에도 세상에는 차별과 가난과 질병과 억압과 부자유와 온갖 고통이 있습니다. 그렇다면 도대체 무엇을 다 이루셨다는 것입니까?

먼저, 이 메시지는 승리의 선언입니다. 죄로부터의 승리, 사망의 공포로부터의 승리, 세상 권세로부터의 승리, 사탄의 역사로부터의 승리를 선포하신 것입니다. 세상의 관점으로 보면 십자가는 미련한 것이요, 저주요,

핍박이요, 고통입니다. 세상은 십자가를 지는 그리스도인을 보고 하나님을 믿는 사람이 하나님으로부터 저주를 받았다고 조롱합니다. 하지만 하나님의 주권 안에서 십자가는 승리요, 권세입니다. 예수 그리스도께서 이 땅에 오셔서 단번에 이루신 승리입니다. 이것은 승리와 패배를 반복하는 인간의 역사와는 차원이 다릅니다. 영원히 지속되는 승리입니다.

십자가의 승리로 말미암아 십자가의 도를 믿는 사람도 이제 죄로부터 승리하는 권세를 가졌습니다. 사망의 공포에 떨지 않습니다. 세상으로부터도 자유로워집니다. 사탄의 권세 아래 굴복하지 않습니다. 이 승리를 체험한 자만이 십자가 신앙을 바르게 고백할 수 있습니다.

완성의 선언

예수님이 십자가 상에서 남기신 여섯 번째 말씀은 완성의 선언입니다. 예수님은 하나님의 뜻을 완성하셨습니다. 하나님의 뜻이 무엇입니까? 하나님은 우리의 죄를 용서하기 원하셨습니다. 인간은 그 어떤 노력으로도 죄를 용서받을 수 없습니다. 모든 사람이 죄인입니다. 의인은 하나도 없습니다. 그래서 이 땅에 살았던 유일한 의인이신 예수님께서 십자가에서 죄사함의 길을 완성해 주셨습니다. 죄 사함의 은총과 함께 하나님과 화해하며 하나님의 자녀 되는 길을 완성하셨습니다. 은혜로만 이 길에 들어설 수 있습니다. 은혜로만 하늘나라를 기업으로 얻고 하늘 아버지의 영원한 상속자가 됩니다. 인간의 능력이 아니라, 십자가가 이 엄청난 사역을 완성합니다.

네덜란드의 화가 렘브란트(Rembrandt Harmensz. van Rijn)를 아는 사람이라면 그의 작품, 「십자가에 못 박힌 예수」(Crucifixion)를 한 번쯤은 접해봤을 것입니다. 이 그림을 보면 제일 먼저 주시하게 되는 곳이 십자가입니다. 그리고 그 위에 달리신 예수님이 보입니다. 그 다음으로 눈을 돌리는 곳이 그 주변에 있는 예수님의 가족들과 제자 몇 명 그리고 예수님을 십자가에 못 박으라고 조롱하는 사람들이 눈에 띕니다. 그런데 렘브란트 작품에만 있는 독특한 것이 하나 있습니다. 예수님을 십자가에 못 박은 그 악인들 틈에 누구인지 밝혀지지 않은 한 사람이 있습니다. 대부분의 예술가들은 그가 렘브란트라고 생각합니다. 만일 그렇다면 렘브란트는 왜 그 그림에 자신을 그려넣었을까요?

예전에 인도를 방문할 기회가 있었는데 그때 간디 박물관에 가보았습니다. 그곳에 있는 작품 중에 큰 십자가가 있고 예수님께서 승천하시는 모습을 그린 그림이 있었습니다. 그런데 그 그림에는 예수님 옆에 간디도 같이 승천하는 모습을 그려놓았습니다. 화가의 불신앙이 드러나는 그림이었습니다. 그러나 그리스도인인 렘브란트는 십자가 주변에 있는 사람들 틈에 자신을 그려넣음으로 자신이 예수님을 죽인 죄인임을 시인했습니다. 그리고 십자가에 달려 돌아가심으로 하나님의 구속사역을 완성하신 그리스도를 의지하는 신앙을 표현했습니다.

계속되는 하나님의 역사

"다 이루었다"는 예수님의 말씀은 이제 이 세상에 손을 떼겠다는 선언이 아닙니다. 예수님은 우리의 구원을 완성하셨지만, 또 우리가 하늘나라에 갈 때까지 완성해야 할 구원의 차원도 있습니다.

우리는 주기도문에서 이렇게 고백합니다. "뜻이 하늘에서 이루어진 것 같이 땅에서 이루어지이다." 하늘의 사건이 십자가에서 한 번에 이루어졌습니다. 이제 땅에서 펼쳐져야 합니다. 기독교와 교회와 그리스도인이 그 사명을 감당해야 합니다.

그리스도인은 십자가의 도를 알기에 십자가에 나타난 하나님의 사랑을 경험합니다. 그래서 그 사랑에 압도됩니다. 그 사랑이 그를 강권하기에 하나님을 사랑하지 않을 수 없고, 그는 하나님의 뜻에 기꺼이 순종하게 됩니다. 그리스도인은 십자가의 도를 증언하는 증인으로 부름을 받았습니다. 예수님께서 승천하시면서 우리에게 분부하신 지상명령은 복음을 증언하라는 것이었습니다. 우리는 그 명령에 순종해야 합니다. 그것이 이 땅에서 계속되는 구원사역에 동참하는 길입니다. 우리는 그저 증인으로 설 뿐입니다. 이 사역을 이루시고 열매 맺게 하시는 분은 하나님이십니다. 이처럼 하나님의 구원사역은 예수 그리스도의 십자가 상에서 다 이루어졌고, 또 이 땅에서 계속해서 이루어지고 있습니다.

기쁨, 만족, 영원한 안식

"다 이루었다"는 말씀은 기쁨과 만족과 영원한 안식을 선언합니다. 십자가에 못 박히신 예수님을 생각해 보십시오. 얼마나 힘드시고 고통스러우셨겠습니까? 그러나 그 마음만은 자유로우셨을 것입니다. 이제 모든 일을 완성하시고 기쁨과 만족과 안식을 누리시는 시간입니다. 이제 곧 죽음을 맛보아야 하지만 이후에는 영원한 안식이 있습니다. 3일 만에 부활하시어 하나님의 은혜의 보좌로 나아가실 것입니다.

예수님은 하나님의 뜻에 죽기까지 복종하셨습니다. 순종함으로 모든 것을 이루시고 하나님의 영광에 참여하게 되었습니다. 예수님은 우리와 다릅니다. 지혜와 능력, 엄청난 이적을 나타내신, 신적 권세를 가지신 분입니다. 그런데 십자가의 길이 하나님의 뜻인 줄 아셨기에 그 악한 자들이 와서 끌어갈 때 그냥 자신을 내어주십니다. 피하실 수도 있었고, 그들을 물리치실 수도 있었습니다. 그런데 성경에 보면 그냥 도살장에 끌려가는 양처럼 순순히 끌려가십니다. 그렇게 끌려가서는 채찍에 맞고, 사람들이 뱉는 더러운 침을 맞으셨습니다. 그분의 옷은 벌거벗겨졌으며 모진 매를 맞으셨습니다. 그리고 아무 저항 없이 십자가에서 돌아가십니다.

십자가의 길에서는 나의 생각을 펼칠 수 없고 자기 힘을 행사할 수 없습니다. 이렇게 자기를 철저하게 부인할 때, 거기서 하나님의 뜻이 이루어집니다. 그리고 하나님께서 부활의 영광을 맛보게 하시는 것입니다.

오늘 기독교는 세상에 선을 행하려고 안간힘을 씁니다. 망가질 대로 망가진 이미지를 쇄신해 보려는 몸부림이겠지요. 하지만 그런 노력이 오히려 복음을 망칩니다. 교회의 교회다움은 오직 말씀과 성령의 역사에 있습니다. 아무것도 안 하는 것이 나을지도 모릅니다. 모든 선행에 앞서 하나님의 은혜, 진리의 세계를 경험하는 것이 우선입니다.

참 부흥의 역사는 하나님께서 행하십니다. 신약성경을 보십시오. 교회가 어떻게 태동됐습니까? 교회는 오직 복음만 전하고 나머지는 하나님께서 하셨습니다. 그런데 하나님의 일을 우리가 하려고 합니다. 십자가는 내팽개치고 세상의 인정을 받으려고 동분서주하다가는 십자가를 떠나게 됩니다.

구원에 이르는 믿음_십자가의 믿음

어떤 사람이 하나님의 사람 무디 목사님을 찾아왔습니다. 그는 목사님의 설교를 듣고 회심했습니다. 나중에 세례까지 받았습니다. 그가 와서 말했습니다. "목사님, 제가 회개했습니다. 그런데 이 세상을 온전히 버려야 하는데, 이거 정말 그래야 됩니까? 세상으로부터 구원받았기에 세상에 종속되지 않고, 세상을 초월해서 살아가야 하는데 정말 이렇게 할 수 있는 겁니까?" 그랬더니 목사님이 "그러지 않으셔도 됩니다. 버리지 않으셔도 됩니다"라고 하는 것입니다. 이 사람이 더 놀랐습니다. "아니, 성경 말씀은 다른데요?" 그랬더니 목사님이 껄껄 웃으면서 이렇게 대답했답니다. "그렇소. 만약 당신이 담대하게 예수님께서는 하나님의 아들이시라고 증거한다면, 하나님께서 십자가에 죽으셨다는 십자가의 도만 증거 한다면 세상이 당신을 버릴 거요. 그러니 세상을 버릴지 말지 고민할 필요가 없소."

구원에 이르는 믿음이 무엇입니까? 십자가에 대한 믿음입니다. 예수님께서 십자가에 죽으심으로 다 이루신 일을 믿는 것입니다. 십자가를 떠나서는 아무것도 없습니다. 십자가 안에서 이루신 하나님의 뜻, 하나님의 행위, 하나님의 은혜와 하나님의 사랑을 믿는 만큼 복음의 증인으로 삽니다. 하나님의 사랑을 아는 만큼 하나님을 사랑합니다. 하나님의 은혜를 아는 만큼 은혜를 베풉니다. 이것이 기독교입니다. 하나님의 사랑도 없이 하나님의 은혜를 알지도 못하고 행하는 것은 '자기 의'입니다. 그것은 종교입니다. 모든 거듭난 하나님의 자녀는 오직 십자가를 믿음으로 새 사람이 되었습니다. 오늘도 주께서 다 이루셨다고 하신 그 진리 안에서 주님을 증언해야 합니다. 예수 그리스도께서 다 이루셨음을 전해야 합니다. 증인된 삶을 통해 하나님께서 역사하십니다.

기 도

전지전능하신 하나님 아버지. 오직 예수 그리스도의 십자가를 믿음으로 하나님의 자녀가 되었지만, 부지불식간에 십자가를 떠나 살았고, 십자가의 도를 잊어버렸고, 십자가의 메시지에 귀를 기울이지 아니하여 또다시 제멋대로 행하며, 하나님을 인정하지 않았던 미련한 죄인을 불쌍히 여겨 주시옵소서. 오직 십자가의 도에 이끌린 거듭난 하나님의 자녀임을 알고, 십자가에서 이루신 하나님의 놀라운 구원의 세계를 증거하고 기뻐하며 소망하게 하옵소서. 그래서 하나님의 뜻을 이루는 권세 있는 삶을 회복하게 하옵소서. 우리 주 예수 그리스도의 이름으로 간절히 기도드리옵나이다. 아멘.

5장

부활의 증인

안식일이 다 지나고 안식 후 첫날이 되려는 새벽에 막달라 마리아와 다른 마리아가 무덤을 보려고 갔더니 큰 지진이 나며 주의 천사가 하늘로부터 내려와 돌을 굴려 내고 그 위에 앉았는데 그 형상이 번개 같고 그 옷은 눈 같이 희거늘 지키던 자들이 그를 무서워하여 떨며 죽은 사람과 같이 되었더라 천사가 여자들에게 말하여 이르되 너희는 무서워하지 말라 십자가에 못 박히신 예수를 너희가 찾는 줄을 내가 아노라 그가 여기 계시지 않고 그가 말씀 하시던 대로 살아나셨느니라 와서 그가 누우셨던 곳을 보라 또 빨리 가서 그의 제자들에게 이르되 그가 죽은 자 가운데서 살아나셨고 너희보다 먼저 갈릴리로 가시나니 거기서 너희가 뵈오리라 하라 보라 내가 너희에게 일렀느니라 하거늘 그 여자들이 무서움과 큰 기쁨으로 빨리 무덤을 떠나 제자들에게 알리려고 달음질할새 예수께서 그들을 만나 이르시되 평안하냐 하시거늘 여자들이 나아가 그 발을 붙잡고 경배하니 이에 예수께서 이르시되 무서워하지 말라 가서 내 형제들에게 갈릴리로 가라 하라 거기서 나를 보리라 하시니라(마 28:1-10).

고대기록에 나오는 설화 하나를 소개합니다. 예수님이 승천하신 후에 천사들과 함께 대화를 나누고 있었습니다. 가브리엘 천사가 예수님께 물었습니다. "예수님께서는 땅에서 어떤 일을 하셨습니까?" "인류를 죄에서 구원하기 위하여 십자가에 죽었다. 그리고 온 세상이 구원받을 수 있는 구원의 길을 예비해놓고 말씀으로 가르치고 왔다. 나는 온 세상 사람들이 어느 시대 사람이든 다 그 구원의 길을 믿고 구원받기를 소원한다. 이것이 나의 기쁨이요 소망이다." 가브리엘이 다시 예수님께 물었습니다. "이 일을 이루기 위해 도대체 어떤 계획을 갖고 계십니까?" 예수님께서 대답하셨습니다. "제자들에게 나의 메시지를 남겨두었다. 그들이 다른 사람에게 그것을 전할 것이다." 가브리엘이 깜짝 놀라서 큰 소리로 다시 외쳤습니다. "뭐라고요? 아니, 그들이 실패하면 어떻게 되는 겁니까?" 예수님이 단호하게 말씀하셨습니다. "다른 계획은 전혀 없다. 나는 그들을 믿는다."

그리스도인_예수 그리스도의 증인

그리스도인은 예수 그리스도의 증인입니다. 이 험악한 세상에 하나님의 은혜로 그리스도인이 되어, 예수 그리스도가 누구이시며 무슨 일을 하셨는지를 전할 고귀한 사명을 갖게 되었습니다. 하나님의 역사는 그리스도인의 증인들을 통해서 오늘도 이루어지고 있습니다. 이것이 하나님의 뜻이요, 계획입니다.

인간의 어떤 계획이나 선행이나 고귀한 희생을 통해서 하나님의 뜻이 이루어지는 것이 아닙니다. 기독교를 제외한 모든 종교는 행위의 종교입니다. 다른 종교는 선행을 통해서, 인간의 희생을 통해서, 숭고한 사랑을 통해서 세상이 나아지고, 사람이 변화되고, 자신도 구원받는다고 가르칩니다. 그러나 기독교는 예수 그리스도가 행하시고 하나님께서 완성하신 것을 믿음으로 구원받습니다. 하나님께서 다 이루신 것을 우리가 선포하고 증거함을 통해서 하나님께서 일하십니다.

성경을 보십시오. 성경은 기독교와 교회가 무엇인지, 교회가 어떻게 시작되었는지, 무엇을 했는지, 그리고 하나님께서 어떻게 역사했는지를 자세히 기록하고 있습니다. 성경의 그리스도인들은 어느 곳에 가든지 오직 예수 그리스도만을 전했습니다. 다른 계획을 세운 것이 아닙니다. 예수님의 십자가와 부활, 이 두 가지 사건만 전했습니다. 나머지는 성령께서 하셨습니다.

그러나 오늘 교회는 예수 그리스도 그리고 그분의 십자가와 부활 외의 것에서 정체성을 찾고 세우려 합니다. 새로운 프로그램, 새로운 이벤트를 내세워 교회를 부흥시키려고 합니다. 사람들도 새로운 시도들에 솔깃합니다. 이러다가 교회는 정체성을 잃을 것이고 결국 타락할 것입니다. 사람의 지혜가 아니라 성령께서 오직 예수 그리스도의 증인들을 통해서 역사하십니다. 이것이 기독교입니다.

기독교만의 특징_사건으로부터 시작됨

성도 여러분, 예수님께서 부활하셨습니다. 부활은 하나님께서 이루신 사건입니다. 부활의 역사성에 대해서 생각해 봅시다. 부활의 역사성을 부인하는 사람은 그리스도인이 아닙니다. 부활의 역사성에 대해서 애매모호한 태도를 보이거나 그리스도의 부활 사건을 증거하지 않는 사람은 진정한 그리스도인이라 할 수 없습니다.

타종교는 신앙으로부터 사건이 만들어집니다. 그러나 기독교는 사건으로부터 신앙이 생깁니다. 예를 들면, 불교의 창시자는 석가모니입니다. B.C. 600년에 태어나고 죽었습니다. 석가모니가 살았던 시간은 현세의 시간이었습니다. 그런데 불교에서는 현세를 초월하는 천지와 우주를 말하고, 시간을 초월하는 '겁'에 대해 말합니다. 겁이란 천지개벽이 거듭되는 시간입니다. 인간이 상상할 수 있는 가장 긴 시간이 아닐까 짐작해보지만 전혀 감이 잡히지 않습니다. 다른 종교들도 마찬가지입니다. 종교와 관련

된 사건이 풍성하지 않고 그저 인간의 역사일 뿐이기에 자꾸만 추상적인 뭔가를 보태려고 합니다.

하지만, 기독교는 사건 속에서 믿음을 가지고 확증하는 것입니다. 하나님께서 천지를 창조하셨습니다. 출애굽의 역사가 있었습니다. 예수 부활의 사건이 있었습니다. 이 사건을 믿고 나서 생각하기 시작합니다. 사건과 진실을 바탕으로 하나님을 신앙합니다. 기독교는 계시적 사건으로부터, 하나님께서 완전히 이루신 사건으로부터 믿음으로 생각하기 시작하고 신앙생활을 하는 것입니다.

부활사건_단 한 번의 역사적 계시 사건

부활사건은 역사에 단 한 번 있었던 사건입니다. 계시적 사건입니다. 이건 타종교에 있는 부활사상과 다릅니다. 불교에서는 윤회설을 말합니다. 겁의 겁을 통해서 계속해서 또 태어난다는 것입니다. 영혼불멸사상이나 뱀파이어 같은 불사를 내세우는 종교도 있는데, 이들이 말하는 것은 부활이 아닙니다.

세 남자가 자동차 사고로 목숨을 잃고 천국에 가서 오리엔테이션을 받았답니다. 그들은 똑같은 질문을 받았습니다. 관 속에 당신이 누워 있을 때 당신의 죽음을 애도하는 가족과 친구들이 어떤 말을 해주기를 바라는지 물었습니다. 첫 번째 남자가 말했습니다. "나는 이 시대의 가장 훌륭한 아버지였고 훌륭한 의사였다는 말을 듣고 싶습니다." 두 번째 남자가 말했습니다. "나는 이 시대의 모든 자녀의 교육을 해결한 훌륭한 교육가요, 좋은 아버지였다는 말을 듣고 싶습니다." 세 번째 남자는 아주 겸손하게 말했습니다. "나는 저것 봐, 시체가 움직이고 있어. 이런 말을 듣고 싶습니다." 시체가 다시 살아난다고 다 부활이 아닙니다.

부활은 사도신경의 마지막 고백에 잘 나타나 있습니다. "몸이 다시 사는 것과 영원히 사는 것을 믿습니다." 썩어질 몸이 아닙니다. 지금 우리가 입은 몸은 먼지가 될 것입니다. 부활의 몸은 예수 그리스도와 같이 새로운 몸이요, 영생의 몸이요, 영생의 삶입니다. 이것이 기독교의 부활입니다. 이 부활이 단 한 번, 역사에 나타난 것입니다. 세상은 말합니다. "그 부활을 증명해라." 부활은 과학적으로 증명할 수 없습니다. 이성적 논리 밖에 있는 것이요, 인간 경험 밖에 있는 것입니다. 이건 초월적 신비입니다. 오직 믿음으로 이해될 수 있습니다.

믿음의 근거는 성경뿐입니다. 그래서 성경은 말합니다. "성경대로 그리스도께서 우리 죄를 위하여 죽으시고 장사 지낸 바 되셨다가 성경대로 사흘 만에 다시 살아나사"(고전 15:3-4). 부활은 성경에 이미 오래전부터 약속했고 그 약속대로 성취되는 사건일 뿐입니다. 하나님의 말씀대로 사건이 이루어집니다. 예수님께서 말씀하십니다. "나는 부활이요 생명이니"(요 12:25). 십자가에 죽으시기 전에 하신 말씀입니다. 그리고 예수님은 부활하셨습니다. 이 사건을 믿음으로 신령한 세계를 보게 되고, 하나님을 아는 지식의 충만함에 이르게 됩니다.

부활의 증거_빈 무덤과 목격자

본문에는 최초의 부활사건이 기록되어 있습니다. 이 기록에는 부활사건을 증명하려고 애쓴 흔적이 조금도 나타나지 않습니다. 증명할 필요가 없기 때문입니다. 역사적으로 실재한 사건이기에 그냥 담담하게 기록할 뿐입니다.

성도 여러분, 하나님께서 우리에게 주신 부활의 증거는 딱 두 개밖에 없습니다. 하나는 빈 무덤이요, 다른 하나는 목격자입니다. 예수님께서 믿고 남겨놓은 자들은 부활을 목격한 사람들입니다. 하나님은 굳이 자신이 이루신 역사를 증명해 보이실 이유가 없습니다. 그분은 어떻게 보면 부실해 보이는 증거를 통해 하나님의 나라를 이루고 당신의 역사를 이끌어 가십니다. 이것이 하나님의 계획입니다.

불교의 창시자 석가모니의 무덤은 현존합니다. 역사적으로 인도 아소카왕이 석가모니 유골을 가루로 만들고, 8만 4,000개의 탑을 만들어 그 안에 안치했습니다. 말하자면 불교는 무덤의 종교인 것입니다. 부활이 없는 종교입니다.

이슬람교의 창시자인 마호메트도 부활하지 못했습니다. 부활했다는 기록도 없고, 이슬람교도들도 부활을 중요하게 생각하지 않습니다. 메카에 가면 마호메트의 무덤이 있습니다. 이슬람교도 무덤의 종교인 것입니다. 모든 종교가 그렇습니다. 어떤 종교의 창시자든지 다 태어나고 죽었습니다. 부활은 없었습니다.

기독교에는 무덤이 없습니다. 예수님께서 부활하셨기 때문입니다. 오늘 본문에서 막달라 마리아와 다른 마리아가 주일 새벽에 예수님을 멀리서라도 한 번 보기 위해 무덤으로 갔습니다. 하지만, 그들이 본 것은 빈 무덤뿐이었습니다. 이것이 부활의 증거입니다. 그리고 천사가 나타나서 말합니다. "그가 여기 계시지 않고 그가 말씀 하시던 대로 살아나셨느니라. 와서 그가 누우셨던 곳을 보라"(6절). 목격자가 있는 것입니다.

예수님은 분명 어제 죽으셨고 무덤은 큰 돌로 막혀 있었습니다. 혹시 누가 시체를 훔칠까봐 로마 군사가 지키고 있었습니다. 그런데 그 돌이 옆으로 치워졌습니다. 로마 병사들은 사시나무 떨 듯이 떨고 있었습니다. 이것이 부활의 증거입니다. "와서 보라." 증인들이 있는 것입니다. 예수님이 남겨놓은 사람들입니다. 예수님이 믿어주시는 사람들입니다.

여러분이 막달라 마리아라고 생각해 보십시오. 무덤만 보러 갔는데, 문이 활짝 열려 있었습니다. 빈 무덤이었고, 부활하신 예수님을 만났습니다. 이 일을 목격하고도 침묵할 수 있겠습니까? 애매모호하게 부활을 생각할 수 있습니까? 가만히 혼자 추억으로 간직할 수 있겠습니까? 부활을 증거 하지 않을 수 없을 것입니다. 목격자이기 때문에 이 사건을 전하지 않을 수 없었을 것입니다. 그래서 그들은 생명을 바쳐서 부활 소식을 전했습니다.

막달라 마리아는 죄인 중의 죄인입니다. 사람들이 다 손가락질 하는 창녀입니다. 그러나 그녀는 구원받았습니다. 의로운 삶을 살지 못했지만 부활을 목격했습니다. 온 소유와 생명과 삶을 바쳐서 "예수부활! 예수부활!"을 외쳤습니다. 우리도 막달라 마리아처럼 부활을 목격했다면 부활사건에서 벗어날 수 없었을 것입니다.

부활을 목격한 사람의 마음 상태_무서움과 큰 기쁨

본문을 보면, 부활의 증인들은 '무서움'과 '큰 기쁨'을 느꼈습니다. 오늘도 부활신앙을 갖고 살아가는 사람은 무서움과 큰 기쁨으로 충만합니다.

출애굽 사건을 생각해보십시오. 수백 년간 애굽의 노예로 살던 한 민족이 수많은 이적과 홍해가 갈라지는 사건을 경험하며 해방됩니다. 그들 모두의 마음에는 하나님에 대한 두려움, 다시 말해 경외심과 큰 기쁨이 있었습니다. 인간의 이성을 초월하는 신비를 볼 때 인간은 두려움과 함께 환희를 경험합니다.

부활을 목격한 사람의 마음상태에 대해 하나하나 살펴보겠습니다. 첫 번째 마음상태는 무서움입니다. 무서움은 말하자면 두려움입니다. 그러나 하나님의 자녀, 부활의 증인이 느끼는 두려움은 형벌이나 심판에 대한 것이 아닙니다. 자신의 죄와 허물 때문에 두려운 것입니다. 여기서 두려움은 회개의 마음입니다. 동시에 나약한 믿음을 표현하는 것입니다. 왜 진작 믿지 않았는지, 이 어리석은 믿음에 대한 회개입니다. 그리고 신비한 이적에 대한 경외입니다.

두 번째 마음상태는 큰 기쁨이었습니다. 세상적인 기쁨이 아닙니다. 세상이 줄 수 없는 영적인 기쁨을 말합니다. 이 기쁨을 누리는 사람은 세상 모든 고통을 잊을 정도로 부활사건에 사로잡힙니다. 부활을 생생하게 경험하는 사람은 이 영원하고 완전한 기쁨을 소유합니다.

물론, 부활을 믿지 않는 자도 부활사건 앞에서 두려움을 느낍니다. 예수님을 믿지 않고, 예수님의 말씀에 불순종한 사람이 부활사건을 경험한다면 그는 아마 공포에 사로잡힐 것입니다. 자신이 멸망 가운데 있음을 예감하기 때문입니다. 다시 말해 아무 소망이 없는 자신의 상태를 직시하기에 두려워할 것입니다. 본문은 그 예를 보여줍니다. 4절에 보면 무덤을 지키던 로마 병사들이 천사를 보고는 무서워하고 떨며 죽은 사람과 같이 되었습니다. 구원받지 못한 자는 하나님의 천사만 봐도 죽은 시체와 같이 됩니다. 무서운 심판이, 의의 심판이 그 앞에 놓였으니 죽은 자와 같이 되는 건 당연합니다. 오늘도 부활사건 앞에 믿는 자와 믿지 않는 자의 반응이 확연하게 드러날 것입니다.

만약 부활이 없다면?

부활의 증인들에 대한 본문 8절의 기록을 살펴봅시다. "그 여자들이 무서움과 큰 기쁨으로 빨리 무덤을 떠나 제자들에게 알리려고 달음질할새."
우리는 부활사건의 능력으로 자기 소원을 이루고, 만사형통하고, 번영하는 것이 아닙니다. 본문은 부활의 능력을 두 가지로 표현합니다. 하나는 증거하고 싶은 열망을 가지는 것입니다. 부활의 능력이 그렇게 만듭니다. 또 하나는 부활의 증인들이 변화되는 것입니다. 이들은 죽음을 두려워하지 않는 그리스도의 증인으로 변합니다. 인격을 수양하거나 특수훈련을 받아서 증인이 된 것이 아닙니다. 부활의 능력이 연약한 자를 부활의 증인으로 만듭니다. 부활사건을 경험한 자는 생각이 변합니다. 가치관이 변합니다. 소유가 변합니다. 모든 게 변합니다.

성도 여러분, 만일 부활이 없다면 어떻게 되겠습니까? 예수 그리스도의 부활이 없었다면 기독교는 없습니다. 교회도 없습니다. 부활의 증인으로서 사명을 감당하지 않는 교회는 불교의 사찰과 다름없습니다. 혹이라도 부활의 증인으로 살지 않는 자칭 그리스도인은 스스로 구원받았다고 착각하는 유대인들과 다르지 않습니다. 부활의 능력은 한 사람을 사로잡습니다. 사건 속에서 믿음이 생기고, 이해가 생기고, 하나님을 아는 지식을 얻기 때문입니다.

부활 증언의 확실성

만일 부활사건이 제자들과 막달라 마리아가 꾸민 일이라면 어떻게 되겠습니까? 그들이 예수님을 너무 사랑한 나머지 예수님께서 생전에 '나는 부활이다'라고 하신 말씀에 부응하려고 예수님의 시신을 몰래 숨기고 부활했다는 소문을 냈다고 생각해 봅시다. 과연 이런 일이 가능할까요? 예수님의 제자들은 다 보통 사람입니다. 십자가 사건 때 다 도망갔던 겁쟁이였습니다. 심지어는 예수님을 부인하고 저주했습니다. 게다가 이들 중 한 사람만이라도 자신들이 저지른 일을 발설했다면 예수 그리스도도 부활도 기독교도 다 무너졌을 것입니다. 그렇다면 아직도 기독교가 건재한 것이 그들이 철저하게 입막음을 한 덕분이라는 말입니까?

부활사건이 거짓이든 역사적 사실이든 예수님의 부활 소식이 전해진 이후 부활의 능력이 나타났습니다. 제자들의 삶이 그 능력을 입증합니다. 그렇게 벌벌 떨고 도망가던 자들이 부활사건 이후에는 완전히 달라집니다. 예수님과 3년을 동고동락하고도 결국 십자가 사건 앞에서 다 무너지더니, 이제는 예수님이 계시지도 않는데 부활사건 하나로 모든 게 달라집니다. 그들은 자기 시간과 물질과 모든 정성을 다해 예수 그리스도의 증인으로 살아갑니다. 이들의 증인 된 삶 위에 교회가 세워진 것입니다. 그래서 수많은 교회가 있지만 교회가 아무 능력도 나타내지 못하는 현실은 교회가 부활에 침묵하는 탓입니다.

로마 속담에 "증언은 숫자를 셀 것이 아니라, 무게를 달아보아야 한다"라는 말이 있습니다. 이 말이 옳습니다. 법정에 선 사람은 아무리 유력한 후원자가 있다 하더라도, 심지어는 그가 대통령이라도 목격자 두 명만 있으면 그 재판은 깨끗이 해결됩니다. 숫자의 문제가 아닙니다. 증언이 진실하여 무게를 갖느냐가 관건입니다. 하나님께서 부활을 목격한 소수의 사람을 남겨 놓으셨습니다. 막달라 마리아와 몇 명의 여인들, 그리고 제자들, 그 외 몇 명. 고린도전서 15장은 예수님께서 부활하시어 "오백여 형제에게 일시에 보이셨나니"(6절)라고 기록합니다. 수많은 인류 중에 1,000명도 아니고 500명이라니…. 그러나 하나님 나라를 이루고, 하나님의 말씀이 전해지는 데 충분한 인원입니다. 이들이 모두 얼뜨기가 아니라 목격자이기 때문입니다. 그들이 죄가 없거나 의롭다는 얘기가 아닙니다. 이들은 비록 죄인이지만, 부활사건을 목격한 자로서 증인 된 삶을 살 것입니다.

하나님은 이 사실을 믿은 것입니다. 오늘 교회의 교회 됨도 바로 부활의 중인들을 통해서 나타나는 것입니다.

부활의 메시지_살아계신 하나님

예수 그리스도의 부활 때문에 인간의 모든 소원이 이루어지고, 세상에 유토피아가 완성되는 것이 아닙니다. 세상은 망할 것입니다. 구원과 심판은 동시에 나타날 것입니다. 이 말세에 부활이 의미하는 메시지는 자명합니다. 오직 한 분이신 창조주 하나님이 정말 살아계시다는 것입니다. 그분이 예수 그리스도를 부활케 하셨습니다. 그분은 정말 살아 역사하십니다. 그분의 모든 말씀은 사실입니다. 더 나아가서 성경에 기록된 모든 하나님의 말씀이 그대로 성취되었고 성취될 것입니다. 그래서 부활의 증인은 성경의 사람으로 살아갑니다. 그리고 자신의 부활을 믿습니다. 그래서 애매모호한 태도로 살지 않고 목숨을 아까워하지 않습니다. 부활을 목격한 사람은 거칠 것이 없습니다. 흔들리지 않습니다. 그래서 고백합니다. "몸이 다시 사는 것과 영원히 사는 것을 믿습니다." 이 고백은 온 인류의 소망입니다. 그러나 그리스도인만의 신앙고백임을 잊지 마십시오.

19세기에 놀랍게 쓰임 받은 하나님의 사람, D. L. 무디(Dwight Lyman Moody), 그는 인생 말년에 자신의 죽음이 임박한 것을 예감했습니다. 그는 죽기 전에 친구들을 불러 이런 말을 남겼습니다. "어느 날 신문에서 도스필드의 무디가 죽었다는 기사를 읽거든, 그 사실을 믿지 마십시오. 그때는 지금의 나보다 더 확실하게 살아 있을 것입니다. 흙으로 지은 옛집에서 나와 더 높고 영원한 집, 죄악이 접근하지 못하고 더럽힐 수 없는 영광스러운 몸을 입고 더 높은 곳에 있을 것입니다. 제 육신은 1837년에 태어났고, 제 영혼은 1856년에 태어났습니다. 육신은 죽을 것이나 성령으로 난 것은 영원히 살 것입니다." 그리고 며칠 후에 임종이 아주 임박했을 때, 그는 꿈을 꿨습니다. 그는 꿈속에서 환상을 봤습니다. 그는 마지막 숨을 내쉬기 직전에 잠자는 자녀들을 깨웠습니다. 그리고 이렇게 말했습니다. "세상은 떠나지만 천국이 내 눈앞에 열려 있다. 이것이 죽음이라면 얼마나 아름다운 것인가! 하나님께서 나를 부르시고 나는 가야 한다. 예수님께서 나를 기다리고 계신다." 그 자녀들이 "아닙니다, 아버님. 아버님, 지금 잠꼬대하시는 거예요. 잠꼬대 하시는 거예요"라고 안타깝게 소리치자, 다시 무디 목사님께서 자녀들에게 이렇게 말했습니다. "아니다. 내가 꿈을 꾸고 있는 것이 아니라, 나는 지금 천국 문에 들어서고 있다." 그러고는 깊은 숨을 내쉬고 돌아가셨습니다.

성도 여러분, 예수님이 부활하셨습니다. 이건 역사적 사건입니다. 이 사건을 믿을 때 나는 변화됩니다. 이 사건 속에서 생각이 새로워지고, 소원이 새로워지고, 삶의 목적이 새로워지고, 모든 것이 새로워집니다. 이 역사적 사건이 곧 나의 부활이기 때문입니다.

내 마음대로 살다가 그냥 썩어 없어진다면 신앙생활이 무슨 의미가 있습니까? 그러나 한 번 죽은 이후에는 반드시 모든 육체가 부활합니다. 그리고 최후 심판이 있습니다. 심판 이후에는 천국 백성과 영원한 지옥불에 던져질 죄인이 극명하게 나뉠 것입니다. 우리는 이것을 알기에 이 땅에서 부활을 증언하며 살아갑니다. 때론 넘어져도 성령께서 다시금 부활의 소망을 우리의 심령에 일깨워 주시고 하나님을 아는 지식을 주사 인도해 가시기에 다시 증인의 사명을 감당합니다. 이것이 부활 신앙입니다.

초대교회처럼, 막달라 마리아처럼, 부활을 목격한 소수의 사람들처럼 믿음으로 오늘을 살아갈 때, 우리는 담대하게 하나님의 사람으로 승리를 누립니다. 하나님께서는 부활의 증인과 함께 역사하십니다. 하나님은 오늘도 예수 그리스도의 증인들을 통하여 하나님의 뜻을 이루십니다.

기도

전지전능하신 하나님 아버지. 예수 그리스도를 이 땅에 보내시어 그리스도의 십자가와 부활을 이루시고, 우리로 하여금 새로운 영적 세계를 보게 하시니 감사합니다. 그리고 하나님을 아는 지식을 얻게 하시며, 오늘도 영적인 사람으로, 복음적인 사람으로 새롭게 하심을 진심으로 감사합니다. 예수 부활사건을 체험함으로 바른 신앙을 가지고 세상을 이기며 자신을 이기게 하시고, 거룩한 삶의 목적을 가지고 부활의 증인으로 이 시대를 살게 해주시니 감사합니다. 하나님 아버지, 성령의 인도하심을 받아 오직 부활신앙으로 하루하루를 살며, 부활의 증인으로 신령한 기쁨과 만족과 은혜를 누리게 하옵소서. 하나님과 함께하는 삶을 갈망하고, 인식하고, 자랑하며 살아갈 수 있게 하옵소서. 우리 주 예수 그리스도의 이름으로 간절히 기도드리옵나이다. 아멘.

6장

길에서 만난 예수

그 날에 그들 중 둘이 예루살렘에서 이십오 리 되는 엠마오라 하는 마을로 가면서 이 모든 된 일을 서로 이야기하더라 그들이 서로 이야기하며 문의할 때에 예수께서 가까이 이르러 그들 과 동행하시나 그들의 눈이 가리어져서 그인 줄 알아보지 못하거늘 예수께서 이르시되 너희가 길 가면서 서로 주고받고 하는 이야기가 무엇이냐 하시니 두 사람이 슬픈 빛을 띠고 머물러 서 더라 그 한 사람인 글로바라 하는 자가 대답하여 이르되 당신이 예루살렘에 체류하면서도 요 즘 거기서 된 일을 혼자만 알지 못하느냐 이르시되 무슨 일이냐 이르되 나사렛 예수의 일이니 그는 하나님과 모든 백성 앞에서 말과 일에 능하신 선지자이거늘 우리 대제사장들과 관리들 이 사형 판결에 넘겨 주어 십자가에 못 박았느니라 우리는 이 사람이 이스라엘을 속량할 자라 고 바랐노라 이뿐 아니라 이 일이 일어난 지가 사흘째요 또한 우리 중에 어떤 여자들이 우리로 놀라게 하였으니 이는 그들이 새벽에 무덤에 갔다가 그의 시체는 보지 못하고 와서 그가 살아 나셨다 하는 천사들의 나타남을 보았다 함이라 또 우리와 함께 한 자 중에 두어 사람이 무덤에 가 과연 여자들이 말한 바와 같음을 보았으나 예수는 보지 못하였느니라 하거늘 이르시되 미 련하고 선지자들이 말한 모든 것을 마음에 더디 믿는 자들이여 그리스도가 이런 고난을 받고 자기의 영광에 들어가야 할 것이 아니냐 하시고 이에 모세와 모든 선지자의 글로 시작하여 모 든 성경에 쓴 바 자기에 관한 것을 자세히 설명하시니라(눅 24:13–27).

어느 날 메뚜기와 하루살이가 하루 종일 재미나게 놀았습니다. 날이 저물자, 메뚜기가 하루살이에게 말했습니다. "하루살이야, 이제 저녁이 다 되었다. 오늘은 그만 놀고 내일 놀자." 하루살이는 이 말을 알아들을 수 없었습니다. 그래서 물었습니다. "메뚜기야, 내일이 뭐야? 내일이 뭔데 내일 만나자고 하는 거야?" 메뚜기가 설명합니다. "이제 조금 있으면 하늘이 어두워지고 하늘 가득 별이 보일 거야. 그러면 모든 동물이 잠들지. 그리고 다시 해가 떠오르면 새벽이 밝는데 그때가 내일이야. 그때 같이 놀자." 하루살이는 무슨 말인지 도저히 이해할 수 없었습니다. 그래서 되레 메뚜기를 조롱했습니다. "너 날씨가 더워 미친 거 아냐?"메뚜기는 너무 황당했습니다.

그 후에 메뚜기가 개구리와 친구가 되었습니다. 한 여름을 잘 놀았습니다. 이제 선선한 가을이 되자 개구리가 메뚜기에게 말했습니다. "메뚜기야, 우리 내년에 만나 다시 놀자." 이제 메뚜기가 고개를 갸우뚱 합니다. 그래서 묻습니다. "내년이 뭐야?" 개구리가 잘 설명합니다. "조금 있으면 찬바람이 불고, 눈이 오고, 겨울이 오거든. 그러면 우리 개구리들은 다 겨울잠을 잔단다. 그러다가 봄이 오면 겨울잠에서 깨어나는데 그때가 내년이야. 우리 그때 만나서 다시 놀자." 메뚜기는 도대체 무슨 소리인지 알 수 없었습니다. 그래서 개구리에게 비꼬듯 말합니다. "네가 날씨가 선선해지니까 미쳤구나." 하루살이와 메뚜기는 내일 혹은 내년을 경험하지 못했습니다. 그래서 내일과 내년을 몰랐습니다. 아니, 들어도 믿지 않았습니다.

인간의 한계_하나님을 알지 못함

성도 여러분, 인간에게는 분명 한계가 있습니다. 인간은 자신의 경험, 지식, 확신을 가지고 사는데 이것들 밖에 있는 것에 대해서는 불신하는 경향이 있습니다. 이런 지향성이 인간을 불행하게 만드는데도 세상은 자기 신념, 자기 경험의 확신을 갖고 살아가는 사람을 존경합니다. 실제로 세상에서 그런 사람들이 성공합니다. 이들은 '내게는 불가능이란 없다. 나를 따르라'고 외치고 세상은 그런 사람들을 영웅이라고 치켜세웁니다. 그러나 하나님 앞에서 이들은 멸망하는 짐승 같은 존재일 뿐입니다. 하나님이 얼마나 두려우신 분인지 알지 못하고 하나님의 경륜도 깨닫지 못합니다. 이 세상에 종말이 있음을 인식하지 못하기에 세월을 헤아리는 지혜도 없습니다. 자기 인생의 궁극적인 문제가 무엇인지 알지도 못한 채, 죽음 앞에 벌벌 떨며 죽음 너머의 내세를 없다고 하거나 무시합니다.

기독교 변증가인 저명한 C. S. 루이스(Clive Staples Lewis)가 말했습니다. "우리와 신과의 관계는 셰익스피어와 햄릿의 관계에 더 가깝다." 셰익스피어는 『햄릿』의 저자입니다. 『햄릿』의 주인공 햄릿은 죽었다 깨어나도 셰익스피어를 다 파악할 수 없습니다. 햄릿은 셰익스피어가 작품을 통해 보여준 만큼만 알 뿐입니다.

인간도 마찬가지입니다. 오직 하나님의 창조세계를 통해서, 하나님이 주신 하나님의 말씀인 성경을 통해서, 그리고 예수 그리스도를 통해서만 하나님을 알 수 있습니다.

하나님의 유일한 계시자_예수 그리스도

예수 그리스도는 하나님의 유일하고 완전한 계시자입니다. 이분 외에는 하나님을 아는 길이 없습니다. 내가 이해하지 못한다고 없는 게 아닙니다. 예수님의 성육신, 고난, 십자가, 부활, 승천, 이 모든 것은 초월적이고 계시적이며 인간의 경험 밖에 있는 일입니다. 오직 믿음으로만 알 수 있습니다. 예수 그리스도에 대한 단순한 믿음을 통해 하나님의 세계를, 하나님의 지혜와 능력을 깨닫고 체험할 수 있게 됩니다.

이 세상 모든 사상가나 종교지도자나 영웅들은 죽음을 피할 수 없습니다. 먼저 간 사람들은 무덤에 묻혀 진토가 되었습니다. 이렇듯 유한한 존재들에게 인생에 대해, 진리에 대해, 내세에 대해 물은들 무엇을 얻을 수 있겠습니까? 그들도 우리와 같이 유한하고 어리석은 사람일 뿐입니다. 오직 부활하신 예수 그리스도만이 우리 인생에 답을 주실 수 있습니다.

터키에서 사역하던 어떤 선교사가 이슬람 사람들에게 어떻게 하면 예수 부활의 사건을 잘 전할까 생각하다가 지혜를 얻었습니다. 그는 부활을 전할 때 먼저 이런 질문을 던졌습니다. "여행을 갔는데 두 갈래 길을 만났습니다. 그런데 어느 길로 가야 바른 길인지 알지 못합니다. 그때 마침 두 사람을 만났습니다. 한 사람은 죽었고, 한 사람은 살았습니다. 누구에게 물어야 할까요?" 그러니까 만나는 사람마다 당연히 산 사람한테 물어야지 죽은 사람한테 물어서 뭐하느냐고 대답했습니다. 그때 선교사가 말했습니다. "그렇다면 살아계신 예수님께 물어야지 왜 죽어 무덤에 있는 마호메트에게 묻는 겁니까?"

성도 여러분, 정말 깨끗하고 단순한 믿음으로 예수 그리스도를 받아들이는 만큼 예수 그리스도의 마음으로 오늘을 살 수 있는 것입니다. 아무리 내가 다른 사람보다 지혜롭고 경험이 풍부해도 인간의 한계를 벗을 수 없음을 기억하십시오.

엠마오로 가는 두 사람

본문에는 자기 경험, 자기 확신 속에 갇혀 사는 두 사람이 나옵니다. 바로 엠마오로 가는 두 사람입니다. 어쩌면 우리는 이들과 많이 닮아 있습니다. 이들은 열두 제자에 속해 있지는 않았지만 항상 예수님 주변에 있었고 그분을 추종하던 사람들입니다. 이들이 지금 엠마오로 가고 있습니다. 그들은 예수님을 존경했고, 예수님을 사모했고, 예수님을 따라다녔고, 예수님의 생애를 눈으로 목격했습니다. 예수님이 예루살렘에 입성하실 때 '호산나, 호산나' 하면서 예수님을 맞이했습니다. 그리고 죽기까지 예수님께 충성하리라고 고백했습니다. 다시 말해서 이들은 예수님을 만났고, 예수님의 말씀을 들었고, 십자가를 목격한 사람들입니다. 거기다가 부활 소식도 들었습니다. 빈 무덤 사건을 알고 있었습니다.

그런데 이들은 실의에 빠져 슬퍼하고 있습니다. 낙심과 절망을 안고 지금 엠마오로 가고 있습니다. 구원받았다고 믿으면서, 하나님의 자녀라고 생각하면서 이 세상에서 계속 슬픔과 절망과 두려움 속에 살아가는 그리스도인과 똑같은 모습을 하고 있습니다. 더 안타까운 것은, 부활하신 그리스도와 동행하며 말씀을 나누는데도 예수님을 알아보지 못한다는 것입니다.

본문 16절에 보면 성경은 이렇게 기록합니다. "그들의 눈이 가리어져서 그인 줄 알아보지 못하거늘." 눈이 멀었다는 얘기가 아닙니다. 눈은 떴으나 영적인 눈이 열리지 않아 분별력이 없는 것입니다. 진리를 추구하나 진리를 모릅니다. 예수님을 좇으나 예수님을 만나고도 알아보지 못합니다. 하나님께 영광을 돌리고자 하지만 하나님을 알지 못하는 참 불행한 사람들입니다. 이들은 자신의 세계관과 경험에 갇혀 있기에 예수님의 부활을 받아들이지 못하고 예수님도 알아보지 못했습니다.

거듭난 그리스도인_살아계신 그리스도를 믿는 사람

오랜 기간, 혹은 한평생을 예수님을 좇고 선행을 하고 성경을 배우고 가르친들 무슨 소용이 있습니까? 그 마음에 기쁨이 없으니 말입니다. 이들은 오히려 슬퍼하고 절망하고 두려워합니다. 참으로 거듭난 그리스도인의 삶과는 거리가 멉니다. 십자가와 부활을 안다는 이유로 그가 참된 그리스도인이라고 생각해서는 안 됩니다. 거듭난 그리스도인이란 살아계신 그리스도, 십자가에 죽으셨으나 부활하신 그리스도를 체험적으로 만나고 고백하는 사람입니다.

단지 예수님의 부활만을 말하는 사람이 아닙니다. 부활하신 분을 만나고, 그분을 찬양하고, 그분과 함께하는 삶을 기뻐하는 사람입니다. 사도신경에도 그 고백이 있습니다. "다시 살아 나사 하나님 우편에 앉아 계시다가." 지금 역사하시고, 살아계시고, 다스리시는 예수님, 그 예수님을 정말 믿고 고백하는 사람이 거듭난 그리스도인입니다. 부활을 체험하고 부활 신앙을 진실하게 고백한 자에게 자유와 평강과 기쁨과 감사가 있습니다.

절망 중 엠마오로 가게 된 이유

엠마오로 가던 두 사람이 예수님을 직접 만나고, 십자가를 경험하고, 부활의 소식을 들었음에도 이처럼 실의에 빠져 있는 이유가 무엇일까요? 본문에는 그 이유가 세 가지로 나타납니다.

첫 번째는 잘못된 기대와 소망 때문입니다. 21절에 보면, "우리는 이 사람이 이스라엘을 속량할 자라고 바랐노라"라고 합니다. 예수가 이스라엘을 해방시키고, 번영시키고, 자유하게 하고, 잘 살게 만들기를 바랐는데 그 모든 바람이 좌절되었습니다. 그래서 이들은 절망 중에 옛 생활로 돌아가게 되었습니다.

두 번째로 이들은 하나님의 뜻에 대해 무지했습니다. 성경을 분명히 읽었고 말씀을 들었으나 하나님의 뜻을 분별하지 못했습니다. 예수님께서 성경을 가르치실 때에야 마음이 뜨거워져서 눈을 뜨게 됩니다. 하나님의 뜻에 대해 무지하니, 아무리 성경을 많이 알고 외우고 있어도 아무 소용이 없습니다. 이들은 지금 진리를 추구하지만, 진리와 다른 길로 가고 있습니다. 그냥 엠마오로 가고 있습니다. 자기에게 익숙한 고향길로 가고 있습니다. 진리에서 더 멀어집니다. 십자가와 부활사건을 알고 있습니다. 복음을 들었으나 진리와 다른 길로 가는 모순, 이것이 오늘 우리의 모습입니다.

절망을 이기는 믿음_살아계신 그리스도를 바라봄

그러므로 우리는 영적인 눈을 떠야 합니다. 자기 세계를 벗어나 새로운 세계를 보아야 합니다. 추상적으로 영적인 세계를 짐작하지 말고 정말 믿고 보면서 살아가야 합니다. 예수 그리스도를 만나고 그분의 십자가와 부활과 승천을 믿음으로 눈을 뜰 수 있습니다. 그리스도 안에서 우리의 인생, 세상, 역사, 모든 것을 다시 생각해야 합니다. 그럴 때 새로운 변화가 일어납니다.

우리가 잘 아는 대로 십자가는 유일한 구원의 길입니다. 그 안에 하나님의 의와 사랑과 지혜가 나타났습니다. 십자가 외에는 죄 사함을 받는 길이 없습니다. 십자가만이 부활과 영생에 이르게 합니다. 십자가 없는 천국은 없습니다.

만일 예수님께서 부활하시지 않고 십자가를 지고 죽으시기만 했다면 어땠을까요? 그리스도인만큼 불쌍한 사람도 없을 것입니다. 또 다시 십자가 앞에서 시비를 가려야 할 것이고 두려움과 걱정을 짊어지고 살아야 할 것입니다. 그럼에도 우리가 십자가를 자꾸 바라보는 것은 십자가의 도를 상기하기 위함입니다. 예수님은 부활하시어 지금도 살아계십니다. 그래서 우리는 기뻐하고 만족하고 감사합니다. 그리고 두려움 없이 복음을 위해 헌신합니다.

본문의 두 사람도 자꾸 십자가에 달리신 예수님만 생각했습니다. 예수님을 빈 무덤에서 찾고 있습니다. 그래서 십자가 사건을, 부활사건을 믿어도 아직 거듭난 그리스도인이 아닙니다. 살아계신 그리스도를 바라봐야 합니다. 성도 여러분, 살아계신 그리스도, 역사하시고 통치하시는 그리스도에 대한 믿음으로 성경을 다시 보십시오. 그래야 하나님의 음성이, 말씀이 들릴 겁니다.

오늘날의 그리스도인들도 십자가를 믿고 부활도 믿습니다. 그런데 살아계신 그리스도를 바라보지 못합니다. 그러니 자꾸 추상적인 신앙 속에서 힘도 없고, 무력해지고, 자꾸 세상에 휩쓸립니다. 부활의 소망이 없기에 매사에 두려워합니다. 그래서 자기를 탁 내려놓고 헌신하지 못합니다. 한 마디로 부활하신 그리스도를 나의 주인으로 모시지 않은 것입니다. 얼마나 모순된 신앙입니까? 바른 신앙고백은, 살아계신 그리스도 께서 나를 위해 십자가를 지셨다는 고백입니다. 부활하신 예수님은 안중에 없고 그저 십자가에만 매달린다면 그것은 다른 종교와 다를 바가 없습니다. 기독교는 부활의 종교입니다. 성경은 엠마오로 가는 두 사람을 통해 우리로 하여금 부활신앙을 회복할 것을 종용합니다.

잘못된 믿음의 이유_살아계신 그리스도를 바라보지 못함

오늘날 교회는 이런 때가 있었나 싶을 정도로 수많은 문제를 안고 있습니다. 도대체 왜 이런 문제가 생긴 걸까요? 그것은 바로 교회가 살아계신 그리스도를 믿지 않기 때문입니다. 살아계신 그리스도 대신, 다른 대체물이 너무 많습니다. 인간의 열심, 노력, 선행, 수많은 방법, 사람에게 보이려는 외식…. 우리는 하나님의 일에 헌신하면서도 사람들이 알아주지 않으면 마음이 불편해집니다. 왜 그렇습니까? 살아계신 그리스도를 지금 인식하지 못하기 때문입니다. 우리의 삶이 약해지고 자꾸 무너지는 것도 오늘 살아계신 그리스도께 집중하지 못하는 까닭입니다.

사도들의 삶을 보십시오. 사도들은 오직 살아계신 그리스도를 바라보면서 십자가를 전했습니다. 초대교회도 살아계신 그리스도를 체험하며 십자가의 길을 갔습니다.

한 남자가 사막에서 길을 헤매고 있었습니다. 물도 없고 먹을 것도 없어서 죽게 생겼는데, 갑자기 물소리가 들려 그쪽으로 가보니 야자수가 많이 있었습니다. 남자는 그 순간 생각합니다. '이건 신기루다. 내가 지금 속고 있다. 환상에 빠져 있다.' 그러면서 움직이지도 못합니다. 아무 희망 없이 그냥 쓰러졌습니다. 얼마 후에 두 명의 아라비아 사람들이 그곳을 지나가다가 죽어 있는 이 남자를 발견했습니다. 이들은 거기서 이런 말을 주고받았습니다. "자네 이해가 가는가? 여기 지금 물이 있고 야자수 열매가 있는데, 어떻게 하나도 먹지도 않고, 마시지도 않고 이렇게 죽어갈 수 있지?" "그거 이 사람이 현대인이라서 그래. 의심이 많아서 말이지. 과학기술정보가 발달하니까, 우주로 로켓을 쏘니까 마치 하나님이 안 계신 것 같은 거야. 자기 경험 속에 갇힌 탓이지."

우리는 자기 확신 속에서만 믿으려고 합니다. 얼마나 왜곡된 신앙생활입니까? 성도 여러분, 예수님은 십자가에서 죽으셨으나 부활하셨습니다. 승천하셨습니다. 그리고 오늘 다스리시고 역사하십니다. 여기에 구원에이르는 믿음이 있습니다.

예수 그리스도의 찾아오심_회복의 시작

본문을 보십시오. 절망에 빠진 무기력한 사람들을 예수님께서 찾아오십니다. 이들을 찾아오신 예수님은 이제 십자가에 달리신 분이 아닙니다. 이미 부활하셨습니다. 부활의 몸으로 그들과 동행하십니다. 그들의 일상에 개입하십니다. 그들이 다니던 길에 예수 그리스도께서 계십니다. 이 만남으로 말미암아 엠마오로 가던 두 사람은 변화됩니다. 완전히 새로운 세계를 보게 됩니다.

다시 한 번 깊이 생각해 보십시오. 살아계신 예수 그리스도에 대한 신앙적 경험, 확신이 없다면 아직 거듭난 하나님의 사람이 아닙니다. 하나님을 믿는다는 사람들은 누구나 기도합니다. 그러면 누구 앞에서 기도하는 것입니까? 십자가에 달린 예수님을 바라보면서 기도합니까? 아닙니다. 부활하신 그리스도 앞에서 기도하는 것입니다. 그 안에 새로운 용기와 새로운 지혜가 있습니다. 부활하신 그리스도 앞에서 그 은혜를 바라보며 십자가를 생각하는 것입니다. 그러나 십자가에서 아직 못 떠났다면, 빈 무덤에서 못 떠났다면, 우리 삶에는 기쁨과 평안이 없을 것입니다.

우리는 매주 예배를 드립니다. 누구 앞에서 예배합니까? 십자가에 죽으셨으나 부활하시고, 오늘도 우리와 함께하시는 예수 그리스도 앞에서 예배하는 것입니다. 신구약 성경에 나오는 하나님의 사람들은 모두 부활하신 그리스도를 고백하고 있습니다. 그 믿음 속에서 성경을 통하여 하나님을 아는 새로운 지식을 얻을 수 있습니다. 하나님의 뜻을 분별할 수 있습니다.

부활사건 이후에도 제자들은 흩어졌습니다. 그냥 고향으로 가서 예전에 하던 대로 물고기를 잡았습니다. 십자가 사건과 부활 사건을 잘 알고 있었습니다. 그런데 이들에겐 아무 힘이 없었습니다. 하지만 부활하신 예수 그리스도를 직접 만난 다음에 그들은 완전히 달라집니다. 두려울 것도 거칠 것도 없습니다. 자기도 모르게 참 소망과 기쁨이 넘쳐났습니다. 어떤 핍박과 시련이 와도 두려워하지 않을 담대함이 용솟음 쳤습니다. 부활을 믿고 체험하는 것은 이런 것입니다.

살아계신 그리스도_새롭게 하시는 힘

살아계신 그리스도를 체험함으로 힘과 용기를 얻는다고 하더라도 우리 삶이 늘 평탄한 것만은 아닙니다. 부활하신 그리스도께서 환난을 직면하게 하십니다. 이 세상에서는 어쩔 수가 없습니다. 온통 죄악이 가득한 세상에서 거룩한 하나님의 자녀들은 고난을 피해갈 수 없습니다.

세월호 사건이 터지면서 사회 전반의 개혁이 요구되고 있습니다. 하지만 법과 제도를 바꾸고 정비하면 그런 참사가 전혀 일어나지 않을까요? 사회 시스템을 다루는 인간이 타락했는데 무엇으로 이 세상을 고칠 수 있겠습니까? 인간은 부활하신 그리스도를 만나 믿음 속에서 새로워집니다. 이렇게 새로워진 사람은 순교의 길을 가면서도 찬송을 부르며 기뻐할 수 있습니다.

간디가 영국에서 대학을 다닐 때의 일입니다. 그때만 해도 영국 사람들은 동양인을 무시하는 경향이 다분했습니다. 까무잡잡한 청년 간디도 무시를 당했습니다. 특히 피터슨이라는 교수가 간디를 그렇게 무시했습니다. 그런데 간디가 공부를 잘하니까 더 약이 오르는 것입니다. 어느 날 식당에서 밥을 먹는데, 간디가 그 교수 앞에 식판을 내려놨습니다. 그랬더니 교수가 거드름 피면서 말했습니다. "간디, 아직도 잘 모르는 모양인데 돼지와 새가 함께 앉아서 식사하는 경우는 없어." 지금 그를 돼지라고 깔

본 것이지요. 그런데 간디가 웃으면서 겸손하게 대답했답니다. "걱정 마세요, 교수님. 그럼 제가 다른 곳으로 날아갈게요."

이 세상에 살면서 비난을 받을 때도 있고, 어려운 일을 만날 때도 있으며, 핍박을 피해갈 수 없을 때도 있습니다. 그러나 부활하신 예수 그리스도를 믿고 체험한 사람은 이 모든 상황에서 초연해집니다. 여유를 가지고 다시 생각하게 됩니다. 이것이 그리스도인의 삶입니다. 이런 그리스도인이 모인 공동체가 교회입니다.

부활의 첫 증인_예수님을 사랑하는 사람

사도 바울도 부활하신 예수님을 만났습니다. 그는 십자가도, 부활도 몰랐습니다. 부활하신 예수 그리스도를 만난 이후에 다시 십자가가 무엇인지, 성육신이 무엇인지, 모든 성경의 말씀이 무엇인지를 다시 생각했습니다. 그리고 부활하신 그리스도를 바라보면서 복음의 증인으로 살았습니다. 모든 그리스도인도 마찬가지입니다. 오늘 성경에 나타난 두 사람도 부활하신 그리스도를 만나고 바뀝니다. 엠마오로 가던 길을 포기하고 예루살렘으로 돌아갑니다. 어떤 지식을 가졌느냐 하는 문제가 아닙니다. 경험의 문제입니다. 부활하신 예수 그리스도를 만났느냐, 못 만났느냐가 천국과 지옥을 가르는 시금석입니다.

부활의 첫 증인이 누구입니까? 막달라 마리아입니다. 귀신들린 창녀입니다. 어떤 고대 문서나 기록들을 보면 마리아가 "내가 예수님 만났다"고 했더니, 사도들이 화를 내며 이렇게 말했다고 합니다. "야. 너 미쳤냐? 예수님이 부활하셔서 자신의 모습을 보여주면 우리에게 먼저 보여주시지, 왜 너한테 먼저 보여 주시겠냐?"

예수님은 왜 천대받는 여자에게 가장 먼저 나타나셨습니까? 이유는 간단합니다. 막달라 마리아가 예수님을 사랑했기 때문입니다. 예수님이 주시는 실질적인 유익을 탐낸 것이 아니라 정말 예수님을 인격적으로 사랑했습니다. 그럼 제자들은 어땠습니까? 예수님보다 그분이 주시는 지혜와 능력에 더 관심이 있었습니다.

더욱이 막달라 마리아는 자기 죄가 너무 크다는 사실을 뼛속 깊이 인식했습니다. 그런데 그 큰 죄를 예수님께서 모두 용서하시고 은혜로, 사랑으로 덮어주셨습니다. 죄악이 깊은 만큼 사랑도, 은혜도 깊었던 것입니다. 그녀는 늘 감사하면서 그 은혜를 잊지 않았습니다. 그래서 항상 예수님께 가까이 가려는 마음이 있었습니다. 이런 순전한 마음을 가진 그녀를 예수님께서 가장 먼저 만나주셨습니다. 오늘 당신은 어떤 마음으로 예수님을 생각합니까? 예수님은 그분을 사랑하고, 그의 은혜를 기억하고, 예수님께 가까이 가고자 하는 자의 일상에 찾아오셔서 부활하신 예수님을 체험하게 하십니다.

살아계신 그리스도와 함께 하는 복음의 증인

여러분은 찬송가 435장 마지막 후렴을 잘 아실 것입니다. "주께로 가까이 주께로 가오니 나의 갈길 다가도록 나와 동행하소서." 예수님은 지금 십자가에 계시지 않습니다. 무덤에도 안 계십니다. 하나님 우편에 살아계시고 역사하시며 통치하십니다. 여러분은 지금, 그 예수님을 갈망하십니까? 그분과 함께하는 삶을 기대하며 기도하십니까?

마태복음 28장 20절에 예수님께서 승천하시면서 말씀하십니다. "내가 세상 끝날까지 너희와 항상 함께 있으리라." 예수님께서 이 말씀대로 오늘도 역사하십니다. 성령은 그리스도의 영입니다. 성령을 통하여 주님께서 오늘도 역사하시고 통치하십니다. 하나님의 말씀과 함께, 복음과 함께 역사하십니다. 우리는 이 시대에, 이 험악한 세대에 복음의 증인으로 서있습니다. 그러므로 우리는 살아계신 예수 그리스도를 바라보며, 그분과 매일 함께하기를 갈망하며 믿음으로 승리하는 삶을 살아야 합니다.

기 도

전지전능하신 하나님 아버지. 오직 예수 그리스도를 믿음으로 새로운 피조물로, 하나님의 자녀로 우리를 회복시켜 주신 은혜를 찬양합니다. 그 은혜가 크심에도 살아계신 예수 그리스도를 체험하지 못하고, 아직도 추상적인 진리관에 매여 있는 것은 아닌지 자신을 돌아보도록 성령께서 인도하여 주옵소서. 십자가의 사건을 기억하고 부활사건을 고백하나, 자기 세계관과 자기 지식과 경험 속에서 허덕이는 미련한 죄인을 불쌍히 여겨 주옵소서. 지금 살아계시고 역사하시는 예수 그리스도를 바라보며, 그리스도와 함께하는 삶을 갈망하며, 예수 그리스도께 가까이 나아가는 삶을 살게 하옵소서. 부활의 증인으로 굳게 서서 하늘의 의와 평강과 희락을 누리며, 온전히 하나님께 영광 돌리는 권세 있는 삶을 살아갈 수 있도록 우리를 지켜 주시고 함께하여 주옵소서. 우리 주 예수 그리스도의 이름으로 간절히 기도드리옵나이다. 아멘.

2부

너희는 나를
누구라 하느냐

7장

너희는 나를 누구라 하느냐

예수께서 빌립보 가이사랴 지방에 이르러 제자들에게 물어 이르시되 사람들이 인자를 누구라 하느냐 이르되 더러는 세례 요한, 더러는 엘리야, 어떤 이는 예레미야나 선지자 중의 하나라 하나이다 이르시되 너희는 나를 누구라 하느냐 시몬 베드로가 대답하여 이르되 주는 그리스도시요 살아 계신 하나님의 아들이시니이다 예수께서 대답하여 이르시되 바요나 시몬아 네가 복이 있도다 이를 네게 알게 한 이는 혈육이 아니요 하늘에 계신 내 아버지시니라(마 16:13-17).

1945년 태평양 전쟁이 끝났을 때의 일입니다. 전쟁을 승리로 이끈 맥아더(Douglas MacArthur) 장군이 일본의 동경 땅에 발을 디뎠습니다. 그런데 놀랍게도 동경 시민들이 구름같이 모여서 이 적국의 장군을 뜨겁게 환영해 주었습니다. 그래서 그때 매스컴들은 이 모습을 가리켜 아주 이례적인 광경이었다고 보도하였습니다. 당시 맥아더 장군은 군중을 향하여 연설을 하게 되었습니다. 그 연설의 결론 부분을 소개합니다. "온 세계가 당면하고 있는 문제는 경제의 문제입니다. 그런데 경제 문제는 군대 문제입니다. 군대 문제는 정치 문제입니다. 정치 문제는 정치가의 양심 문제입니다. 양심 문제는 도덕 문제입니다. 도덕 문제는 종교 문제입니다. 종교 문제는 신학적인 문제입니다."

다시 생각해도 참으로 위대한 연설입니다. 하나님의 사람 맥아더 장군이 지적한 문제는 바로 오늘 우리가 직면한 문제입니다.

세상 문제의 해결책_예수 그리스도

세상의 모든 문제를 파고들면 결국은 신학적인 문제에 도달하게 됩니다. 그리고 모든 신학적인 문제의 핵심은 예수 그리스도입니다. 성경 전체는 예수 그리스도를 향하고 있습니다. 성경은 예수님께서 누구시며 이 땅에 오셔서 무슨 일을 하셨는가를 계시하고 있습니다. 예수 그리스도 안에 이 세상 모든 문제의 해결책이 했습니다. 예수 그리스도를 나의 구주 나의 하나님으로 고백하는 바른 신앙고백이 있을 때 인간의 존재와 가치와 운명과 세계관, 이 모든 것이 변화됩니다. 이 신앙고백이 없는 사람은 그냥 세상적 세계관에 끌려갑니다.

세계관, 인생관, 가치관, 진리관, 모든 것이 예수 그리스도 안에서 결정된다는 사실을 우리는 기억해야 합니다. 요한복음 17장 3절을 보면 예수님께서 십자가를 지시기 바로 직전에 이 말씀을 주셨습니다. "영생은 곧 유일하신 참 하나님과 그가 보내신 자 예수 그리스도를 아는 것이니이다." 예수 그리스도가 누구냐는 질문은 하나님에 대한 질문입니다. 그 답을 알고, 믿고, 고백하는 순간 영생을 얻습니다. 완전히 새로운 차원의 세계관을 갖고 새로운 인생을 살아간다는 말입니다. 오직 그 진리를 믿는 자만이 변화된 새로운 존재가 됩니다.

"너희는 나를 누구라 하느냐?"

본문에서 예수님은 제자들에게 질문하셨습니다. 이 질문은 예수님께서 모든 인류에 던지는 것입니다. "너희는 나를 누구라 하느냐?" 이것은 세상의 모든 문제를 해결하는 원초적이고도 가장 중요한 질문입니다. 예수님께서 이 질문을 하시기 전에 이미 이 땅에 오셔서 많은 일을 행하셨습니다. 제자들에게 많은 것을 보여주셨습니다. 먼저는 많은 이적을 행했습니다. 앉은뱅이를 일으키시고, 맹인이 눈을 떠 보게 하시고, 오병이어의 기적을 베푸셨습니다. 맨발로 강을 건너시고, 죽은 자를 살리시고, 그밖에도 수많은 권능을 행하셨습니다. 그리고 동시에 많은 말씀을 가르쳐 주셨습니다. 천국 진리를 가르쳐 주셨습니다. 그리고 지금 예수님께서는 십자가를 향하고 계십니다. 조금 있으면 십자가를 지실 것입니다. 마지막 때를 아시고 이 시점에 가장 중요한 질문을 제자들에게, 이 세상에게 던지시는 것입니다.

아무리 예수님의 능력을 체험하고, 깨달음을 얻고, 그분과 먹고 마셨을지라도 예수님이 누구인지에 대한 신앙고백이 잘못되면 아무것도 아닙니다. 그냥 종교생활로 끝나고 맙니다. 잘못된 세계관, 진리관, 역사관에서 벗어나지 못한 옛사람으로 남고 맙니다.

성경의 맥락에서 생각해 봅시다. 예수님께서 많은 능력을 행하셨고, 많은 말씀을 직접 보여 주셨습니다. 그런데 사람들은 예수님을 어떤 분으로 생각했습니까? 병 고치는 사람으로 알았습니다. 예수님께서 병 고치는 이적을 보이신 후 각색 병든 자들이 예수님께 나왔습니다. 그런가하면 예수님을 나의 소원을 성취해 주시는 분으로 알았습니다. 그때나 지금이나 내게 필요한 것, 내게 궁핍한 것을 다 해결해 달라고 예수님께 나오는 사람들이 있습니다. 더 나아가서는 민족과 나라와 가족, 모든 것의 회복, 자유, 번영, 성공 등, 온통 이런 이유를 가지고 예수님께 달려옵니다.

그런데 그토록 예수님을 따르는 사람들이 예수님께서 십자가를 지실 때 모두 도망갔습니다. 그들은 예수님이 어떤 분이신지 바로 알지 못했던 것입니다. 그들의 신앙고백은 마르지 못했습니다. 똑같은 일이 이 시대에 벌어지고 있습니다. 예수님을 통해 뭔가 이득을 보려는 사람들이 교회에 가득합니다. 사랑하는 여러분, 중요한 것은 예수님에 대한 바른 신앙고백입니다. 예수님이 누구신지 바로 아는 것입니다.

예수님은 나에게 어떤 분입니까?

어떤 선교사님이 이제 막 예수님을 믿고 신앙고백을 하는 한 인도인에게 "예수님을 어떻게 생각하십니까? 그분은 당신에게 누구입니까?"라고 물어봤습니다. 그랬더니 이분이 아주 이상한 방법으로 자기 생각을 표현합니다. 갑자기 그 선교사님 앞에 허리를 굽혀 주저앉더니 마른 지푸라기를 가져다 동그랗게 만들었습니다. 그리고 옆에 있던 벌레 한 마리를 잡아서 그 가운데 집어넣고 지푸라기에 불을 붙였습니다. 지푸라기가 타오르자 벌레가 깜짝 놀라서 발버둥을 쳤습니다. 벌레는 막 몸부림치다가 결국 도망가기를 포기했습니다. 그때 이 인도인이 그 벌레를 집어서 불 속에서 건져줬습니다. 그리고 이렇게 말하더랍니다. "예수님께서 나에게 이렇게 행하셨습니다."

예수님은 여러분에게 어떤 분이십니까? 정말 예수님은 우리가 절망 중에 있을 때, 이 세상의 종으로 살아갈 때, 멸망의 길로 달려갈 때 우리를 구원해 주신 분입니다. 새로운 세계로, 새로운 인생으로 우리를 인도하시고 새 소망을 주셨습니다. 온 인류가 죄 중에, 사망 중에, 세상의 권세 아래,

사탄의 권세 아래 살아갈 때 예수님께서 오셔서 세상을 구원해 주셨습니다. 천국을 보여 주시고, 가르쳐 주시고, 구원의 길을 나타내 주셨습니다. 하나님께 나아가는 길로, 하나님과 함께하는 삶으로, 그 놀라운 천국 기업의 영광으로 우리를 인도해 주셨습니다. 우리는 그분을 구세주라고 부릅니다. 어떤 책에서 본 이야기가 아니라 예수님께서 이 땅에 오셔서 정말 이런 일을 행하셨습니다. 우리는 이 사건을 믿고 변화되어 완전히 다른 세계를 보며 오늘을 살아갑니다.

"사람들이 인자를 누구라 하느냐?"_예수님을 잘못 아는 이들

예수님께서 제자들에게 "너희는 나를 누구라 생각하느냐?"라고 묻기 전에 먼저 하신 질문이 있습니다. "사람들이 인자를 누구라 하느냐?"(13절)는 질문이었습니다. 이 질문에 제자들이 대답합니다. "세례 요한, 더러는 엘리야, 어떤 이는 예레미야나 선지자 중의 하나라 하나이다."

당시에 이 대답은 인간이 할 수 있는 최고의 찬사입니다. 예수님을 최고의 인물로 인정한다는 의미입니다. 제자들이 열거한 인물들은 모두 메시야와 깊은 관계가 있고 메시야의 대리인으로 높임을 받는 분들이었기 때문입니다. 지금으로 말하면 종교의 창시자와 같은 인물로 높인 것입니다. 그러나 이것은 예수님에 대한 잘못된 이해였습니다. 마치 유대인들이 예수님을 인정하고 존경하지만 그분을 하나님으로 생각하지 않는 것과 같습니다. 이슬람교도 예수님을 최후의 선지자로 받아들이고 존경합니다. 그런가하면 몰몬교, 여호와증인 등 우리 주변의 이단들이 예수님을 부정하지는 않습니다. 하지만 이들은 예수님이 어떤 분이신지 잘못 알고 있습니다.

기독교 안에서도 예수님의 인성만을 강조하는 움직임이 오래도록 지속되고 있습니다. 그래서 예수님을 훌륭한 CEO로 그린다거나, 해방자 예수, 위대한 스승이신 예수 등, 영웅의 면모를 부각시킨 책들이 주요 기독교출판사에서 출간되기도 했습니다.

예수 그리스도에 대한 바른 신앙고백
_"나의 하나님, 나의 주인이시여"

요한복음 1장 1절의 말씀에 귀를 기울이십시오. "태초에 말씀이 계시니라 이 말씀이 하나님과 함께 계셨으니 이 말씀은 곧 하나님이시니라."

그 말씀이 예수님입니다. 그 말씀이 이 땅에 오셨습니다. 그래서 요한은 14절에 이렇게 고백합니다. "말씀이 육신이 되어 우리 가운데 거하시매." 창세전에 계신 그 예수님이 이 땅에 오시어 우리 가운데 거하셨다는 것이 바른 신앙고백입니다. 한마디로 예수님은 하나님이십니다. 인간 이전에 하나님이십니다. 하나님이 인간이 되신 사실을 알고 믿는 것, 이것이 기독교 신앙의 시작이요, 본질입니다.

오늘날 기독교 안에 있는 아주 잘못된 예수님에 대한 이해 가운데 하나가 예수님을 '친구'로 생각하는 것입니다.

요한복음 15장에서 예수님이 '친구'라는 표현을 사용하십니다. 제자들에게 "너희는 내가 명하는 대로 행하면 곧 나의 친구라"(14절)고 말씀하셨습니다. 그런데 제자들은 단 한 번도 예수님을 친구라고 부른 적이 없습니다. 신약성경 어디를 보아도 예수님을 친구라고 부른 사도나 그리스도인은 없습니다. 그들은 예수님을 한결같이 "나의 하나님, 나의 주인이시여"라고 고백했습니다.

"주는 그리스도시오 살아계신 하나님의 아들입니다."

이제 본문에서 "너희는 나를 누구라 하느냐"는 질문에 베드로가 대답합니다. "주는 그리스도시요 살아계신 하나님의 아들이시니이다." 이게 정답입니다. 예수님께서 매우 만족하셨고, 아마 깜짝 놀라셨을 것입니다. 이 고백은 "예수님은 하나님이십니다. 하나님이 인간이 되신 분입니다" 하는 메시지를 담고 있습니다.

베드로가 목수인 30대 청년을 보며 '주는 하나님이십니다. 하나님이 인간의 모습으로, 아들의 모습으로 이 땅에 오신 분입니다'라는 고백을 하는 것입니다. 그래서 예수님께서 깜짝 놀라시고 17절에 이렇게 말씀하십니다. "예수님께서 대답하여 이르시되 바요나 시몬아 네가 복이 있도다." 이 고백 하나로 베드로는 복 있는 사람이 됩니다.

예수님은 베드로의 고백에 설명까지 덧붙여주십니다. "이를 네게 알게 한 이는 혈육이 아니요 하늘에 계신 내 아버지시니라." 인간의 지혜로는 이 고백이 나올 수가 없습니다. 하나님께서 그 고백을 하도록 만드신 것입니다. 베드로는 인간의 생각과 이성을 넘어 하늘의 지혜를 받아 이 고백을 하게 되었습니다.

성령의 역사 없이는 예수님을 하나님이라고 고백할 수 없습니다. 성령의 역사 없이 그저 예수님을 좋은 분으로 고백하는 정도로는 신앙을 가졌다 할 수 없고, 그러기에 하나님의 자녀가 되는 권세도 가질 수 없습니다. "당신은 하나님이십니다. 이것을 내게 알게 하신 분은 하나님이십니다. 성령 하나님이십니다" 하는 신앙고백을 통해 나의 정체성, 나의 운명, 나의 신분, 나의 미래, 내 모든 것이 바뀌는 겁니다. 얼마나 신비로운 일입니까?

이 고백은 풀 수 없는 신비이면서도 사건이요 사실입니다. 추상적인 개념이 아닙니다. 예수님이 하나님이시고, 이 땅에 오신 것도 사건입니다.

성경에 기록되어 있고, 정말 그렇게 믿고 고백하던, 구름같이 허다한 증인들이 생존했습니다. 우리 주변에 그 증인들이 살아 숨쉬고 있고, 그 중의 한 명이 바로 '나'입니다.

진리의 신앙고백_나의 신앙고백

이 세상에 진리라는 언어로 표현된 교훈들이 많습니다. 그러나 잘 분별해야 합니다. 참 진리는 하나님께로부터 오는 겁니다. 사람이 자의적으로 깨닫고 체험한 것은 진리가 아닙니다. 그건 간증입니다. 진리일 수도 있고 아닐 수도 있는, 부분적 진리입니다. 부분적 진리는 하나님을 바로 알지 못하게 합니다. 오직 하나님으로부터 온 말씀, 그것만이 참 진리입니다.

그리고 신앙고백은 나의 고백이어야 합니다. 베드로가 제자들을 대표로 고백했다고 해서 그 고백이 다른 제자들의 고백이 되는 것은 아닙니다. 나머지 제자들도 각자의 신앙고백이 있어야 그리스도인이 되었다고 할 수 있습니다. 살아계신 예수님 앞에서 나의 마음으로, 나의 입술로 신앙을 고백해야 합니다. 그것이 참 신앙고백입니다.

제가 전도하다 보면, 상대방이 제가 목사인 줄 알고는 "예수 믿고 구원받으세요. 혹시 신앙생활 하십니까?"라고 물으면 이렇게 대답합니다. "아직 아닙니다." 거기까지만 해도 좋은데 꼭 붙는 말이 있습니다. "제 아내가, 제 자녀가 교회 다니는데요." 어떤 분은 "제 아내의 장인이 목사님입니다." 족보를 다 뒤져서 교회에 발을 들여놓은 사람은 다 찾아냅니다. 예수 믿는 사람과의 인맥이 화려해도 자기와는 아무 상관없다는 걸 모릅니다. 아무리 그래도 그는 불신자일 뿐입니다. 참 그리스도인은 나의 신앙고백으로 고백합니다.

영어로 된 사도신경을 보면 "I believe"라는 말이 세 번 나옵니다. 내가 믿는 것입니다. 제3자가 아니라 내가 하나님을 믿고, 예수님을 믿고, 성령님을 믿는 것입니다. 우리는 나의 입술로 시인하는 신앙고백 위에 날마다 새로워집니다.

복 있는 사람_'예수님에 대한 신앙고백'이 바른 사람

그리스도인이라는 존재, 교회라는 곳이 모두 이 신앙고백 위에 있습니다. 잘못된 신앙고백을 하면 종교집단으로, 종교인으로 끝나고 맙니다. 살아계신 하나님께서 사람을 택하셔서 이 고백을 하게 만드십니다. 그래서 예수님께서 말씀하십니다. "네가 참 복이 있도다. 베드로야, 하나님께서 네게 이렇게 고백하도록 만드셨다."

참다운 신앙고백은 하나님께서 이성을 넘어 성령의 역사로 계시를 주셨기 때문에 할 수 있는 것입니다. 그리고 더 놀라운 것은 성령께서 신앙고백을 지켜나가게 하신다는 것입니다. 그 신앙고백으로 새 사람 되게 하시고, 재창조의 역사를 일으키시며, 계속해서 그 사람으로 하여금 신앙을 지켜나가게 하십니다. 그래서 예수님을 하나님이라고 고백한 모든 그리스도인이 신앙에서 미끄러지지 않고, 넘어졌더라도 다시 일어나 복음을 증거하고 하나님께 순종하며 오늘을 살아갈 수 있는 것입니다.

베드로가 이전에는 이러한 고백을 할 수 없는 사람이었습니다. 그 많은 이적을 체험하고 말씀을 들었는데도 예수님이 어떤 분이신지 감을 잡지 못했습니다. 하지만 하나님께서 알게 하시니 이런 훌륭한 고백을 하게 된 것입니다.

그런데 베드로도 죄인이기 때문에 이 훌륭한 고백과 동떨어져 살기도했습니다. 자꾸 휘청거리다가 급기야는 예수님이 십자가 지실 때 예수님을 저주하고 부인하며 도망갔습니다. 하지만 예수님은 괘씸하게 생각하시지 않으시고 다시 베드로를 찾아오십니다. 요한복음 21장을 보면 "내 어린 양을 먹이라"(15, 16, 17절)고 세 번이나 말씀하십니다. 실의에 빠진 베드로에게 찾아오셔서 그의 신앙고백을 회복시켜 주셨습니다. 오늘도 예수님께서는 성령 안에서 고백한 우리의 신앙고백이 참된 것이 되도록 날마다 우리를 회복시켜주십니다.

사도행전 2장을 보십시오. 성령의 충만을 받은 사람들이 두려운 상황에서도 예수님을 죽인 그 법정을 향하여 말합니다. "예수님은 나의 하나님이시다." 복음이 전파되고, 거기서 거듭남의 역사가 나타나고, 초대교회가 생겨났습니다. 누가 하신 일입니까? 하나님이 하신 일입니다. 하나님은 이런 신앙고백을 하게 하시고, 이 신앙고백 위에 살도록 인도하십니다. 성령께서 오늘도 이 일을 하십니다.

복 있는 사람_예수님을 '나의 주 나의 하나님'으로 고백하는 사람

예수님이 잡혀가시기 전날 밤에 제자들에게, 우리에게 명령하신 것이 있습니다. 바로 성만찬입니다. "너희가 이를 행하여 나를 기념하라"(눅 22:19). 성만찬은 우리의 신앙고백을 회복시키고 유지시켜 주는 은혜의 방편입니다. 예수님은 제자들과의 마지막 만찬에서 떡과 포도주를 나누시면서 이것은 나의 살이요 나의 피니 이것을 먹고 마시라고 말씀하셨습니다. 여기에 놀라운 메시지가 있습니다. 놀라운 하나님의 경륜이 있습니다.

모든 인간의 궁극적인 질문 하나가 있습니다. 먹는 것과 사는 것에 대한 질문입니다. 그리고 우리는 '먹기 위해 사느냐, 살기 위해 먹느냐?' 하는 딜레마에 빠지기도 합니다. 살기 위해서 먹는 것이 인간다운 모습입니다. 그런데 문제가 있습니다. 그 먹거리를 위해서 노동을 해야 합니다. 그렇게 열심히 경제활동을 하다보니까, 이게 살기 위해서 먹는 것인지 먹기 위해서 사는 것인지 왔다 갔다 합니다. 이처럼 세상살이가 만만치 않습니다. 그럼에도 살기 위해 먹는 존재로 회복되고 싶은 것이 인간입니다. 인간의 존엄성을 회복하기 위한 몸부림입니다. 그런데 하나님께서 이 문제를 성만찬을 통해서 해결해 주셨습니다.

인간에게는 많은 지혜와 능력과 가능성이 있지만, 그럼에도 인간은 가장 원초적인 필요인 먹거리를 해결하지 못하면 죽습니다. 인간의 몸은 자생하지 못합니다. 꼭 외부로부터 먹고 마시는 걸 공급 받아야 생명이 유지됩니다. 하나님께서 인간을 그렇게 만드셨습니다. 인간이 자생할 수 있다면 인간은 하나님을 절대 의지하지 않았을 것입니다. 그래서 인간들은 외부로부터 먹고 마실 것이 공급될 때 조물주의 손길을 느낍니다. 믿는 자들은 하나님의 돌보심을 느끼며 겸손히 그분 앞에 무릎을 꿇게 됩니다. 하나님 앞에서는 먹는 것과 사는 것이 같습니다. 생명을 주시고, 삶을 주시고, 생명을 유지시켜 주시는 분은 하나님이시기 때문입니다.

예수님께서 성만찬을 통해 먹고 마시는 문제를 말씀하십니다. "내 살과 피를 먹고 마셔라. 그러면 영생을 얻느니라." 예수님을 먹고 마심을 통하여 바른 신앙고백 속에 나의 주 나의 하나님을 나의 생명으로 고백할 때, 하나님의 은혜와 진리를 체험하며 살 수 있게 됩니다. 이것이 하나님의 계획이요, 비밀이요, 섭리요, 역사입니다.

성도 여러분, 예수님이 나의 주님이시요, 하나님이심을 바르게 고백할 때, 나의 생명과 존재와 운명과 미래, 나의 모든 것이 완전히 새롭게 변합니다. 온 인류의 문제가 여기서 해결됩니다. 예수님을 나의 하나님으로 고백하지 않는 인류는 결국 멸망합니다. 그러나 예수님을 나의 하나님, 나의 구주로 영접하는 사람에게는 하나님께서 새로운 것을 보여주시고 깨닫게 하십니다. 바른 신앙고백 위에 믿음으로 승리하십시오.

기도

전지전능하신 하나님 아버지. 하나님을 대적하고 하나님 없이 자행자지(自行自止) 하던 자를 하나님의 자녀로 택해 주심을 감사합니다. 하나님의 택하심을 받아 예수 그리스도를 믿고 바르게 신앙고백 하게 하시고, 하나님의 자녀 되는 권세를 가지고 이 시대를 살게 하심을 감사합니다. 하나님이 이 땅에 오시어 예수님을 통하여 하나님을 알게 하시고, 영생의 비밀을 보여주시며, 참 소망의 사람으로, 복음의 사람으로 이 땅에서 살게 하심 또한 감사합니다. 예수 그리스도 안에 모든 문제의 답이 있으며, 예수님이 누구신지 바르게 알고 고백할 때 내가 날마다 변화됨을 믿습니다. 주님이 나를 놓지 않으시기에 저는 하나님과 함께할 수 있고, 끊임없이 말씀하시기에 다시 은혜를 회복할 수 있습니다. 내 인생의 모든 것이 합력하여 선을 이루게 하시고 결국에는 하나님께서 취하실 영광을 내 일생을 통해 받으시는 하나님을 송축합니다. 우리 주 예수 그리스도의 이름으로 간절히 기도드리옵나이다. 아멘.

8장

주의 길을 준비하라

디베료 황제가 통치한 지 열다섯 해 곧 본디오 빌라도가 유대의 총독으로, 헤롯이 갈릴리의 분봉 왕으로, 그 동생 빌립이 이두래와 드라고닛 지방의 분봉 왕으로, 루사니아가 아빌레네의 분봉 왕으로, 안나스와 가야바가 대제사장으로 있을 때에 하나님의 말씀이 빈 들에서 사가랴의 아들 요한에게 임한지라 요한이 요단 강 부근 각처에 와서 죄 사함을 받게 하는 회개의 세례를 전파하니 선지자 이사야의 책에 쓴 바 광야에서 외치는 자의 소리가 있어 이르되 너희는 주의 길을 준비하라 그의 오실 길을 곧게 하라 모든 골짜기가 메워지고 모든 산과 작은 산이 낮아지고 굽은 것이 곧아지고 험한 길이 평탄하여질 것이요 모든 육체가 하나님의 구원하심을 보리라 함과 같으니라(눅 3:1-6).

저명한 정신분석학자인 프로이드(Sigmund Freud)가 자주 언급했던 이야기 하나를 소개합니다. 바다를 항해하던 배가 파선했습니다. 선원 한 사람이 파도에 밀려 어느 섬에 이르렀습니다. 그 섬의 원주민들이 선원을 발견해 추장 앞으로 데리고 갔습니다. 그때 이 선원은 생각했습니다. '이제 나는 죽었다. 이제 저들 손에 곧 죽겠구나.' 그런데 뜻밖에도 원주민들이 자신을 그 섬의 왕으로 추대하는 것입니다. 원주민들은 선원이 정말 왕의 권세를 누리도록 모셨습니다. 이런 과정이 너무도 이상해서, 그는 어느 날 주민들한테 물어봤습니다. "왜 이렇게 나에게 잘해줍니까?" 그랬더니 그들이 말하기를 이 섬에서는 한 해에 한 명의 왕을 세웠다가 그 한 해가 지나고 나면 그 왕을 무인도로 보내서 그곳에서 굶어죽게 한다는 것입니다.

그는 깜짝 놀라 '이거 어떻게 해야 살아 나갈 수 있을까? 어떻게 해야 이 상황을 모면하고 구원받을 수 있을까?' 궁리했습니다. 그러다 좋은 생각 하나를 떠올렸습니다. 그래서 원주민들에게 배 하나를 크게 만들게 하고, 그 배에 많은 곡식과 과일나무를 싣고 무인도로 가서 그곳에 나무를 심으라고 했습니다. 한 해 동안 계속 나무를 심었습니다. 그렇게 한 해가 지나자, 그는 무인도로 추방되었지만 왕으로 있을 때 살길을 준비해 두었던 덕에 그곳에서 안전하고 풍요롭게 살 수 있었습니다.

준비된 사람이란?

여러분은 지금 무엇을 준비하며 살아가십니까? 현재의 삶은 미래를 향한 준비이어야 합니다. 현재의 준비는 미래의 현실로 나타납니다. 새로운 미래의 기회는 준비된 삶의 결과입니다. 준비하지 않은 사람은 미래를 기쁜 마음으로 기다릴 수 없습니다.

대통령을 비롯한 지도자를 뽑는 여러 선거에서 후보자들은 자신이 준비된 인물이라고 소리를 높입니다. 맞습니다. 선거에 후보자로 나올 정도면 반드시 준비된 일꾼이어야 합니다. 그렇지 않으면 자기뿐만 아니라 나라의 큰 위기를 가져올 수 있기 때문입니다. 그러므로 유권자는 누가 지도자의 자리에 오르기 합당한 인물인지 잘 판단해야 합니다.

준비된 인물인지 아닌지 판단하기 위해서는 적어도 두 가지 덕목을 생각해야 합니다. 첫 번째로, 현재를 기점으로 적어도 지난 삶을 통해서 귀한 경험과 삶의 지식이 풍부해야 합니다. 특별히 세상에는 수많은 위기가 도사리고 있습니다. 많은 위기를 극복했던 경험과, 거기서 비롯된 지혜를 가진 사람이 지도자로 적합니다. 직접적인 경험도 없이 책상머리에서 생각하고 꿈 꾼 경험만 가지고는 새로운 미래를 열어갈 수 없습니다. 두 번째로, 지도자는 미래를 향한 구체적인 계획이 있어야 합니다. 막연하고 실현 불가능한 계획을 가진 지도자는 그 조직에 혼란을 가져옵니다.

준비라는 것이 무엇인지 다시 한 번 생각해 보십시오. 준비라는 것은 미리 앞서서 행하는 것입니다. 미래를 전망하면서 그 전망에 따라 구체적인 계획을 세워 차근차근 실행하는 것입니다. 미래를 전망하기 위해서는 역사에 대한 바른 지식과 인식이 있어 올바른 관점을 가져야 합니다. 잘못된 지식은 잘못된 준비를 낳습니다. 그러면 미래는 어둡습니다.

일상의 준비

어떤 사람이 공동묘지에 가서 여러 묘비를 둘러보았습니다. 묘비에 쓰인 글귀들을 유심히 살펴보다가 한 묘비 앞에 멈추어 섰습니다. 글귀가 매우 흥미로웠던 모양입니다. 세 줄로 기록된 글귀의 첫째 줄은 이것이었습니다. "나도 전에는 당신처럼 그 자리에 그렇게 서 있었어." 그 글을 읽고 나니까 그 자리를 떠날 수가 없었습니다. 이 사람 참 재미난 사람이라고 생각하면서 두 번째 줄을 읽었습니다. "나도 전에는 당신처럼 그곳에 서서 그렇게 웃고 있었어." 생각해 보니까, 이것이 평범한 글이 아닌 것입니다. 긴장을 하고 셋째 줄을 읽습니다. "이제 당신도 나처럼 죽을 준비를 하시오."

모든 인간은 죽습니다. 단 한사람도 예외가 없습니다. 정말 짧은 인생입니다. 그러나 이 보편적 사실을 잊고 살아갑니다. 그래서 그날을 준비하지 않습니다. 이처럼 사람은 참으로 어리석습니다. 자신이 아예 죽지 않을 것처럼 생각하고 오늘을 사는 것이 인간의 불행이요 비극입니다.

진정한 삶의 의미와 기쁨을 찾기 위해서는 적어도 두 가지 보편적인 문제를 직면하고 해결해야 합니다. 바로, 죄와 죽음의 문제입니다. 이 문제들의 실마리를 찾을 때 참으로 의미 있는 삶이 선물로 주어집니다.

주의 길을 예비하라

하나님께서 본문을 통하여 우리에게 고귀한 말씀을 주십니다. "주의 길을 준비하라." 여러분은 얼마나 주의 길을 준비하며 살아갑니까?

'주의 길'이라는 것은 '예수 그리스도의 길'입니다. 다시 말해서 하나님의 길을 말합니다. 나의 길이 아닙니다. 세상의 길이 아닙니다. 하나님의 길입니다. 그 길은 분명히 있고, 그 길이 하나님의 뜻대로 역사 안에 나타났습니다. 그 길을 믿고 준비하는 사람이 하나님의 사람입니다. 거기에 삶의 의미와 기쁨이 있습니다.

본문에 나타난 '길'은 은유적 표현입니다. 당시에는 '왕의 길'이 있었습니다. 왕이 행차하면 왕이 갈 길을 새로 준비합니다. 마찬가지로 하나님의 길을 예비하라는 것입니다. 그 길을 준비하기 위해서 이미 있던 길을 정리해야 합니다. 예를 들어 우리가 길을 낼 때 산을 깎고 땅을 평평하게 합니다. 이미 있던 것을 정리해야 길을 닦을 수 있습니다. 새 길을 내려면 때로는 산도 폭파하고 건물도 없애야 합니다. 주의 길은 새로운 길입니다. 역사에서 경험하지 못한 길입니다. 세상이나 인간의 지혜와 능력으로 세워진 길이 아닙니다. 하나님의 길은 하나님께서 창조하시고 세우신 길입니다. 하나님의 사람을 위해서 만드신 길입니다. 그 길을 믿고, 그 길 위로 가는 사람이 복 있는 사람입니다.

주의 길을 예비하지 못한 이들_유대인

이제 주께서 말씀하십니다. "그 길이 나타났으니 그 길을 예비하라, 준비하라."

성경 전체가 하나님의 백성인 유대인에 관한 기록입니다. 그들은 스스로, 정말 선민으로 믿고 살았습니다. 오늘까지도 그렇게 믿습니다. 그들은 분명 하나님께서 택하신 백성입니다. 이 사실이 그들을 이끌어가는 힘입니다. 그래서 비록 소수민족이지만, 그들의 영향력은 지대합니다. 이 시대에 모든 분야에 영향을 끼치고 있습니다. 그 힘이 어디로부터 나오는 것입니까? 그것은 바로 '메시야 대망사상'입니다. 하나님의 메시야가 이 땅에 오실 것을 믿고, 정말 소망하고, 모든 면에서 그날을 준비했습니다. 경제, 교육, 정치, 문화, 그 모든 면에서 구별된 의식을 가지고 그날을 준비했습니다. 그들은 정말 율법을 연구하고, 가르치고, 그 말씀대로 살기를 갈망했습니다. 참으로 열심이 있었습니다.

그런데 잘못 준비했습니다. 예수 그리스도가 이 땅에 오셨으나, 예수 그리스도를 알아보지 못했습니다. 잘못 준비해서 예수를 죽였습니다. 그들은 아직까지도 잘못된 준비를 하고 있습니다. 왜 잘못 준비한 것입니까? 아주 명료합니다. 그들에게 하나님을 아는 지식이 없었던 까닭입니다. 잘못된 지식에 끌려서 그것이 잘못 된 건지도 모르고 열심을 내다가 주의 길을 준비하지 못했습니다. 주께서 이 땅에 오신 것 자체가 그들한테는 심판이었습니다.

하나님의 말씀은 항상 이 세상에 역사적 사건으로 임합니다. 추상적인 것이 아닙니다. 하나님의 말씀은 단지 깨달음을 주기 위한 금언이 아닙니다. 성경 전체를 보십시오. 하나님은 역사 속에서 항상 말씀하시고 성취하십니다. 그리고 이 역사적 사건을 기록한 것이 성경입니다. 우리는 그 사건 속에서 하나님의 말씀을 들어야 합니다.

하나님께서 이사야를 통해 말씀을 주셨습니다. "주의 길을 준비하라." 그리고 예수님의 성육신 사건이 나타나기에 앞서, 다시 세례 요한을 통해서 이 말씀을 주십니다. "주의 길을 준비하라." 준비된 자가 주님을 만납니다. 예수님께서 이 땅에 오시고, 부활하시고, 승천하시고, 다시 오시는 모든 사건은 인간의 이성으로 판단할 문제가 아닙니다. 어떻게 하나님의 일을 다 이해할 수 있겠습니까? 성령 안에서 중생한 이성만이 이해하고 받아들일 수 있습니다. 이것은 초월적인 사건입니다. 하나님께서 역사에 개입하시는 것입니다. 하나님께서 주도하시는 많은 사건의 절정이며 결말이 되는 것이 예수님의 성육신과 십자가와 부활과 승천과 재림입니다. 하나님은 이 일을 통해 구원과 심판을 이루시고 선포하십니다.

주의 길을 예비하지 못한 이들_예수님 시대 사람들

본문 1절과 2절에는 보통 성경과 다르게 아주 특정한 사람이 기록되어 있습니다. 이 사람은 역사적 인물입니다. 그 당시 전 세계를 지배하고 통치하던, 예수님과 연관된 중요한 역사적 인물입니다. 디베료 황제, 그는 우리가 잘 아는 로마의 황제 가이사입니다. 본디오 빌라도는 유대총독입니다. 헤롯과 그 형제들은 유대의 분봉왕입니다. 분봉왕이란 로마 식민지를 다스리던 왕을 말합니다. 그리고 안나스와 가야바는 유대의 대제사장입니다. 이 기록을 통해서 우리는 아주 의미 있는 메시지를 발견합니다.

먼저, 예수님께서 이 땅에 오신 것이 실제적 사건임을 알게 됩니다. 이들은 이러한 역사적 사실을 확증해 주는 인물입니다. "그때에", 그들이 통치할 때에 하나님께서 이 땅에 오셨습니다. 그리고 이 기록은 그 시대가 얼마나 타락했는지를 보여줍니다. 로마 황제로부터 헤롯 왕에 이르기까지 수많은 역사적 기록이 남아있는데 그 시기는 가장 타락한 시기라고 기록하고 있습니다. 당시 황제를 비롯한 대부분의 로마 사람들이 하나님을 믿지 않았습니다. 하나님이 없다고 하고 우상을 숭배했습니다. 헤롯은 하나님을 믿었지만, 하나님을 왜곡했습니다. 당시는 정치, 경제, 교육, 문화, 모든 면에서 타락한 시기입니다. 본문에 열거된 인물들은 당시 상황을 우리에게 확증시켜주는 인물들입니다.

무엇보다 중요한 것은 그들 모두가 주의 길을 준비하지 못했다는 점입니다. 세상일이 너무 바빠서, 자기 꿈에 도취되어서 이 메시지를 듣지 않았습니다. 불순종했습니다. 더욱이 헤롯 왕은 동방박사를 통해 아기 예수의 탄생 소식을 알고 예수를 죽이고자 했습니다. 그래서 근처 모든 마을의 유아들을 학살했습니다. 이것이 성경의 기록입니다. 세상을 통치하던 왕과 유력자들이 전부 다 주의 길을 예비하지 못했습니다. 그래서 이들은 한 사람도 구원받지 못했습니다. 역사는 하나님 앞에서 반드시 심판받습니다.

주의 길을 예비하라_회개

"주의 길을 준비하라"는 메시지의 의미는 자명합니다. 회개입니다. 마음의 회개를 하라는 말씀입니다. "세상에 끌려가지 말고, 유명인이나 성공인이나 통치자한테 소망을 두지 말고 하나님께로 돌아오라. 완전히 돌아오라. 오직 한 분이신 창조주 하나님께서 살아계시고 역사하신다. 그분께 돌아오라. 회개하라"는 말씀입니다. 더 구체적으로 삶에 적용하면, "하나님 앞에서 인생의 목적과 가치와 방법과 소망과 소원을 다 바꿔라. 완전히 바꿔라. 하나님께서 기뻐하시는 소원으로, 삶의 방식으로, 생각으로 바꿔라"고 말씀하시는 전 인격적 회개의 촉구입니다. 이것이 주의 길을 예비하는 것입니다.

그렇다면 왜 회개해야 합니까? 우리는 주변 사람들에게 회개해야 된다고 말합니다. 그러면 그들은 뭐라고 답합니까? 그들은 되묻습니다. "왜 회개해야 되는데요?" 우리는 이 반문에 대한 분명한 답을 알아야 합니다. 회개하는 이유는 단 하나입니다. 궁극적 이유는 하나님의 진노 때문입니다. 하나님의 심판 때문입니다. 하나님의 진노를 알지 못하면 참 회개는 없습니다.

오늘도 마찬가지입니다. 사람들이 쉽게 회개한다고 말하지만 대부분의 회개는 그냥 뉘우치는 것이지, 참 회개가 아닙니다. 하나님의 사람 세례 요한에게 하나님의 말씀이 임하고 그 말씀이 그의 삶을 통해서 이루어집니다. 그는 주의 길을 예비한 사람입니다. 그래서 세례 요한은 마지막 선지자요, 동시에 이 세상 선지자들 가운데 가장 큰 자라고 예수님께 칭찬받은 사람입니다. 그가 주의 길을 예비하며 외친 메시지는 단 하나입니다. "회개하라." 왜 회개하라는 말입니까? "장차 올 진노가 임박하였느니라." 예수님을 예비하지 못한 사람, 회개하지 못한 사람에게는 예수님 자체가 심판입니다. 하나님 앞에 회개한 사람에게만 예수님이 구원의 소식입니다.

하나님의 진노로부터 참 회개가 시작됩니다

본문을 계속 읽어나가면, 7절과 8절에서 계속되는 세례 요한의 메시지는 이것입니다. "회개하라. 회개하라. 하나님의 진노가 나타났다. 장차 올 진노를 피하라. 그러므로 회개하라." 이것이 전부입니다.

진정한 회개는 하나님의 진노를 아는 데서 시작됩니다. 하나님의 진노를 인식할 때 하나님에 대한 두려움을 갖게 됩니다. 거룩하신 하나님 앞에서 죄악에 물든 더러운 자신을 발견하기 때문입니다. 하나님의 진노 앞에서만 참으로 죄가 무엇인지, 죄의 권세가 무엇인지를 인식하기 시작합니다. 이때부터 바른 믿음을 갖게 됩니다. 죄에 대한 바른 인식 가운데 부흥의 은총이 있습니다. 죄를 인식한 사람이, 민족이, 나라가 변합니다. 성경 모든 곳에서 하나님의 부흥의 역사는 죄의 인식으로부터 시작됩니다. 부흥의 역사가 일어나는 곳에서는 선명한 진리가 선포되었고, 청중은 죄악을 밝히 드러내는 말씀 앞에서 두려워했습니다.

이 세상에 수많은 지식과 정보가 있지만, 세상은 하나님의 진노를 알지 못합니다. 그러다보니 죄가 뭔지를 모릅니다. 그냥 뉘우칠 뿐입니다. 회개는 진노하시는 분 앞에서 행하는 것입니다. 그분이 심판자이시기 때문입니다. 그런데 현대 교인들을 보면, 제 생각에는 전체 교인의 50퍼센트 이상이 하나님의 진노를 모릅니다. 교인들과 마주앉아서 얘기해 보면, 다들 하나님의 진노에 대한 지식이 없습니다. 하나님에 진노에 대해 몇 마디 말을 꺼내면 이제 그만 얘기하잡니다. 두렵답니다. 그러니 그는 죄를 제대로 인식할 리 만무합니다. 이것은 참으로 무서운 일입니다.

하나님의 말씀 앞에서 참된 회개가 일어납니다

유대인은 민족적으로, 개인적으로 주의 길을 준비한 민족입니다. 그러나 잘못 준비했습니다. 하나님의 진노를 몰랐기 때문입니다. "하나님은 우리 백성이 아니라, 내가 아니라, 저들에게 진노하셔! 나는 선민이야. 나한테는 절대 진노하실 일이 없어." 유대민족은 이렇게 생각했습니다. 그리고 자기 의만 내세웠습니다. 열심히 하나님의 말씀을 지키고, 순종하고, 사역하면서 자꾸 선민의식에 매였습니다. 그래서 구원받지 못했습니다. 아무리 잘난 민족도 자기 의로는 구원받을 수 없습니다. 또 여기 나오는 유명한 황제들, 왕들, 심지어 대제사장들도 구원받지 못했습니다. 그들도 하나님의 진노를 인식하지 못했기 때문입니다. 참 회개를 하지 못했습니다. 항상 자기 기준에서 뉘우쳤습니다. 하나님의 기준에서, 하나님의 뜻 안에서 주의 길을 예비하지 못했습니다. 이것이 비극입니다.

우리는 성경에 명백하게 구원의 길이 제시되었음에도 '왜 인간이 구원받지 못하나? 하나님께서 살아 계시고, 구원의 역사가 있고, 예수 그리스도께서 나타나셨음에도 불구하고 왜 이 세상이 망할 수밖에 없나?'라고 묻게 됩니다. 성경은 아주 간단하게 대답합니다. '믿지 않고 회개하지 않아서'라고 말입니다. 회개하고 믿으면 하나님의 자녀가 되고, 은총을 누리는데도 그 길을 준비하지 않습니다.

참 회개는 하나님의 말씀 앞에서 하는 것입니다. 말씀에 불순종한 것, 말씀대로 살지 못한 것을 우리는 날마다 회개하며 살아가야 합니다. 우리 마음에 '말씀대로'라는 기준이 분명히 서야 합니다. 우리 마음 중심에 '말씀의 길'이 있어야 하는데 그것이 바로 '주의 길'입니다. 성경말씀의 길이 있어야 하나님과 교통합니다. 하나님 앞에 회개할 수 있습니다. 언제 어디서나 영적 자유를 누리며, 소망을 가지고 기뻐할 수 있습니다.

어떻게 준비해야 합니까?

그렇다면 어떻게 준비합니까? 어떻게 해야 하나님의 기준에 맞게 준비할 수 있습니까? 성경 전체를 통해서 정리해 보면 적어도 세 가지 방법이 있습니다.

먼저, 오직 한 분이신 창조주 하나님을 믿고, 그 하나님을 경외해야 합니다. 하나님은 창조주 하나님이시며 구원과 심판의 역사를 행하시는 하나님이십니다. 우리는 하나님의 이러한 성품을 인정해 드려야 합니다.

하나님의 자녀 됨의 표지는 교회 다니는 것도 아니요, 세례 받은 것도 아닙니다. 모든 행위의 중심에 그분을 향한 경외와 경건이 자리해야 합니다. 이것은 항상 하나님을 인식할 때 가능한 일입니다. 하나님을 인식하는 순간, 믿는 순간 우리는 경건의 삶으로 들어섭니다. 이것이 주의 길을 예비하는 것입니다.

주의 길을 예비하라_영접

두 번째는 예수 그리스도를 구주요, 구세주로 진심으로 영접해야 합니다. 그분만이 우리에게 죄 사함의 은총을 주실 수 있고, 하나님의 자녀가 되게 하시고, 천국에 이르게 하시고, 주님의 복을 누리게 하시고, 천국의 영광의 수혜자가 되게 하십니다. 예수 그리스도가 하나님께서 보내신 유일한 주의 길이기 때문입니다.

주님께서는 2,000년 전에 성육신 하시어 이 땅에 오셨습니다. 그리고 지금도 우리와 함께하십니다. 말씀과 성령으로 함께하십니다. 그리고 그분은 다시 오실 것입니다. 우리는 이 세 번의 초월적인 사건을 믿음으로 주의 길을 예비할 수 있습니다.

주의 길을 예비하라_하나님을 아는 지식으로 충만

세 번째는 예수 그리스도 안에서 하나님을 아는 지식의 충만함에 이르러야 합니다. 예수 그리스도는 하나님을 아는 유일한 통로입니다. 예수님을 통해서 하나님을 알고, 하나님을 만납니다. 하나님을 아는 고귀한 영적 지식과 그 지식을 체험한 증인으로 살아갈 때 주의 길을 예비할 수 있습니다. 그렇지 못하면 유대인과 같이 되고 맙니다. 세례 요한은 믿음으로 하나님을 경외하고, 예수 그리스도를 영접하고, 하나님을 아는 지식의 충만함에 이르러 주의 길을 예비한 최고의 선지자입니다. 사도들도 마찬가지입니다. 그들도 주님의 재림을 예비하며 성령 충만의 은혜를 누렸습니다. 그들이 성령 충만하여 전한 메시지는 사도행전 2장 40절에 기록되었습니다. "이 패역한 세대에서 구원을 받으라." 이 메시지를 믿음으로 교회가 태동되었습니다. 기독교가 나타났습니다. 그리스도인이라는 무리가 생겼습니다. 그들도 세례 요한이나 사도들을 따라 주의 길을 예비하며 살아갔습니다. 오늘도 마찬가지입니다. 모든 하나님의 사람은 주의 길을 예비하며, 주의 길 위에서 기뻐하며 주를 찬미하는 사람입니다.

어떤 학생이 교수님에게 질문을 했습니다. "교수님, 사람이 죽을 준비를 하는 데 얼마나 시간이 걸릴까요?" 교수가 잠깐 생각하다가 "몇 분 안 걸린다네. 잠깐이면 돼"라고 했더니, 이 학생이 다시 물었습니다. "그러면 천국 갈 준비는 얼마나 시간이 걸릴까요?" 교수가 대답하기를 "그것도 몇 분이면 돼. 왜냐하면 예수님께서 십자가에 돌아가실 때 그 옆에 있는 강도들은 죽기 바로 직전에 예수 믿고 천국 갔잖아. 그것도 몇 분이면 충분하네." 그랬더니 이 청년이 안도의 한숨을 쉬면서 이렇게 말했습니다. "그러면 됐습니다. 저도 이 세상에서 하고 싶은 일 다 하다가, 실컷 즐기다가 죽기 전에 예수 믿고 구원받을 겁니다." 그러고 일어나는 찰나에 교수가 딱 한마디 했답니다. "그런데 한 가지 궁금한 게 있네. 자네는 언제 죽을지 아나?" 당연히 학생은 모른다고 대답했습니다. 그러자 교수가 말했습니다. "그것이 문제야."

그 문제를 해결해야 참으로 의미 있는 삶을 삽니다. 미래는 아무도 모릅니다. 어느 누구에게나 미래는 새로운 시간입니다. 더욱이 하나님께서 나를 부르실 시간, 그 시간은 아무도 알지 못합니다. 그러나 그리스도인만은 그날을 준비합니다. 그리스도인만이 그날을 예비합니다. 그리고 오늘 이 시간을 살아갑니다.

주의 길을 예비하라_하나님 만날 날을 준비하는 삶

19세기에 미국에서 대각성 운동을 일으킨 하나님의 사람, 찰스 피니(Charles Finney) 목사는, 청년기에 변호사의 꿈을 안고 열심히 공부했습니다. 어느 날, 찰스 피니는 뉴욕의 한 치안판사를 만나기 위해 아침 일찍 그의 사무실에 갑니다. 거기서 홀로 판사를 기다리다가 큰 영적 체험을 합니다.

판사를 기다리던 중에 갑자기 하나님의 음성이 들려왔답니다. 하나님께서 자기한테 물으시더랍니다. "피니야, 너는 교육과정을 마치고 나면 뭘할 거냐?" 그가 대답했습니다. "간판을 걸고 변호사 사무실을 개업하고 열심히 돈을 벌어 행복하게 살 겁니다." "그런 다음에 뭘 할 거냐?" "은퇴하겠지요." "그 다음에는 어떻게 할 거냐?" "죽겠지요." "그 다음에는?" 그때부터 피니의 심정이 복잡해졌습니다. "심판받겠지요." 하나님 앞에서 심판받을 자신의 모습이 그때 생각나더랍니다. 그 사건 뒤에 그는 완전히 다른 사람이 됩니다. 자신을 향한 하나님의 소명을 발견한 것입니다. 그래서 여태까지 세웠던 모든 계획을 접고, 신학교에 들어가서 목회자가 되는 과정을 밟습니다. 마침내 목사가 되어, 대각성 운동의 중추적인 역할을 하면서 평생 수많은 영혼을 구원하는 하나님의 사람이 되었습니다.

그리스도인 각자에게 주어진 다양한 소명이 있습니다. 그런데 공통적으로 주어진 소명이 있는데 그것은 하나님을 만날 그날을 준비하는 것입니다. 주님의 길을 준비하고, 주님의 길 위에서 살아가는 것을 기뻐하며 찬송하는 삶이 모든 그리스도인의 공통된 소명입니다. 하나님께서 불신자들은 그냥 내버려두십니다. 이것은 현재적으로 임하는 심판입니다. 그러나 하나님께서 택하신 사람은 반드시 하나님께서 주의 길을 준비하게 만드십니다.

여기에 그리스도인의 소망이 있고 기쁨이 있습니다. 주님의 길을 준비하는 자는 자신이 구원받았다는 사실을 더욱 명확하게 체험할 수 있기 때문입니다. 하나님은 살아 계셔서 오늘도 말씀하십니다. "주의 길을 준비하라." 믿음으로 주의 길을 준비하는 사람이 새로운 미래에 하나님의 역사, 그 중심에 있을 것입니다. 그 길을 준비하지 않는 자에게 주님의 나타나심은 두려움이요, 공포요, 심판입니다. 새로운 미래가 없습니다. 역사의 주인이신 그 하나님을 믿고 주의 길을 예비하는 하나님의 사람이 되시기 바랍니다. 이 길을 가는 자에게는 하나님을 향한 찬양이 끊이지 않을 것입니다.

기 도

전지전능하신 하나님 아버지. 이 땅에 주의 길을 보여주시고, 주의 길을 예비하는 삶을 명하시며, 주의 길 위에서 하나님의 은혜와 진리를 체험하게 하시니 감사합니다. 하나님을 알지 못해 자기밖에 모르고 온통 세상에만 소망을 두었던 사람을 이처럼 하나님의 은혜로 값없이 구원하여 주신 하나님을 찬양합니다. 이제는 역사의 증인으로서 복음 증거의 사명을 맡아 잘 감당하여 하나님께 영광 돌리며 살기를 간절히 소원합니다. 모든 주의 권속들을 강권하시사 주의 길을 예비하는 삶을 소망케 하시고, 그 삶을 기꺼이 갈망하는 심령을 회복하게 하옵소서. 우리 주 예수 그리스도의 이름으로 간절히 기도드리옵나이다. 아멘.

9장

말씀이 육신이 되셨다

말씀이 육신이 되어 우리 가운데 거하시매 우리가 그의 영광을 보니 아버지의 독생자의 영광이요 은혜와 진리가 충만하더라 요한이 그에 대하여 증언하여 외쳐 이르되 내가 전에 말하기를 내 뒤에 오시는 이가 나보다 앞선 것은 나보다 먼저 계심이라 한 것이 이 사람을 가리킴이라 하니라 우리가 다 그의 충만한 데서 받으니 은혜 위에 은혜러라 율법은 모세로 말미암아 주어진 것이요 은혜와 진리는 예수 그리스도로 말미암아 온 것이라 본래 하나님을 본 사람이 없으되 아버지 품 속에 있는 독생하신 하나님이 나타내셨느니라(요 1:14-18).

미국의 워싱턴 정가에서 전설이 된 기도문이 있습니다. 이 기도문은 당시 미국 연방 준비제도 의장이자 저명인사였던 아더 번스(Arthur Burns)라는 유대인이 어떤 비공식적인 기독교 기도모임에서 기도했던 것입니다. 아더 번스는 크리스천이 아닙니다. 그러나 그는 그리스도인의 기도모임에 참여하는 것을 즐겼습니다. 그래서 모임 주최 측에서는 그를 잘 배려해 주었습니다. 모임 마지막에는 항상 참여자들이 돌아가면서 마무리 기도를 했는데 항상 그분은 예외시켜 주었습니다. 그런데 어느 날 이 상황을 모르는 어떤 분이 새로 그 모임에 들어와 사회를 맡게 되었고, 마무리 기도를 유대인인 아더 번스에게 청하게 됩니다. 주변이 어수선해졌습니다.

그리고 본인도 쑥스러웠지만, 그는 기도했습니다. 그런데 그의 기도문이 전설로 남게 되었습니다. "주님, 유대인들이 예수 그리스도를 알 수 있도록 인도하여 주소서. 주님, 이슬람교도들이 예수 그리스도를 알 수 있도록 인도하여 주소서. 그리고 주님, 마지막으로 그리스도인들이 예수 그리스도를 알 수 있도록 인도하여 주소서. 아멘."

아주 단순하고 짧은 기도문이지만, 내용이 의미심장하지 않습니까? 그곳에 모인 그리스도인들은 그 의미를 파악했습니다. 이들은 '그렇구나. 예수 그리스도를 전하기 위해서, 그 은혜를 나타내기 위해서 더욱더 예수 그리스도를 알아야겠구나' 생각하고는 크게 도전을 받아고는 회개했습니다. 성도 여러분은 예수 그리스도를 얼마나 아십니까?

복음_하나님만이 행하시는 하나님의 행동

복음은 하나님의 선물입니다. 복음은 인간의 선행에 대한 대가가 아닙니다. 더 나아가 복음은 인간이 행하는 그 무엇도 아닙니다. 복음은 하나님만이 행하시는 하나님의 행동입니다. 그래서 '좋은 소식'(Good News)입니다. 우리는 이 좋은 소식을 믿고 깨달으면 됩니다. 복음은 예수 그리스도입니다. 오직 예수 그리스도만이 복음입니다. 예수 그리스도께서는 하나님 나라만을 선포하셨습니다. 그리스도와 하나님 나라 외에는 복음이 아닙니다. 기독교 진리가 아닙니다.

그리스도인이 누구입니까? 교회에 오래 다녔다는 것이, 신학공부를 했다는 것이, 목사안수를 받았다는 것이 그리스도인이 된 증거가 아닙니다. 그리스도인이란 예수 그리스도를 알고, 예수 그리스도께 속한 사람입니다. 그리스도인은 예수 그리스도 안에서 연합하여 그분의 마음을 알고, 그분이 원하시는 생각과 삶의 방식을 알고, 그분과 같이 살기를 소망합니다. 그런데 예수 그리스도를 모른다면, 알아도 막연히 안다면, 예수 그리스도와의 관계 밖에서 내 뜻이 이루어지기를 기도한다면, 그는 분명 하나님의 사람이 아닙니다.

예수 그리스도_이단을 구분하는 시금석

진정한 기독교, 교회, 그리스도인을 분별하기 위해서는 예수 그리스도를 어떤 분으로 알고 있는지를 보면 판단할 수 있습니다. 교회의 역사를 보면 어느 시대든 이단들이 있었습니다. 이단이 무엇인지, 어디까지가 이단인지는 분별하기가 쉽지 않습니다. 그러나 궁극적으로는 예수 그리스도를 누구라고 말하는지에 따라 이단이 결정됩니다.

문선명 씨가 세운 통일교도 처음에는 기독교에서, 성경에서 출발했습니다. 통일교에서도 좋은 말을 많이 하고 선행도 도모합니다. 그러나 그들은 예수가 누구신지에 대해 근본부터 잘못 이해하고 있습니다. 그들은 예수님을 '실패한 구원자'라고 생각합니다. 그러니 아무리 그들이 선행을 하고, 좋은 일을 했다고 해도 그들은 이단입니다. 그들은 하나님과 아무 상관이 없습니다.

기독교 안에서도 마찬가지입니다. 십자가만 달았다고 다 기독교가 아닙니다. 교회가 아닙니다. 예수님을 바로 알아야 하고 올바른 메시지가 선포돼야 참된 교회입니다. 그런데 개신교회 중에도 예수님을 잘못 알고 있는 교회들이 있습니다. 대놓고 이단의 면모를 보이는 단체보다 더 위험한 이단입니다. 이런 교회를 신학적 용어로 '그리스도 없는 교회', '그리스도 없는 기독교'라고 합니다. 이들은 예수님을 안다고 하고 그리스도를 믿는다고 하지만, 정말로 그리스도가 누구인지 알지 못합니다. 그분의 뜻을 왜곡합니다. 실제로는 예수님을 모릅니다. 성도 여러분은 예수님을 누구라고 고백합니까? 어떤 분으로 믿고 이해하십니까?

예수 그리스도가 없는 크리스마스

크리스마스 시즌이 되면 자꾸 거슬리는 것이 하나 있습니다. '메리 크리스마스'(Merry Christmas)가 없어졌다는 것이 제 마음을 불편하게 합니다. 분명 제가 어렸을 때, 아니 그때까지는 아니어도 불과 한 일이십 년 전만 해도 '메리 크리스마스', '축 성탄'이라는 말을 많이 봤는데, 요즘에는 아예 없어졌습니다. 그런 문구가 있어야 할 자리에 소비와 축제 분위기를 부추기는 문구들이 자리 잡고 있습니다.

특히, '메리 크리스마스' 대신 오래도록 크리스마스의 분위기 메이커가 되었던 것은 산타클로스였습니다. 이제는 그것마저도 없어졌습니다. 요즘 아이들이 산타크로스를 안 믿기 때문입니다. 요즘에는 12월 25일을 'Happy Holiday'라고 부릅니다. 미국에서 사용하는 공식용어입니다. 한국에서도 공식적이든 비공식적이든 크리스마스가 오면, '야, 즐거운 휴일이다!'라고 생각합니다. 성도 여러분에게는 '메리 크리스마스'가 있습니까? 정말 내 마음속 깊은 곳에 성탄을 기뻐하고 감사하고 축하하는 감격이 살아있습니까?

예수 그리스도의 성육신 사건_걸림돌

본문에서 하나님께서는 성탄의 메시지를 우리에게 계시해 주십니다. "말씀이 육신이 되어"(14절), "The Word became flesh." 이것이 하나님께서 우리에게 주신 성탄의 메시지입니다. 예수님이 누구입니까? 이 질문의 답을 하나님께서 주십니다. 우리는 말씀이 육신이 되셨다는 이 계시 안에서 예수님을 이해하고 믿습니다. 이 계시가 예수님께서 이 땅에 오신 사건의 시작과 본질을 말해주기 때문입니다. 이것이 정녕 성탄의 메시지이며 여기에 그리스도인의 믿음이 있습니다.

하나님이신 예수님께서 사람의 몸을 입고 이 땅에 오신 것을 '성육신' (Incarnation)이라고 표현합니다. 말씀이신 하나님이 육신이 되신 일은, 하나님 자신이 우리에게 보이는 메시지가 되신 은총의 사건입니다. 성육신은 하나님의 위대한 행동입니다. 오직 하나님께서 오랫동안 계획하시고 결정하신 사건이 역사 안에 이루어진 것입니다. 성육신은 아기 예수님의 탄생을 시작으로 역사에 들어옵니다.

어떤 인간도, 어떤 지식인도 성육신을 이해하지 못합니다. 인간의 직관과 경험과 지식으로는 이해가 불가합니다. 하나님의 고유한 계획이요 비밀한 뜻이기 때문입니다.

하나님께서는 이런 중요한 사건의 이치를 일부러 신비롭게 하셨습니다. 성경은 이것을 '걸림돌'이라고 합니다. 사람들이 이 걸림돌에 다 쓰러져 넘어집니다. 걸려 넘어지는 것 자체가 인간의 타락이요, 불신앙입니다. 그러면 어떻게 해야 이해할 수 있습니까? 밝히 그 영광을 볼 수 있습니까? 답은 오직 하나입니다. 오직 믿음으로 가능합니다. 어떤 믿음입니까? 아기 예수님을 우리의 주로 고백하는 믿음입니다. 예수를 우리의 구주, 온 세상의 구세주로 믿고 고백할 때부터 성육신을 이해합니다. 이 얼마나 놀라운 일입니까?

어느 시골에 큰 농장을 운영하던 한 농부가 있었습니다. 농부는 하루도 쉴틈 없이 농사일을 하느라고 짜증과 불만이 많아졌습니다. 그러다 어느 날 자기 삶을 돌아보니 지옥 같은 삶을 사는 자신을 발견하게 되었습니다. 농부는 이런 삶에서 벗어나기로 결심하고, 그 농장을 부동산에 매물로 내놨습니다. 어느 날 중개인이 찾아와서 홍보문구를 최종적으로 결정짓기 위해 주인에게 보여주며 동의를 구했습니다. "농장을 팝니다. 매우 조용하고 평화로운 곳, 굽이굽이 이어진 언덕에 푸른 잔디가 아름답게 깔린 곳, 그림 같은 호수가 있고, 가축들이 유유히 풀을 뜯는 축복의 땅, 이 기름진 땅에서 마음껏 농사지을 수 있는 천국." 이 문구를 보고 농부가 마음이 싹 바뀌었습니다. 농부는 속으로 '정말 그러네!' 하고 생각하고는 농장을 안 팔기로 했다고 합니다.

예수님이 우리의 구주와 구세주로 믿어지고, 그분이 내 주인이 되시면 모든 것이 바뀝니다. 하나님의 은혜 안에서 모든 것이 이해되기 시작합니다. 생각, 소원, 지식, 가치관… 모든 것이 바뀝니다. 체험적 신앙고백을 한 자만이 하나님의 자녀답게 살 수 있습니다. 그래서 믿음의 사람, 위대한 신학자 칼 바르트는 말씀이 육신이 되셨다는 사건으로 엄청난 책들을 써나갔습니다. 그리고 이 사건을 한마디의 신학적 용어로 압축합니다. "Breaking in History", '역사를 부수고 오시는 행위'라는 뜻입니다. 하나님께서 성육신을 통해 역사에 깊이 개입하기 시작하셨습니다.

성육신 사건에 대한 오해_예수님의 인성만 강조하는 견해

이 위대한 성육신 사건에 대한 대표적인 왜곡 두 가지가 있습니다. 이 불신앙적인 견해는 2,000년 동안 기독교 안에 깊이 뿌리박혔습니다. 이것은 마귀가 뿌린 가라지입니다. 계속해서 이것이 교회와 기독교를 자꾸 세속화시킵니다.

첫 번째 왜곡은 예수를 자꾸 인간 예수로만 보는 견해입니다. 그래서 인도주의적 관점에서 위대한 면모를 부각시켜, 모든 인간이 훌륭한 삶을 살면 예수님처럼 신에 버금가는 위대한 존재가 될 수 있다고 말합니다. 이것은 기독교 아닙니다. 성경은 분명히 말씀합니다. "말씀이 육신이 되셨다." 그러므로 예수님을 인간 예수로 보는 것은 불신앙입니다. 자꾸 그런 철학적이고 휴머니즘적인 사고를 갖다보니 예수님은 그저 위대한 인간에 불과하다는 생각이 사람들 사이에서 고착화 되었습니다. 그래서 그를 위대한 스승이라고 생각합니다. 더 나아가 이 땅에 불합리한 압제, 불공평을 해소하고 불의한 세상을 해방시킨 해방자로 여깁니다. 말은 거창하고 멋있지만 이런 견해는 기독교와는 거리가 멉니다.

게다가 본문은 예수님이 경제문제를 해결한다고 보는 이들이 있었다고 말씀합니다. 예수님은 CEO가 아닙니다. 그런데 이런 이해가 오늘도 만연합니다. 이제는 기독교에서 각각의 그리스도인이 '작은 예수'가 되어야 한다고 소리를 높입니다. 큰 스승이신 예수님의 모범을 따라 완전한 인간으로 변모하는 노력을 게을리 하지 말아야 한다는 것입니다. 그럴듯하고, 심지어는 감동적으로 들릴지 모르지만 예수님에 대한 엄청난 왜곡입니다. 예수님은 예수님이십니다. 말씀이 육신이 되신 예수님으로부터 예수님을 이해하지 않는 모든 견해는 다 신성모독이며 불신앙입니다. 기독교 진리가 아닙니다.

성육신 사건에 대한 오해_예수님의 신성만 강조하는 견해

두 번째 왜곡은 가연설(Docetism)입니다. 이것은 예수님을 역사적 인물로 인정하기는 합니다. 그런데 필요할 때만 하나님의 영이 예수님에게 머문다는 견해입니다. 가연설은 이 세상에 사실 때만 하나님이 예수님과 함께 계셨기 때문에 예수님이 그런 놀라운 신적 능력을 행하셨다고 말합니다. 이런 견해를 따르는 자들이 바로 영지주의자입니다. 이런 이단사상은 지금도 사라지지 않았습니다. 이것은 신비주의의 원조라고 할 수 있습니다. 예수님을 무당처럼 생각합니다. 신을 접한 위대한 인간을 정해놓고는 항상 직통계시를 기다리는 것입니다. 하나님께서 어느 순간 내게 내려오시면 나에게 능력이 생겨 큰일을 할 수 있다고 믿는 것이죠. 모두 거짓입니다. 기독교 진리가 아닙니다. 하나님은 '말씀이 육신이 되신' 예수님을 통해서 자신을 계시하십니다.

성육신 사건의 의미는 자명합니다. 예수님이 참 하나님이며 참 인간 (Holy God and Holy Man)이라는 것입니다. "태초에 말씀이 계시니라 이 말씀이 하나님과 함께 계셨으니 이 말씀은 곧 하나님이시니라"(요 1:1). 하나님이신 말씀이 육신이 되셨습니다. 사람이거나 신이거나 둘 중 하나가 아닙니다. 잠깐 신이었다가 다시 사람이 되는 것도 아닙니다. 예수님이 참 하나님이시며 참 인간이라는 사실을 아는 데서부터 믿음이 시작됩니다.

예수 그리스도_참 하나님이며 참 인간

제2차 세계대전 때, 점령군 사령으로 맥아더 장군이 일본에 갔을 때 일입니다. 그때 히로히토 일본천황이 맥아더 장군께 면담을 요청했습니다.

그런데 맥아더 장군이 조건 하나를 제시하면서 거절의사를 표했습니다. "나는 인간인데 신이라고 하는 천황과는 얘기할 수 없습니다. 당신이 전국방송을 통하여 나는 신이 아니라 인간이라고 발표한다면 당신과 대화하겠습니다." 그래서 히로히토 천황이 정말 "나는 인간입니다. 더 이상 신이 아닙니다"라고 발표하고 난 다음에 인간과 인간의 대화가 이루어졌다고 합니다.

이 세상에서 추앙을 받거나 거대한 종교를 창시했다는 인물들도 그냥 한 인간일 뿐입니다. 참 하나님이시요 참 인간은 오직 한 분, 예수님이십니다. 우리는 사도신경에서 이 사실을 고백합니다. 모든 하나님의 사람들이 고백하는 신앙고백이 있습니다. "성령으로 잉태하사 동정녀 마리아에게 나시고." 이것이 성육신 사건을 믿는 자의 성경적인 신앙고백입니다. "성령으로 잉태하사." 이 고백이 이해됩니까? 이것을 설명할 수 있습니까? 불가해한 영역입니다. 우리는 이것을 신비라고 합니다. 그러나 그 신비 안에 하나님의 계시가 있습니다. 이것이 하나님의 방법입니다. "동정녀 마리아에게 나시고." 남자를 알지 못하는 처녀가 아기를 출산했습니다. 우리는 이것을 기적이라고 합니다. 그러나 이것은 기적이 아니라 징조(sign)입니다. 얼마나 놀라운 사건이냐 하는 문제보다 사건에 숨은 신비가 중요합니다. 하나님이신 예수님을 알리기 위해서 이런 이적이 필요했던 것입니다.

다시 한 번 강조하지만, 신비의 결과가 이적입니다. 성경에 나타난 모든 이적은 신비를 계시합니다. 그런데 불신앙의 사람들은 예수님을 잘못 이해하면서 자꾸 기적을 따라갑니다. 기적 자체는 아무 의미가 없습니다. 기적 안에 감춰진 신비를 사모해야 합니다. 그리스도의 공동체는 신비를 알고자 힘씁니다. 기적이 없어도 신비는 신비입니다. 신비는 존재합니다. 그래서 거듭난 그리스도인은 그 신비에 집중합니다. 신비 안에 우리 믿음의 대상이 있고, 지식이 있기 때문입니다.

하나님께서 기적을 보여주시는 중요한 이유는 불신자를 위해서입니다. 무슨 말을 해도 안 믿으니까 보여주시는 것입니다. 하나님만이 행하실 수 있는 이적을 통해서 깜짝 놀라게 하시고, 그 안에서 신비를 알게 하십니다. 이 사건과 소문을 믿을 때 그 안에 깃든 신비가 우리 가까이 다가옵니다.

예수 그리스도_최상, 최고의 기적

하나님께서 우리에게 보여주신 최상, 최고의 기적은 예수님께서 '오시는 사건'과 '가시는 사건'입니다. "성령으로 잉태하사 동정녀 마리아에게 나시고." 참으로 신비한 이적입니다. 동시에, "부활하시고 승천하시어." 이 것도 성육신만한 이적입니다. 그래서 예수님께서 오시고 가신 사건 모두가 이적 중의 이적입니다. 이적을 믿음으로 신비를 알게 됩니다.

성육신, 예수님께서 이 땅에 오신 사건은 하나님의 재창조 역사입니다. 단 한 번, 아니, 유일한 재창조의 역사입니다. 하나님의 행동이요, 하나님의 결단입니다. 새로운 세대를 알리는 시작(New Beginning)입니다. 새로운 미래를 약속하는 하나님의 약속이요 실현입니다. 이 모든 하나님의 계획과 행동을 우리는 한마디로 '은혜'(Grace)라고 표현합니다. 은혜라는 단어가 아니면 설명할 길이 없습니다. 예수님은 은혜의 본체이십니다. 그분이 복음이시요, 그 자체가 복음입니다. 예수님 자신이 이 땅에 오시고, 사시고, 승천하신 것, 그 자체가 복음 중의 복음입니다. 복음을 통해 하나님을 만나지 못하면, 복음의 신비를 깨닫지 못하면 다른 길이 없습니다.

예수 그리스도의 복음을 통해 하나님의 은혜를 깨닫고 그 은혜에 만족하지 못하면 하나님을 믿을 다른 방법이 없습니다. 다른 종교에 길이 있지 않을까 기웃거리기도 하지만 하나님께로 가는 길을 결코 발견할 수 없습니다. 하나님께서는 성육신의 사건으로 하나님의 뜻을 충만히 나타내셨습니다. 그래서 오늘 본문도 말씀합니다. "은혜와 진리가 충만하더라"(14절). "은혜와 진리는 예수 그리스도로 말미암아 온 것이라"(17절). "하나님을 본 사람이 없으되 아버지 품속에 있는 독생하신 하나님이 나타내셨느니라"(18절). 오직 복음, 예수 그리스도 안에서 하나님의 비밀을 알아야 합니다.

세상은 하나님께서 역사에 개입한 이 놀라운 사건을 믿지 않습니다. 예수님을 하나님으로 영접하지 않습니다. 예수님 때도 그랬고, 지금 이 시대도 그렇습니다. 그것이 얼마나 큰 죄요 불신앙인지 알지 못한 채 예수 그리스도를 거부합니다. 하나님을 거부합니다.

예수 그리스도_하나님의 지혜로만 깨달음

오래 전에 있었던 실화입니다. 어느 교회에서 목사님이 성경강해를 하는데, 한 청년이 손을 들어 질문했습니다. "제가 다 믿겠는데, 동정녀 탄생만은 못 믿겠습니다. 그게 어떻게 말이 됩니까? 어떻게 처녀가 애를 낳습니까?" 그 사람에게 목사님이 장황하게 설명하는데, 청년을 이해시키기는 힘들었습니다. 청년이 자꾸 이해가 안 된다며 불만을 표하자 예배 분위기가 묘해졌습니다. 그랬더니 한 장로님이 일어나서 말씀하셨습니다. "이봐, 젊은이. 자네가 뭔데 안 믿어? 마리아의 남편 요셉도 믿었는데, 남편이 믿었는데, 자네가 뭔데 안 믿어? 그냥 믿어." 먼저 믿지 않고는 그 신비를 알수 없습니다.

요한복음 1장 5절은 말씀합니다. "빛이 어둠에 비치되 어둠이 깨닫지 못하더라." 빛이신 예수 그리스도께서 이 땅에 오셨는데 세상이 깨닫지 못합니다. 이것이 불행이요 비극입니다. 이어 11절은 말씀합니다. "자기 땅에 오매 자기 백성이 영접하지 아니하였으나." 사람들은 하나님이신 예수님께서 자기 땅에 오셨는데도 영접하지 않았습니다. 거부했습니다. 무시했습니다. 조롱했습니다. 얼마나 비참한 세대입니까? 그래서 이 세대는 심판받습니다. 믿지 않아서, 영접하지 않아서 심판받습니다. 그런데 하나님께서는 심판 중에도 구원의 길을 열어 주셨습니다. 믿는 자는 하나님의 자녀가 되는 권세를 주셨습니다. 이것이 복음입니다.

여러분은 하나님의 영광과 하나님에 대한 지식과 그분의 신비를 알고자 하는 갈급한 마음이 있습니까? 이 마음은 하나님께서 우리에게 주셔야 우리가 소유할 수 있습니다. 이 마음을 소유한 자가 그리스도인입니다. 하나님은 자신이 이 땅에 오시기 전에 이미 이 땅이 얼마나 타락한지 아셨습니다. 이 세상에 의인이 하나도 없다고 선포하시지 않으셨습니까? 그리고 불의한 땅에 사는 불의한 백성들이 주님을 영접하지 않을 줄을 아셨습니다. 영접하지 않을 뿐만 아니라, 십자가에 못 박아 죽일 것도 이미 아셨습니다. 그런데 이 세상을 사랑하시어 우리에게 하나님의 영광을 주시고, 하나님의 은혜를 주시고, 우리로 하여금 하나님 나라의 상속인이 되게 하셨습니다. 여기서 더 놀라운 것은 이 엄청난 선물을 주시기로 결단하시고 취하신 행동이 고작 아기예수를 이 땅에 보내시는 것이었습니다.

위대한 결과에 비해 초라한 그 시작, 아기예수께서 허름한 마구간에서 태어나는 사건이 이해가 되어야 됩니다. 우리는 천지개벽하는 사건을 통해서 뭔가 시작하셨으면 세상이 더 많이 주목하지 않았을까 생각합니다. 하지만 우리와 비교할 수 없는 지혜와 권능을 가진 하나님께서는 아기예수를 보내셨습니다. "성령으로 잉태하사 동정녀 마리아에게 나시고", 여기로부터 시작하셨습니다. 아기의 모습으로 오신 예수님을 바로 알지 못하면 예수님을 종교 창시자로 몰아가기 십상입니다. 그리스도인의 신앙은 아기 예수 안에 나타난 하나님의 뜻을 아는 것에서부터 시작됩니다. 하나님의 지혜와 능력, 그 섭리를 그대로 받아들임으로 믿음이 시작됩니다.

예수 그리스도_하나님의 역사

우리는 하나님 나라를 확장하고 세상을 변화시키는 일을 우리의 노력으로 이뤄보겠다고 하는데 하나님 나라는 그렇게 이뤄지는 것이 아닙니다. 하나님 나라는 임하는 것입니다. 하나님께서 임해 주실 때 하나님의 나라가 이뤄지는 것입니다. 우리는 하나님께서 하시는 일을 믿으면 됩니다. 믿고 고백한 대로 사는 자리에 하나님께서 일하십니다.

세상이 이 신비를 알지 못하는 것은 어찌 보면 당연한데, 더 큰 문제는 신앙인 안에 있는 불신앙입니다. 그리스도인이라 자처하는 자들도 하나님께서 행하시는 자명한 역사를 안 믿습니다. 하나님의 약속이 성취되기까지 기다리지 못합니다. 그래서 자기 분복을 못 누립니다. 하나님의 지혜와 능력을 체험하지도 못합니다. 그러고는 하나님은 제쳐두고 자기 힘으로 뭔가 이뤄보려고 안간힘을 씁니다. 내가 열심히 하나님의 영광을 위한다고 교회의 세속화를 막을 수 있을까요? 이렇듯 인간의 행위가 중심이라면 기독교와 타종교가 다를 것이 무엇입니까? 참 기독교는 하나님께서 행하시는 그 무엇을 기다리고 기뻐하며, 그것을 믿고 고백하는 것입니다.

예수 그리스도의 성육신_"성령으로 잉태하사"

사도 요한은 예수님께서 택하신 제자 중의 한 사람입니다. 그냥 유대인입니다. 평범한 사람입니다. 그런데 어느 날 예수님께서 그를 택하셨는데, 그가 볼 때 예수는 나사렛 예수입니다. 나이 삼십 세 된 청년입니다. 그 아버지는 요셉으로 전직이 목수입니다. 그런데 그는 뭔가 달랐습니다. 그리고 3년을 밤낮으로 예수님과 함께 지냅니다. 그리고 예수님의 십자가와 부활을 보고 성령을 힘입어 신앙고백을 합니다. 예수님은 말씀이 육신이 되신 분이라고 말입니다. 성육신 사건의 메시지를 깨달아 그 말씀이 나를 지배함으로 모든 것이 변화됩니다. 하나님께서 그 믿음 위에 그 사람과 함께 역사하십니다.

모든 그리스도인, 거듭난 하나님의 자녀는 성육신 사건의 참여자일 뿐만 아니라 수혜자입니다. 성육신의 신비는 "성령으로 잉태하사"라는 고백에 있습니다. 예수께서 성령으로 잉태되신 사건을 믿고 그 사건이 주는 메시지를 믿음으로 우리 또한 성령으로 잉태한 하나님의 자녀가 됩니다. 하나님의 자녀는 예수님을 알고 예수님의 오심을 실제사건으로 믿는 믿음으로 오늘을 살아갑니다. 이 믿음을 가진 자가 예수님과 함께한, 예수님께 속한 복음의 증인으로 살아갈 수 있습니다.

성육신의 사건이 없었다면, "성령으로 잉태하사"가 없었다면 그리스도인도 없습니다. 이 놀라운 신비 속에 있는 하나님의 계시를 깨닫고, 믿고, 이해할 때 그때부터 하나님과 함께하게 됩니다. 모든 것이 내 안에서 변화됩니다. 그 모든 것은 하나님이 은혜로 주신 것이요, 예수 그리스도로 말미암은 것입니다. 그 시작, 그 본질이 아기예수의 탄생입니다. 그래서 우리는 성탄을 기뻐하는 것입니다.

그러나 세상, 아니, 이미 기독교 안에서도 성탄의 메시지가 상실됐습니다. 메리 크리스마스가 없어졌습니다. 그 감격이 사라졌습니다. 아기예수 탄생의 신비를 알지 못하기 때문입니다. 이 세대는 그야말로 불신앙의 세대입니다. 그러나 하나님의 자녀만은 세상이 어떻든 메리 크리스마스가 우리 안에 있어야 됩니다. 이 날이 아니면 내가 없습니다. 예수님께서 오신 이 사건을 통해서 그 메시지를 들었기에, 믿었기에 나는 하나님의 사람입니다. 성령으로 잉태한 하나님의 자녀입니다. 이 일을 증거하고 고백하며 살아갈 때 하나님을 영화롭게 할 수 있고, 그 자체가 하나님을 기쁘시게 하는 삶입니다.

기 도

전지전능하신 하나님 아버지. 하나님의 초월적인 지혜와 능력과 은혜 속에서 오직 믿음으로 하나님의 자녀 되었지만, 아직도 복음의 메시지를 깨닫지 못하고, 영접하지 못하고, 때로는 망각하여 불신앙의 삶을 자처하는 죄인을 주여 불쌍히 여겨 주시옵소서. 우리의 시작과 끝이 오직 예수 그리스도 안에 있음을 알아 성령으로 잉태한 독생하신 예수 그리스도의 삶이 우리 안에서 거듭난 자의 삶으로 재현되기를 소망합니다. 하나님을 아버지로 부르는 은총의 삶을 살도록 계획하시고 행하신 하나님을 찬미하며, 하나님과 동행하는 삶을 믿음으로 살아갈 수 있도록 우리를 지켜 주시옵소서. 우리 주 예수 그리스도의 이름으로 간절히, 간절히 기도드리옵나이다. 아멘.

10장

위로부터 오시는 이

위로부터 오시는 이는 만물 위에 계시고 땅에서 난 이는 땅에 속하여 땅에 속한 것을 말하느니라 하늘로부터 오시는 이는 만물 위에 계시나니 그가 친히 보고 들은 것을 증언하되 그의 증언을 받는 자가 없도다 그의 증언을 받는 자는 하나님이 참되시다는 것을 인쳤느니라 하나님이 보내신 이는 하나님의 말씀을 하나니 이는 하나님이 성령을 한량 없이 주심이니라 아버지께서 아들을 사랑하사 만물을 다 그의 손에 주셨으니 아들을 믿는 자에게는 영생이 있고 아들에게 순종하지 아니하는 자는 영생을 보지 못하고 도리어 하나님의 진노가 그 위에 머물러 있느니라(요 3:31-36).

몇 년 전에, 현재 미국 피츠버그신학교에서 목회신학을 가르치고 있는 앤드류 퍼브스(Andrew Purves) 박사를 만났습니다. 피츠버그신학교의 초청으로 신학강연을 하러 갔다가 만나서 교제하며 신학적 대화를 나누었습니다. 그때 그분이 자신의 여러 저서들 가운데서 최근에 출간된 책 한 권을 선물로 주었습니다. 『The Resurrection of Ministry』라는, 약 150페이지 정도 되는 책입니다. 내용이 참 좋다고 생각했는데 최근 한국에서 『부활의 목회』라는 제목으로 번역 출간되었습니다.

예수 그리스도를 바르게 알아야 합니다

이 책은 오늘날 기독교와 교회, 특별히 목회가 죽어가고 있으니 다시 부활시키자고 말합니다. 저자는 죽어가는 목회의 원인이 인간적 방법과 열심에 있다고 합니다. 교회가 수많은 프로그램과 이벤트와 마케팅을 통해서 오직 성장과 번영을 추구하다가 쇠퇴하고 변질되었다는 것입니다. 교회 시스템을 유지하려고 애를 쓰다 보니 목회자도 지치고 교인들도 기쁨이 없습니다. 기쁨이 없으니 헌신할 맘도 생기지 않습니다. 저자는 이런 난국을 타개하기 위해, 초대교회 때처럼, 종교개혁 때처럼 교회 안에 참 부흥의 역사와 회복이 나타나야 한다고 말합니다.

참된 부흥과 회복을 위해 저자가 제시한 해결책은 바로 예수 그리스도입니다. 예수 그리스도께서는 누구이시며 무슨 일을 하고 계신지를 질문하고, 성경에서 답을 찾아 그분을 믿고 이해하며 살아갈 때 모든 것이 해결된다고 합니다. 저는 전적으로 동의합니다. 예수님이 누구신지 바르게 알지 못하고, 그분이 무슨 일을 하셨는지도 모르면 모든 것이 다 잘못됩니다. 기독교도 교회도 목회도 우리의 삶도 다 어긋납니다. 이 모든 것이 예수 그리스도 안에서 시작된 일이고, 살아계신 예수 그리스도께서 완성하실 일이기 때문입니다.

그런데 살아 계신 예수 그리스도의 역사로 이루어지는 목회를 자꾸 인간의 열심과 노력으로 해보려고 하다가 오늘과 같이 목회가 죽었습니다. 교회가 변질되었습니다. 저자는 이런 현실을 재앙이라고 말합니다. 예수 그리스도를 잘못 알면 하나님을 잘못 알게 되고, 신앙생활을 잘못하게 되고, 기도도 잘못됩니다. 이런 삶에는 소망이 없습니다. 예수님과 같은 부활의 영광을 경험하지 못합니다. 이것이 불행이고 비극입니다.

부활하신 예수님으로 말미암아 모든 것이 변합니다

고린도전서 15장 17절 말씀을 보십시오. "그리스도께서 다시 살아나신 일이 없으면 너희의 믿음도 헛되고 너희가 여전히 죄 가운데 있을 것이요."

그리스도의 부활은 오직 예수 그리스도 안에서만 믿어지고 이해될 수 있는 역사상 유일무이한 사건입니다. 부활의 역사는 세상의 역사를 바꿉니다. 세계 안에 있는 지식체계와 가치관과 역사관을 완전히 뒤집어놓습니다. 부활을 통해 새로운 세계가 열렸기 때문입니다.

장례식을 생각해 보십시오. 우리는 모두 죽습니다. 반드시 죽습니다. 하나님께서 부르실 때 죽습니다. 죽은 사람에게 무슨 소망이 있습니까? 이 땅의 역사 안에서 죽은 자에게는 아무 소망이 없습니다. 역사적으로 큰 획을 긋고 죽었다 해도, 어쨌거나 죽으면 이 땅의 역사에서 사라지는 것입니다. 그러므로 죽음을 피할 수 없는 인간이 뭔가 소망을 찾는다면 역사 밖에서 찾아야 할 것입니다. 역사 밖에 있는 부활신앙에 소망과 위로가 있습니다. 이 세상이 아니라 하나님 나라에 우리의 믿음이 있고, 소망이 있고, 영광이 있고, 지식이 있습니다.

예수 그리스도_세상의 이해를 뛰어넘는 하나님의 지혜

우주는 광대합니다. 현대 과학이 밝힌 바로는 우주가 계속 팽창한다고 합니다. 이것이 역사 안의 지식입니다. 그런데 그 무한히 팽창한다는 우주도 결국 닫힌 공간에 불과합니다. 아무리 팽창한들 천국에 이르지 못하는 유한한 공간이 우주이기 때문입니다. 우주만물은 죽음으로 소멸됩니다. 부활이 없다면 이 피조세계와 인간은 그냥 사라지는 것입니다. 하지만 예수 그리스도께서 부활하셨고, 우리도 그분처럼 부활의 몸을 입고 부활합니다. 영원을 생각할 수 없는 인간에게 영원의 세계가 열렸습니다.

어두운 곳을 무서워하고 싫어하는 어떤 아이가 있었습니다. 어느 날 어머니가 밤에 뒤뜰에 가서 빗자루를 가져오라고 심부름을 시켰습니다. 아이는 너무 무서워서 차마 나가지 못했습니다. 그래서 어머니가 "예수님께서 계시지 않니? 걱정하지 말고 다녀오너라"고 안심을 시켰습니다. 그러자 아이가 "예수님께서 정말 바깥에 계셔?"라고 물었습니다. 그러자 어머니가 "그럼, 항상 계시지. 너를 도와주실 거야. 걱정하지 말고 갔다 오너라"고 말했습니다. 이 아이가 곰곰이 생각하다가 뒤로 향하는 문을 살짝 열고는 이렇게 말했답니다. "예수님, 거기 계시면 빗자루 좀 갖다 주세요."

예수님을 아는 지식이 없으면 이렇게 유치해집니다. 예수님을 아는 지식에 얼마나 집중하십니까? 그분을 믿음으로 이해하고 고백하며 오늘을 살아가십니까? 살아계신 예수 그리스도께서 성령 안에서 오늘도 역사하시고 활동하십니다. 이 사실을 믿음으로 고백하고 누리는 사람이 하나님의 자녀입니다.

예수 그리스도_위로부터 오시는 이

본문은 예수님께서 누구신지, 어떤 일을 행하고 계신지, 그 결정적인 진술을 간략하게 계시합니다. 본문은 예수님을 "위로부터 오시는 이다. 하늘로부터 오시는 이다"(from above, from heaven)라고 설명합니다.

요즘 경건서적이나 설교들을 보면, 예수님을 다음과 같이 설명합니다. '예수님께서 말구유에 오셨다. 목수의 아들로 지내셨다. 의로우셨고 공평하신 분이시다. 하나님의 뜻에 죽기까지 충성하시어 십자가를 지셨다. 온 인류를 위해 십자가를 지시고 죽으셨다. 하나님께서 그 믿음을, 그 진실을 귀히 여기셔서 부활시키시고 만왕의 왕이 되게 하셨다.' 여기에는 결정적인 것이 빠졌습니다. 말구유에 오신 그분이 위로부터 오신 분이라는 사실입니다. 예수님이 하나님과 함께하시며, 하나님과 동등된 존재로 계시다가 인간으로 이 땅에 오셨다는 것, 이것이 예수님을 아는 지식의 시작이요 근본입니다.

사도행전의 핵심_예수님의 십자가, 부활, 승천

얼마 전에 중국 신학생과 목회자를 대상으로 신학강연을 하면서 이런 제안을 했습니다. "사도행전부터 봐야 됩니다. 왜냐하면 사도행전은 교회의 시작과 기독교의 시작을 알립니다. 사도행전에서 그리스도인이 나타납니다. 성령의 역사가 나타납니다. 사도행전에 나타난 예수님의 이해를 가지고 예수님을 알고 그분을 믿음으로 영접한 다음에 복음서를 보아야 합니다. 그래야 예수님이 누구이신지 바르게 알 수 있습니다."

사도행전의 대표적인 인물이 사도 베드로와 사도 바울입니다. 사도행전에는 두 분의 설교가 가득 기록되어 있습니다. 그들을 통해 온 세상으로 복음이 전해지고 교회가 태동됩니다. 그런데 이 두 분에게는 공통점이 있습니다. 이 사도들은 예수님의 생애를 구구절절 읊은 적이 없습니다. 심지어 예수님의 가르침도 말씀하지 않았습니다. 베드로는 3년 동안 예수님과 함께했음에도 예수님의 가르침이 무엇이고 생애가 어떠했는지 거의 말씀하지 않았습니다. 두 사도는 하늘로부터 오신 이가, 하나님께서 보내신 예수님이 이 땅에 오셨다는 사실에서부터 설교를 시작했습니다. 그리고 그가 전한 것은 오직 세 가지 진실뿐입니다. 십자가와 부활과 승천. 이 세 가지에 초점을 맞추었습니다. 이 사실 위에서 성령께서 역사하시어 기독교가 시작됩니다. 예수님을 이해하기 시작합니다. 그리스도에 대한 신앙을 고백하기 시작합니다.

위로부터 오시는 이_만물 위에 계신 분

'위로부터 오셨다. 하늘로부터 오셨다'고 할 때, '위'나 '하늘'은 어디에 있는 것입니까? 그것은 역사 안이나 우주만물 속에 있는 것이 아닙니다. 역사 밖을 말합니다. 만물 위에, 만물을 초월하여 있습니다.

성경은 분명히 말씀합니다. 예수 그리스도께서 '위로부터 오셨다. 하늘로부터 오셨다.' 그것을 알 수 있는 길은 예수 그리스도밖에 없습니다. 이 사건은 역사 안에 있었던 일이 아닙니다. 오직 예수 그리스도 안에서만 나타납니다. 예수님의 부활하신 몸을 생각해 보십시오. 이전 몸과 같으시나, 이것은 새로 변화된 몸입니다. 한 점 빛도 들어오지 않는, 문이 꼭꼭 닫힌 캄캄한 방 안에 갑자기 한줄기 빛이 생겨나듯 그렇게 부활의 몸을 입고 나타나셨습니다. 이 부활의 몸을 40일 동안 보여 주셨습니다. 수많은 증인이 있었습니다. 역사 안에 나타났으나, 역사 밖의 존재로서 시공을 초월하시는 모습을 보여 주셨습니다. 그래서 오늘 본문은 말씀합니다. "위로부터 오시는 이는 만물 위에 계셨다. 하늘로부터 오신 이는 만물 위에 계셨다."

위로부터 오시는 이_새 하늘과 새 땅의 약속

모든 그리스도인은 새 하늘과 새 땅을 갈망합니다. 그곳은 어디에 있는 것입니까? 이것은 막연한 것이 아닙니다. 만물 위에 있습니다. 만물 위에 계신 분이 이 땅에 오셨고, 다시 돌아가셨고, 곧 재림하십니다. 이것은 완전히 다른 세계관입니다. 이것을 믿는 자가 그리스도인입니다. 하나님 나라가 역사 안에, 만물 안에, 우주공간 어딘가에 나타나는 것이 아닙니다. 하나님 나라는 만물 밖에, 만물 위에 있습니다. 그래서 창세기 1장, 2장이 우리에게 증거 하기를, 태초에 하나님께서 천지를 창조하셨다고 합니다. 그리고 모든 우주만물이 하나님 안에서 시작되는 창조사건을 보여줍니다. 모든 역사는 하나님 안에서 시작되었습니다. 하나님께서는 그 위에 계셨습니다.

역사와 우주 만물을 초월하는 이 모든 일들은 인간의 언어로 정확하게 표현할 길이 없습니다. 우리는 성경이 말씀하는 바를 그대로 믿고 받아들일 뿐입니다. 예수님이 만물 위에 계시다가 이 땅에 오셨다고 하면 그 말씀을 액면 그대로 믿으면 되는 것입니다.

그렇다면 어떻게 만물 위에 계실 수 있습니까? 역사 밖에 계시다가 어떻게 역사 속으로 들어오실 수 있습니까? 그 메커니즘을 밝히려고 애쓰는 것은 오히려 하나님에 대한 신성모독입니다. 오직 한 분이신 하나님이시기에 그분에게는 가능한 일입니다. 무에서 유를 창조하신 하나님, 부활하여 새 하늘과 새 땅을 약속하시고 우리를 초대하시는 그분께서 하신 그분 고유의 사역입니다. 그분을 믿어드리는 것만이 우리의 몫입니다. 복음 (Good News)은 위로부터 오시는 이, 바로 예수 그리스도를 말합니다.

위로부터 오시는 이_큰 기쁨의 좋은 소식

칼 바르트(Karl Barth)가 말했듯이 예수님은 역사를 깨고(Breaking in History) 역사 속으로, 만물 속으로 오셨습니다. 그래서 예수님께서 오신 사건으로 인해서 이 세상의 역사관, 진리관, 가치관, 생활관, 그 모든 것이 깨어집니다.

요한복음은 이렇게 말씀합니다. "태초에 말씀이 계시니라." 예수님이 하나님과 함께 계셨는데, 그 말씀이 육신이 되신 것입니다. 만물 위에 계신 태초의 말씀이 세상 안으로, 역사 안으로 들어오셨습니다. 단 한 번 있는 이 일의 증거가 부활하신 예수님의 몸입니다. 그리고 승천하시는 예수님을 본 여러 사람들이 이 일의 증인입니다.

예수님께서 마구간에서 태어나셨을 때, 천사들이 '좋은 소식'을 전했습니다. "무서워하지 말라 보라 내가 온 백성에게 미칠 큰 기쁨의 좋은 소식을 너희에게 전하노라"(눅 2:10). '좋은 소식'(Good News), 곧 '복음'은 '큰 기쁨'입니다. 복음을 들은 사람은 놀라고 기뻐합니다. "위에서 오시는 이"가 만물 위에 계시다가 세상 속으로 역사를 깨뜨리고 오시는 일을 믿고 이해한다면 어찌 놀라지 않을 수 있습니까?

우리나라는 한국전쟁 때 부산까지 공산군에게 점령당해 풍전등화 신세가 되었습니다. 이 상황에 유엔이 인천 앞바다에 상륙했다는 소식은 정말 좋은 소식(Good News)이었습니다. 그런데 복음은 그것과는 비교가 안 되는 기쁜 소식입니다. 하나님께서 이 땅에 오셨다는 사실 자체가 복음입니다. 그런데 왜 우리는 그 복음을 알면서도 크게 기뻐하지 않을까요? 왜 자꾸만 그 기쁨을 잊어버릴까요? 예수님을 제대로 이해하지 못해서 그렇습니다. 예수님께서 어떻게, 어떤 위치에서 이 땅에 오셨는지를 믿음으로 이해하고 고백하지 못했기에 기쁨이 없습니다. 놀람이 없습니다. 감격이 없습니다.

위로부터 오시는 이_새롭게 하는 복음

그래서 성경은 항상 기뻐하고 쉬지 말고 기도하고 범사에 감사하는 것이 하나님의 뜻이라고 말씀합니다. 예수 그리스도 안에서 우리에게 향하신 하나님의 뜻입니다. 하나님께서 우리에게 행하신 일을 본 사람은 놀랍니다. 예수님을 생각하고 예수님을 알 때 우리는 하나님에 대한 경외심을 갖습니다. 기뻐하고 만족하고 찬양합니다. 예배가 무엇입니까? 하나님 앞에서 이런 마음을 표현하고 그분이 행하신 일을 맘껏 찬양하고 인정해드리는 것이 예배입니다. 그러므로 은혜를 아는 자는 하나님을 예배할 수밖에 없습니다.

복음은 신비입니다. 역사 안에, 만물 안에 있는 뻔한 것이 아닙니다. 역사 밖에 있는 사건이기에 신비로운 하나님의 역사입니다. 만물 위에 있는 사건입니다. 그래서 성경은 위의 것을 찾으라고, 위의 것을 생각하라고 말씀합니다.

본문은 그분이 이 땅에 오셔서 "친히 보고 들은 것"(32절)을 말씀하셨다고 기록합니다. 예수님은 만물 위에 계셔서 직접 보고 들으신 것을 말씀하십니다. 그분이 예수님이십니다. 그분은 곧 하나님이십니다. 얼마나 놀랍습니까? 완전히 다른 세계, 존재를 말씀하셨습니다. 이 말씀을 믿을 때 하나님에 대한 경외가 있고, 찬양이 있고, 예배가 있고, 경배가 있습니다. 오직 구원받은 그리스도인만이, 그리스도를 믿고 새로워진 자만이 하나님을 예배할 수 있습니다.

예수 그리스도를 모르는 세상

본문 32절은 분명히 말씀합니다. "그가 친히 보고 들은 것을 증언하되 그의 증언을 받는 자가 없도다." 역사 위에 있는 그 엄청난 신비와 영광을 친히 보신 분이 와서 말씀하시는데도 믿는 자가 없습니다. 놀라지도 않습니다. 오히려 조롱합니다. 미쳤냐고 합니다. 무관심합니다. 이처럼 세상은 패역하고 험악합니다. 실제 예수님 당시를 보면 거듭난 그리스도인은 극소수였습니다. 지금도 마찬가지입니다. 정말 예수님을 알고, 예수님 안에서 놀라고 기뻐하며 살아가는 사람은 그때나 지금이나 그렇게 많지 않습니다.

요한복음 6장을 보면 예수님께서 아주 적은 음식으로 5,000명을 먹이신 오병이어의 기적이 나옵니다. 이런 엄청난 기적을 보고 사람들은 예수님을 왕으로 추대하려고 했습니다. 이분이 왕이 되면 식량문제가 해결될 거라 생각한 까닭이겠죠. 그러나 예수님께서는 그들의 움직임을 외면하시고, 모인 무리에게 진정으로 필요했던 하늘의 양식을 주셨습니다. 하늘에서 보고 들으신 생명의 말씀을 전하셨습니다.

그런데 무리는 예수님의 말씀이 어렵다고 믿지 않고 그 자리를 떠났습니다. 하늘에서 보고 들으신 것을 말씀하시는데도 떠났습니다. 예수님이 얼마나 안타까워 하셨을까요? 그리고 열두 제자에게 물으셨습니다. "너희도 가려느냐?" 그때 사도 베드로가 대표로 말합니다. "시몬 베드로가 대답하되 주여 영생의 말씀이 주께 있사오니 우리가 누구에게로 가오리이까 우리가 주는 하나님의 거룩하신 자이신 줄 믿고 알았사옵나이다"(요 6:68-69).

하나님 나라의 복음_예수 그리스도를 믿음

예수님을 아는 지식은 믿고 아는 것 외에는 알 길이 없습니다. 이것이 영적 질서입니다. 다 알고서 믿으려고 하면 결코 믿지 못합니다. 이것은 과학적 지식이 아니기 때문입니다. 역사 안에 있는 것은 알고 믿지만, 역사 밖에 있는 신비는 항상 믿고 묵상하므로 이해되는 것입니다. 믿는 자만이 구원받았습니다. 복음 안에서, 예수 그리스도 안에서 믿음으로 그 진리를 영접할 때 자아가 깨어지고 세계관이 뒤집어집니다. 예수님께서 역사를 깨뜨리고 오신 것처럼 예수의 복음이 모든 것을 깨뜨리고 거듭나게 합니다.

로마서 8장 18절은 말씀합니다. "생각하건대 현재의 고난은 장차 우리에게 나타날 영광과 비교할 수 없도다." 모든 그리스도인이 이 말씀을 믿습니다. 예수님을 모를 때는 이 세상이 전부입니다. 세상 영광이 전부요, 성공하고 유명세를 얻는 것이 전부이며 기쁨입니다. 그런데 그리스도를 영접한 이후에는 이것이 아무것도 아닙니다. 장차 나타날 영광과 비교해 보니 아무것도 아닙니다.

그런가하면 로마서 8장 24절은 말씀합니다. "우리가 소망으로 구원을 얻었으매 보이는 소망이 소망이 아니니 보는 것을 누가 바라리오." 예수님을 영접하기 전, 예수님을 아는 지식이 없을 때는 눈에 보이는 것만 믿었습니다. 보이는 것이 최고였습니다. 보이는 것을 움켜쥐어야 했습니다. 그런데 이제는 보이지 않는 것이 더 귀합니다. 보이지 않는 것에 소망을 두기 때문입니다. 무엇이 사람을 이렇게 변화시킵니까? 예수 그리스도를 아는 지식입니다. 그 지식 안에서 믿고 이해할 때 성령의 역사로 사람이 변화됩니다.

하나님 나라의 복음_예수 그리스도를 따름

예수님의 사역은 자명합니다. "친히 보고 들은 것을 증언하노라." 예수님은 친히 보고 들으신 것을 우리에게 전하시고 우리는 그것을 믿고 영접합니다. 그러면 그분의 말씀이 이해되기 시작합니다. 이것이 바로 하나님 나라 복음입니다. 마가복음 1장을 보면, 예수님께서는 처음부터 끝까지 하나님 나라 복음을 말씀하십니다. 부활하신 후 40일 동안에도 오직 하나님 나라의 일만을 전하셨다고 성경은 기록합니다.

예수님께서 친히 보고 들으신 하나님 나라의 비밀을 전해들은 인간은 선택의 기로에 섭니다. 믿느냐 믿지 않느냐의 문제입니다. 그래서 인류는 복음 앞에 딱 두 부류만 있습니다. 이 신비를 믿고 이해하는 사람, 아니면 무시하고 조롱하며 믿지 않는 사람, 두 가지 선택뿐입니다.

하나님을 믿기로 선택한 자는 하나님을 알고, 예수님을 알고, 성령을 알고, 천국을 알고, 영광을 알게 됩니다. 하나님께서는 그에게 하나님을 아는 지식을 날마다 채워 가십니다. 그러나 믿지 않을 때는 아무것도 없습니다. 경외도 없고, 놀람도 없고, 감사도 없고, 헌신도 없고 그 자체가 불행입니다. 그래서 본문 36절은 분명히 결론을 내립니다. "아들을 믿는 자에게는 영생이 있고 아들에게 순종하지 아니하는 자는 영생을 보지 못하고 도리어 하나님의 진노가 그 위에 머물러 있느니라."

그리스도인은 누구입니까?

예수 그리스도의 부활을 그대로 믿고 이해하며 고백하고 소망하는 자에게는 영생이 주어집니다. 다른 말로, 천국시민권이 주어졌다고 합니다.

그러나 불신하는 자에게는 영생이 없습니다. 그리고 거기서 멈추지 않고 하나님의 진노가 그들에게 임합니다. 여기서도 불행하지만 죽어서도 지옥에서 영원히 살아야 합니다. 그래서 하나님의 복음을 믿는 자에게 예수님은 복음입니다. 큰 기쁨입니다. 그러나 믿지 않는 자에게는 재앙입니다. 멸망입니다.

그리스도인은 누구입니까? 선행을 하고, 많은 공헌을 하고, 전도하고, 봉사하고, 구제하고 하는 사람이 그리스도인입니까? 그것은 삶의 결과입니다. 세상에 그런 사람은 많습니다. 안 믿는 사람 중에도 많습니다. 그리스도인은 예수님께서 친히 보고 들으신 것을 말씀하실 때 그대로 믿고 받아들이는 사람입니다. "그의 증언을 받는 자"(33절)가 그리스도인입니다. 그는 하나님께서 참되시다는 사실을 압니다. 영적인 눈을 떴기에 역사 안에, 자기 안에 갇혀 있지 않습니다. 천국을 갈망하고 보게 됐습니다. 이 모든 것이 부활하신 예수 그리스도 때문입니다. 그분 안에서 증거를 얻었습니다. 그러니 그는 하나님께서 살아계시고 참되시다고 고백할 수밖에 없습니다. 이 고백과 함께 살아가는 사람이 하나님의 자녀입니다.

그리스도인의 신앙고백의 핵심_예수 그리스도

19세기에 마취제인 클로로포름(Chloroform)을 발견한 제임스 심슨(James Simpson) 경은 그리스도인입니다. 그가 마취제를 발견하지 않았을 때는 수술할 때마다 환자가 생살을 찢는 고통을 겪어야만 했습니다. 수술을 하면 병이 낫는다고는 해도 수술의 고통이 얼마나 큰 공포였을까요? 하지만 클로로포름의 발견으로 수술의 고통과 공포가 없어지게 되었습니다. 심슨 경이 임종을 앞두고 있을 때, 그의 제자들이 그에게 물었습니다.

"선생님이 일생동안 발견한 것 가운데 가장 위대한 것은 무엇입니까?" 그들 모두는 클로로포름이라고 말씀하시겠지 예상했습니다. 그런데 그는 아주 뜻밖의 고백을 합니다. "내 생에서 가장 최고의 발견은 예수 그리스도께서 불쌍한 죄인인 나를 위해서 죽으시고, 나를 구원해 주셨다는 사실을 발견한 것입니다." 이것은 모든 그리스도인의 신앙고백입니다. 그리스도인이라면 날마다 고백할 말입니다. 예수님을 알면 알수록 더 깊은 신앙을 고백하게 됩니다.

우리는 예수님으로 말미암아 구원받아, 신령한 세계를 보고 믿습니다. 이제는 종이 아니라 자녀로서 하나님을 아버지라 부르고 그분께 기도합니다. 새 삶을 선물 받은 것입니다. 이 복음의 증인으로 사는 것이 모든 하나님의 자녀에게 주신 보편적 사명입니다. 새로운 세계를 본 하나님의 자녀들은 입을 벌려 복음을 전하지 않을 수 없습니다. '위로부터 오시는 그분이 예수 그리스도시다. 그분이 친히 보고 들으신 것을 오늘도 말씀하신다.'

그리고 증인의 증거를 통해서 불신자가 예수를 믿습니다. 세상이 뒤바뀝니다. 우리가 잘나서가 아니라, 복음이 역사를 바꾸는 능력과 권세가 있기 때문입니다. 오늘도 살아계신 예수 그리스도께서 성령 안에서 행하고 계십니다. 하나님 나라의 비밀을 전하시고, 하나님 나라의 역사를 전파하십니다. 그리스도인은 지금도 계속되는 성령의 일하심을 믿고 그분의 역사를 전파해야 합니다. 우리가 전하는 복음을 통해 성령께서 역사하실 것입니다.

기도

전지전능하신 하나님 아버지. 만물 위에 계시며 만물을 하나님 안에서 시작되게 하시고, 우리에게 복음을 주시기 위해 만물 안으로 들어오신 예수 그리스도의 놀라운 은혜를 찬양합니다. 이 놀라운 소식을 먼저 듣고 깨달은 우리가 세상의 모든 가치관과 역사관과 세계관을 변화시키는 능력 있는 하나님의 자녀들이 되게 하옵소서. 평생에 위의 것을 찾고 소망하며 하나님과 동행하는 복된 삶을 살도록 늘 함께하여 주시옵소서. 우리 주 예수 그리스도의 이름으로 간절히 기도드리옵나이다. 아멘.

11장

영생의 말씀

그 때부터 그의 제자 중에서 많은 사람이 떠나가고 다시 그와 함께 다니지 아니하더라 예수께서 열두 제자에게 이르시되 너희도 가려느냐 시몬 베드로가 대답하되 주여 영생의 말씀이 주께 있사오니 우리가 누구에게로 가오리이까 우리가 주는 하나님의 거룩하신 자이신 줄 믿고 알았사옵나이다 예수께서 대답하시되 내가 너희 열둘을 택하지 아니하였느냐 그러나 너희 중의 한 사람은 마귀니라 하시니 이 말씀은 가룟 시몬의 아들 유다를 가리키심이라 그는 열둘 중의 하나로 예수를 팔 자러라(요 6:66-71).

미국에 널리 알려진 베들레헴 침례교회의 존 파이퍼(John Piper) 목사님은 『삶을 허비하지 말라』(*Don't Waste Your Life*)라는 저서에서 자신의 체험을 소개합니다. 그의 아버지도 목사님이신데, 존 파이퍼 목사님이 아버지의 설교에서 들은 한 이야기가 그의 삶에 오래도록 영향을 끼쳤습니다. 그것은 나이 들어 회심한 어떤 노인의 이야기였습니다.

그의 아버지가 목회하는 마을에 한 사람이 있었는데 그는 신앙생활을 하지 않았습니다. 그래서 교회가 수십 년 동안 그를 위해 기도했답니다. 그런데도 그의 마음은 마치 바위 같아서 꿈쩍도 하지 않았습니다. 시간이 흘러 그가 노인이 되었을 때, 그가 어느 날 갑자기 교회를 찾아왔습니다.

그리고 예배를 마친 뒤 목사님 앞으로 오더니 교인들 앞에서 갑자기 목사님의 손을 잡았습니다. 사람들이 깜짝 놀랐습니다.

교인들이 돌아간 뒤, 둘만 남았고 목사님이 그에게 복음을 전했습니다. 그런데 하나님께서 그의 마음 문을 열어 주셨습니다. 정말 복음을 받아들이고, 죄 사함의 은총을 믿고, 하나님의 자녀 됨을 믿고, 영생의 복음을 받아들였습니다. 복음을 전해들은 그의 주름진 얼굴 위로 눈물이 주룩주룩 흘러내렸습니다. 그리고는 그가 어떤 말을 중얼중얼 반복하더랍니다. 그 한마디는 이것이었습니다. "헛살았습니다. 여태껏 헛살았습니다." 이 한마디가 어린 소년이었던 존 파이퍼 목사님의 마음을 사로잡았습니다. 그래서 이 이야기가 생각날 때마다 마치 하나님께서 자신에게 '인생은 헛살면 안 된다, 절대로 안 된다'는 경고의 메시지를 준다고 받아들였습니다. 어린 맘에도 나이 들어 '헛살았다. 인생을 헛살았다'고 고백하게 되는 상황을 상상해보니 너무 끔찍했다고 합니다. 성도 여러분은 오늘 어떤 인생을 살고 계십니까?

세상 문제의 근본 원인_죄와 죽음

예수 그리스도의 복음은 하나님의 자녀에게 새 생명을 주고 새로운 삶을 살게 합니다. 새 삶을 살게 된 하나님의 자녀는 무엇이 의미 있는 삶인지, 무엇이 영적인 삶인지, 무엇이 하나님 중심의 삶인지 분별하기 시작합니다. 그리고 믿음으로 복음 안에서 하나님의 길을 따라가게 됩니다.

이 세상에 수많은 문제의 근본적인 원인은 죄와 죽음입니다. 이 두 가지 문제를 해결하지 못하면 인생의 끝에서 '헛살았다, 허무하다, 허탄하다'라고 고백할 수밖에 없습니다. 복음은 죄와 죽음의 문제를 해결하는 유일한 답입니다.

어느 교회에서, 목사님이 젊은 부부를 상담하는데 잠깐 얘기해보니까 남편과 아내가 달라도 너무 다르더랍니다. 성격이나 삶의 방법, 습관, 취향이 정말 달랐습니다. 그런데 어떻게 결혼을 결심했는지 궁금해서 목사님이 "실례하지만, 어떻게 결혼하셨습니까?"라고 물었습니다. 그랬더니 남편이 "목사님 설교 듣고 결혼했습니다" 하고 당당하게 대답했습니다. 목사님이, 여호수아가 여리고성을 정복하는 내용으로 설교하셨는데, 그 설교를 듣고 은혜를 받아서 결혼했다는 것입니다. 그래서 목사님이 "도대체 구약에 나타난 그 이야기와 당신 결혼이 무슨 상관이 있습니까?"라고 물었습니다. 남편이 대답했습니다. "그 설교에서 목사님께서는 여호수아가 여리고성을 점령하기 위해서 일곱 번이나 그 민족과 함께 돌격했다고, 이런 믿음으로 하나님 앞에 살아가면 안 될 게 없다고, 성공이든 결혼이든 다 믿음으로 되는 것이라고 말씀하셨습니다." 그 설교에 '아멘' 하고는 한 여자를 정해놓고 일곱 번을 구애해서 결혼했다는 것입니다. 이 대답을 들은 목사님은 기가 막혔습니다.

세상 문제의 근본적인 해결책_영생의 말씀

이 남편처럼 신앙생활을 하는 사람이 너무나 많습니다. 성경은 우리에게 죄와 죽음의 문제에 대한 궁극적인 답을 주는 하나님의 말씀입니다. 성경은 하나님의 자녀에게 무조건적인 번영을 약속하지 않습니다. 하나님을 믿기만 하면 소원이 이루어지는 만사형통의 길을 보장하지도 않습니다.

'구원에 이르는 믿음'은 하나님의 뜻과 하나님께서 그 뜻대로 행하신다는 사실을 믿는 것입니다. 믿기 위해 내가 하는 것이 없습니다. 반면에 '믿음운동'은 내가 하는 것입니다. 내 뜻이 이루어지는 것입니다. 내 소원이 주 안에서 이루어진다고 '믿습니다. 믿습니다'를 반복하는 것입니다. 그러나 참된 믿음과 긍정적 사고는 다릅니다. 믿음으로 구원받지, 긍정적인 생각으로 천국 가는 것이 아닙니다. 이것을 항상 기억하며 복음 안에서 살아가야 합니다.

"너희도 가려느냐"_복음을 떠나는 이유

본문은 예수님의 말씀을 듣고 많은 사람들이 떠났다고 말씀합니다. 예수님의 제자라고 자처하며 예수님을 따라다니던 자들도 결국은 예수님을 떠났습니다. "제자 중에서 많은 사람이 떠나가고 다시 그와 함께 다니지 아니하더라"(66절). 이제 다 떠나고 열두 제자만 남았습니다. 예수님께서 말씀하십니다. "너희도 가려느냐"(67절).

21세기 들어서 한국교회가 정체되고 교인들이 교회를 떠나고 있습니다. 이 현상을 분석하고 앞으로 교회의 미래를 예측하는 글과 책들이 쏟아져 나옵니다. 저는 얼마 전에 82세 되신 독일의 유명한 신학자 한 분을 만났습니다. 그분은 지금 독일도 한국과 같은 상황이라고 걱정하셨습니다. 유럽은 한국보다 더 오래전에 교회가 텅텅 비어가기 시작했다고 합니다. 전 세계의 추세가 그렇습니다.

이런 현상에 대해 많은 신학자와 목회자가 분석을 했지만, 가장 근본적인 문제는 두 가지입니다. 첫째는 교인들이 잘못된 믿음을 가진 탓이고, 둘째는 교회가 잘못된 메시지를 선포했기 때문입니다. 본문을 보면 예수님을 떠나는 큰 무리는 핍박이 있거나 죽음의 위기가 있어서 떠난 것이 아닙니다. 그냥 예수님의 말씀이 어렵고 싫어서 떠났습니다. 예수님이 전하신 말씀이 영생의 복음인데 그것이 싫어서 떠났습니다.

영생의 말씀과 어리석은 무리

이 말씀의 정황을 잘 이해하려면 요한복음 6장 전체를 파악해야 합니다. 6장 앞부분을 보면 예수님께서 그 유명한 오병이어의 이적을 나타내십니다. 떡 다섯 개와 물고기 두 마리로 무려 5,000명의 성인들을 먹이십니다. 그러고도 남은 음식이 열두 광주리나 되었습니다. 이 사건을 목격한 수천 명의 무리가 깜짝 놀랐습니다. 그래서 그들은 예수님을 왕으로 모시려고 했습니다. 하지만 예수님께서는 피하셨습니다. 몰래 산에 가시어 기도하셨습니다. 그러자 이들은 예수님을 찾기 위해서 혈안이 되었습니다. 밤새 예수님을 찾고 그 다음날까지도 계속 찾은 것 같습니다. 결국은 갈릴리 호수 건너까지 찾아왔습니다.

이제 예수님께서 그 무리를 향하여 영생의 복음, 곧 복음의 극치를 말씀해 주십니다. 그 내용이 26절부터 기록되어 있습니다. "예수께서 이르시되 나는 생명의 떡이니 내게 오는 자는 결코 주리지 아니할 터이요 나를 믿는 자는 영원히 목마르지 아니하리라"(35절). 그리고 설교 가운데 결론으로 이렇게 말씀하십니다. "내 아버지의 뜻은 아들을 보고 믿는 자마다 영생을 얻는 이것이니 마지막 날에 내가 이를 다시 살리리라 하시니라"(40절).

그런데 무리는 예수님의 말씀을 제대로 이해하지 못합니다. "자기가 하늘에서 내려온 떡이라 하시므로 유대인들이 예수에 대하여 수군거려 이르되 이는 요셉의 아들 예수가 아니냐 그 부모를 우리가 아는데 자기가 지금 어찌하여 하늘에서 내려왔다 하느냐"(41-42절). 그들은 예수님의 말씀을 믿지 못했습니다. 그러자 다시 예수님께서 말씀하십니다. "나를 보내신 아버지께서 이끌지 아니하시면 아무도 내게 올 수 없으니 오는 그를 내가 마지막 날에 다시 살리리라"

그리고 47절과 48절에서 말씀합니다. "진실로 진실로 너희에게 이르노니 믿는 자는 영생을 가졌나니 내가 곧 생명의 떡이니라." 그리고 이어서 "내 살을 먹고 내 피를 마시는 자는 영생을 가졌고 마지막 날에 내가 그를 다시 살리리니 내 살은 참된 양식이요 내 피는 참된 음료로다"(54-55절)라고 말씀합니다. 지금 예수님께서 복음의 극치를 스스로 전해 주십니다. 하나님의 계시를 알려 주십니다. 하지만 그들의 반응은 여전합니다. "제자 중 여럿이 듣고 말하되 이 말씀은 어렵도다 누가 들을 수 있느냐 한대"(60절). 어렵다고 하다가 다 예수님을 떠나버렸습니다.

영생의 말씀에 대한 반응_어렵다

말씀이 어려운 이유는 대부분 내가 이해력이 부족한 탓입니다. 그런데 자기는 돌아보지 않고 무조건 어려우면 그냥 귀를 닫아버리는 사람들이 많습니다. 어렵다는 것이 곧 틀렸다거나 진리가 아니라는 의미도 아닌데 말입니다. 말씀이 어렵게 느껴진다면 이해해 보려고 더 귀를 쫑긋 기울이고 집중하는 것이 말씀을 받는 자의 올바른 태도일 것입니다.

사실, 하나님의 말씀은 절대 쉽지 않습니다. 성경 어디에 쉬운 말씀이 있습니까? 성경은 그 많은 말씀들 가운데 핵심적인 것, 말하자면 명료한 결론을 기록했기 때문에 구체적으로 이해하려면 더 깊이 묵상해야 합니다.

우리가 한 철학자의 사상을 깨달으려면 얼마나 많은 시간을 씁니까? 이 세상 어느 철학, 어느 사상이든 누구나 쉽게 이해할 수 있는 것은 없습니다. 하물며 하나님을 아는 지식, 하나님의 지혜와 능력이 녹아든 말씀을 어떻게 한 번에 이해하겠습니까? 하나님의 말씀은 깊고 오묘합니다. 그래서 역사적으로 보면 교회가 쇠퇴하는 시기에 나타나는 현상이 설교가 짧아지는 것입니다. 세상이, 교인들이 자꾸 쉽고 짧은 설교를 요구하기 때문입니다. 실제로 영국교회의 10년 전 기록을 보면 평균 설교 길이가 7분이었습니다. 7분 동안 하나님의 진리를 얼마나 깊이 있게 전할 수 있을지 의문입니다.

성경을 보십시오. 예수님의 말씀도 어려웠습니다. 집중해서 듣지 않으면 이해하기 힘들었습니다. 계속 인내하며 반복해서 들어야 깨달아집니다. 사도들이나 종교개혁자들은 깊은 메시지, 오늘날 표현으로 '어려운 메시지'를 오랜 시간 전했습니다. 칼뱅 목사님의 설교는 세 시간이 기본이었습니다.

영생의 말씀에 대한 반응_떠남

불과 얼마 전까지만 해도 밤새 예수님을 찾으러 산을 넘고 물을 건너던 사람들이 어떻게 예수님을 떠날 수 있습니까? 그들의 열정은 다 어디로 갔습니까?

이들이 예수님을 떠날 수밖에 없었던 건, 첫 번째로 영생의 복음의 결과가 그렇기 때문입니다. 다시 말해서 복음이 전해지는 현장에서는 그 자리에서 믿든지, 떠나든지 둘 중에 하나입니다. 그러므로 떠난 자들은 복음을 거절한 셈이었습니다.

둘째, 불신앙의 원인에 이유가 있습니다. 다시 말해서 떠난 사람들의 마음이 문제입니다. 그들은 잘못된 소망을 가졌습니다. 세속적 욕망을 가졌습니다. 그들은 자신의 죄 때문에 예수님을 떠났습니다. 오늘 본문의 사건을 생각해 보십시오. 그들의 열심도 잘못입니다. 그들의 불신앙도 잘못입니다. 복음 외에 다른 소원을 가지고 하나님께 나와서는 안 됩니다.

복음을 모르는 사람은 어쩔 수 없다고 하지만, 내가 스스로 하나님의 자녀라고 하는 천국 백성은 오직 복음 안에서 예수님을 소망하며 하나님 앞으로 나와야 합니다. 부와 건강도, 자기 소원도, 민족의 소원도 하나님 앞에 나오는 이유가 아닙니다. 결국 떠난 자들은 예수님의 지혜와 능력으로 자신의 소원을 이루고 싶었습니다. 그래서 따라다녔는데, 예수님께서 이상한 소리를 하십니다. 세상 문제에 대한 답은 안 주시고 온통 하나님 나라 이야기만 하십니다. 그래서 떠납니다. 오늘도 이런 이유로 교회를 떠나는 사람들이 계속 늘어나고 있습니다.

영생의 말씀에 대한 반응_복음과 욕망의 혼합

가룟 유다는 예수님과 그렇게 많은 시간을 함께했는데도 예수님을 팔아넘겼습니다. 그가 예수님과 얼마나 친분이 있었느냐는 문제와는 별개로 그는 영생의 복음을 듣고도 믿지 않았습니다. 오히려 그의 마음속에 는 잘못된 욕망이 도사리고 있었습니다. 가룟 유다가 주범으로 지목되지만 베드로와 다른 제자들도 예수님이 위험에 처한 상황에서 크게 다르지 않은 행보를 보였습니다. 하지만 그들이 가룟 유다와 다른 점은 영생의 복음을 믿었다는 것입니다. 그래도 세속적이고 헛된 욕망이 그들을 사로잡고 있었기에 그들은 예수님께서 십자가를 지시니까 다 도망갔습니다. 얼마나 허탄한 인생입니까? 얼마나 후회했겠습니까?

더 기가 막힌 것은 그 다음입니다. 가룟 유다가 죽고 나머지 제자들은 부활하신 예수님을 만났습니다. 그리고 예수님께서 승천하시는 모습을 두 눈으로 목격했습니다. 그런데 사도행전 1장을 보면 마지막 순간까지도 제자들의 질문이 고작 이것입니다. "우리 이스라엘 나라를 언제 회복합니까? 이 나라가 언제 자유와 번영을 찾습니까?" 이것이 마지막 질문입니다. 인간의 거짓된 욕망을 여실히 드러내는 질문입니다.

결국 성령께서 내려오심으로 그들이 변화되었습니다. 이 무서운 욕망, 세속적 욕망이 복음을 가립니다. 복음을 믿지 못하게 합니다. 복음과 뒤섞여 결국은 하나님의 영광을 가리게 됩니다. 예수님께서 가룟 유다에게 '네가 마귀'라고 지목하셨습니다. 가룟 유다는 처음부터 그런 사람이 아니었습니다. 마귀의 생각으로 가득 찼기 때문에, 하나님의 생각으로 가득 차지 못했기 때문에 사탄의 하수인이 된 것입니다.

독일의 물리학자 아인슈타인(Albert Einstein)은 돈에 전혀 관심이 없는 과학자였습니다. 어느 날 미국의 록펠러 재단에서 그에게 연구기금을 보내왔습니다. 1,500달러짜리 수표가 그에게 전달되었습니다. 당시 화폐가치로 치면 굉장히 큰돈입니다. 이 수표를 현금으로 바꿔서 연구기금으로 써야 하는데, 돈에 별로 관심이 없으니까 그걸 그냥 책상서랍에 넣어두었습니다. 그러다가 그 수표를 책갈피로 쓰게 됩니다. 며칠 뒤, 그 수표랑 책이 없어졌습니다. 얼마나 큰일입니까? 그런데 그는 연구원을 불러서 남 얘기하듯 말했습니다. "돈이 좋긴 좋은 모양이야. 책까지 돈을 보고 따라갔어."

돈, 명예, 권력, 번영, 안정적인 기반이 아예 필요 없다는 말이 아닙니다. 이것이 복음보다 더 크게 생각되는 것이 문제입니다. 복음 안에서 물질적인 가치를 다시 생각해야 하는데 영생의 복음을 듣고도 계속해서 눈에 보이는 가치를 향해 달려가니 참으로 안타깝습니다. 이런 사람은 하나님의 사람이 아닙니다. 결국 언젠가는 떠납니다. 그러나 성령의 역사 가운데 예수님의 제자들은 변합니다. 거듭납니다. 오직 예수 그리스도의 복음을 믿어서 변화됩니다. 변화된 자들이 또 복음을 전파하고 복음을 통해 성령께서 역사하심으로 또 다른 사람이 거듭나 하나님의 사람이 됩니다.

영생의 말씀_예수 그리스도의 복음의 궁극적 약속

예수 그리스도의 복음이 궁극적으로 약속하시는 바는 무엇입니까? 영생(Eternal Life)입니다. 영원한 삶입니다. 이것은 하나님 나라의 삶을 말합니다. 영생을 소유해야만 하나님 나라의 삶을 시작하고 완성할 수 있습니다.

본문을 보면 예수님이 한 편의 설교에서 얼마나 많이 영생을 언급합니까? "내 아버지의 뜻은 아들을 보고 믿는 자마다 영생을 얻는 이것이니 마지막 날에 내가 이를 다시 살리리라 하시니라"(요 6:40). 영생에 관해 반복해서 언급하십니다. 영생은 우리가 육체의 숨을 쉬며 사는 것과는 다릅니다. 영생은 하나님께서 사시는 생명입니다. 한마디로 하나님의 생명이 영생입니다.

하나님께서 사시는 생명만이, 영생만이 죄의 문제를 해결합니다. 죽음의 문제를 해결합니다. 세상 문제의 궁극적인 해결책인 영생의 가치를 알고 사는 사람이 하나님의 사람입니다. 다이아몬드의 가치를 모르는 사람에게 다이아몬드는 그저 반짝이는 돌덩이에 지나지 않듯이 영생의 가치를 알아야 그것의 소중함을 압니다. 영생의 가치는 무엇과도 바꿀 수 없습니다.

예수님께서 십자가에 죽으시면서 주신 은혜의 선물이 영생입니다. 그 영생으로 말미암아 우리가 죄 사함을 받고, 하나님의 자녀가 되고, 천국백성이 됩니다. 영생을 받지 못하면 죄 사함도, 하나님과 동행하는 삶도, 천국도 없습니다. 천국의 영광은 거듭난 하나님의 자녀에게만 허락됩니다.

거듭난 하나님의 자녀는 영생을 소유합니다. 그런데 대부분의 교인들이 이 영생을 죽은 다음에 받는다고 생각합니다. 영생은 복음을 믿는 즉시 주어집니다. 복음을 듣고 예수 그리스도를 영접한 사람은 죽은 후가 아니라 지금부터, 여기서 영생을 소유한 자로 살아갑니다.

영생의 말씀_오직 예수 그리스도 안에서

요한복음 17장 3절은 예수님께서 십자가를 지시기 바로 직전에 주신 말씀입니다. "영생은 곧 유일하신 참 하나님과 그가 보내신 자 예수 그리스도를 아는 것이니이다." 오직 복음을 믿음으로, 하나님의 은혜로 영생을 받습니다. 영생의 말씀을 그대로 믿음으로 영생이 내 것이 됩니다. 그리고 영생을 소유한 자는 더 깊은 영생의 비밀을 알고자 하는 거룩한 욕망이 생깁니다. 영생의 가치를 알기 때문입니다.

우리는 사도신경을 통해 늘 고백합니다. "죄를 사하여 주시는 것과 몸이 다시 사는 것과 영원히 사는 것을 믿사옵나이다." 신앙고백의 결론입니다. 영생의 말씀을 믿는 자는 그 말씀을 누리며 살아갑니다. 그래서 썩어질 몸에 큰 관심이 없습니다. 다시 사는 몸, 그 몸을 바라보고 기뻐하며 오늘을 삽니다. 그리고 세상보다는 영원히 살게 될 하나님의 나라에 관심이 있습니다.

영생의 말씀을 믿는 자의 심령에서 영생의 말씀이 역사합니다. 그 말씀이 그대로 믿어지고 말씀이 사실임을 인정하게 됩니다. 그리고 말씀을 자꾸 생각하고 묵상합니다. 영생의 말씀을 믿는 믿음 위에 교회가 세워졌고, 기독교가 시작되었습니다.

영생의 말씀에 집중합시다

영국의 유명한 소설가이자 시인이며 독실한 크리스천인 월터 스코트 (Walter Scott) 경이 임종을 앞두고 비서를 불렀습니다. "여보게, 책 좀 갖다 주게. 책을 읽고 싶어." 서재에는 수천 권의 책이 있었습니다. 그래서 비서가 "무슨 책을 갖다 드릴까요?"라고 물었더니, 그가 대답했습니다. "이 사람아, 성경이지 뭐야. 하나님 앞에 가는 사람이 지금 무슨 책이 필요해? 성경 외에." 성경은 예수 그리스도에 대한 증거입니다. 예수 그리스도는 우리에게 영생의 복음을 전해줍니다.

성도 여러분은 왜 예수님을 믿고 따르고자 합니까? 왜 하나님 앞에 나아가 예배를 드리며 하나님의 말씀을 듣기 원합니까? 영생의 소망 외에, 복음 외에 다른 것이 중요하다면 예수님을 따르는, 예배에 나가는 발걸음을 멈추십시오. 그리고 발걸음만이 아니라 여러분의 마음까지 돌이키십시오. 회개하십시오. 하나님께서 여러분의 마음 중심을 아십니다. 그리고 성령님께 간절히 기도하십시오. "새 마음을 주소서. 영생을 내게 주소서. 영생의 가치를 알고, 복음의 열정을 가지고 헌신된 삶을 살게 하소서."

그리스도인은 영생의 말씀에 집중해야 합니다. 사탄은 자꾸 영생의 말씀에 다른 것을 섞으려고 합니다. 사소한 것으로 말씀을 희석시킵니다. 성령께서는 영생의 말씀으로 돌아가게 하십니다. 기억하게 하십니다. 하나님은 영생의 말씀에 집중하고 감사하는 이에게 구하지 아니한 것도 주십니다.

영생의 말씀을 받은 자는 놀라운 하나님의 역사에 대한 증인으로 오늘을 살아가야 합니다. 모든 순교자와 하나님께 헌신한 사람들은 정말 용기 있고 충성된 사람들이었습니다. 그들 안에 영생이 있기 때문입니다. 영생을 소망했기 때문입니다. 그래서 그들은 영생의 길을 찾아다녔습니다. 이

길만이 하나님께 영광을 돌리는 길입니다.

하나님께서 시작하신 영생의 복음은 이미 우리 안에서 살아 역사합니다. 영생은 이미 우리 안에 새로운 삶으로, 새로운 가치로 시작되었습니다. 그러나 아직 완성되지는 않았습니다. 마지막 날에 천국에서 완성됩니다. 하나님의 영광 안에서, 그 은혜와 진리 앞에서, 예수 그리스도 안에서, 성령 안에서 이루어집니다. 영생의 소망이 이루어지는 그날을 고대하며 오늘을 사는 그리스도인이 되시기 바랍니다. 하나님께서 여러분과 함께 하실 것입니다.

기 도

전지전능하신 은혜의 하나님. 오직 예수 그리스도의 복음을 믿어 하나님의 자녀가 되었지만, 영생의 가치를 알지 못하고, 영생의 지혜와 능력을 깨닫지 못한 우리를 불쌍히 여겨 주옵소서. 영생의 복음 외에 다른 것을 갈망하며 하나님 앞에 나오지 않도록 저의 마음을 정결케 하여 주옵소서. 영생의 삶에는 기쁨과 찬양과 놀라움이 있음을 우리가 알건만, 세상의 길로 나아가 또다시 허탄한 인생을 살며, 허황된 생각 속에 하나님을 배반하고 복음을 거절하는 미련한 삶을 용서하여 주시옵소서. 오직 영생의 말씀을 향한 열정을 가지고 영생을 맛보며 살기를 원합니다. 그래서 이 땅에서 하나님의 지혜와 능력을 나타내며, 천국의 영광을 누리는 형통한 삶을 살게 하옵소서. 우리 주 예수 그리스도의 이름으로 간절히 기도드리옵나이다. 아멘.

— 12장

내 이름으로 보내실 성령

내가 아직 너희와 함께 있어서 이 말을 너희에게 하였거니와 보혜사 곧 아버지께서 내 이름으로 보내실 성령 그가 너희에게 모든 것을 가르치고 내가 너희에게 말한 모든 것을 생각나게 하리라 평안을 너희에게 끼치노니 곧 나의 평안을 너희에게 주노라 내가 너희에게 주는 것은 세상이 주는 것과 같지 아니하니라 너희는 마음에 근심하지도 말고 두려워하지도 말라 내가 갔다가 너희에게로 온다 하는 말을 너희가 들었나니 나를 사랑하였더라면 내가 아버지께로 감을 기뻐하였으리라 아버지는 나보다 크심이라 이제 일이 일어나기 전에 너희에게 말한 것은 일이 일어날 때에 너희로 믿게 하려 함이라 이 후에는 내가 너희와 말을 많이 하지 아니하리니 이 세상의 임금이 오겠음이라 그러나 그는 내게 관계할 것이 없으니 오직 내가 아버지를 사랑하는 것과 아버지께서 명하신 대로 행하는 것을 세상이 알게 하려 함이로라 일어나라 여기를 떠나자 하시니라(요 14:25-31).

마르코 폴로(Marco Polo)는 『동방견문록』이라는 책의 저자로 잘 알려진 사람입니다. 1271년, 열일곱 살의 나이에 고향인 이탈리아의 베니스를 떠나, 아버지와 삼촌과 함께 중국을 여행하기 시작했습니다. 마르코 폴로는 중국 여행을 통해서 중국에 대한 상세한 보고서를 최초로 서양에 알렸는데, 3년 반 동안 9,000킬로미터를 여행한 뒤에 중국 황제 쿠빌라이 칸을 알현했습니다. 그는 4개 국어를 능통하게 쓸 줄 알아 칸 황제에게 밀사로 임명되어서 특별한 임무를 수행하게 됩니다. 그렇게 칸 황실에서 17년 동안이나 일하다가, 고향 베니스로 돌아가게 됩니다. 그 뒤에 전쟁에 참여했다가 감옥에 갇히게 되는데 거기서 글재주가 탁월한 사람을 만납니다. 마르코 폴로는 그에게 자기가 중국에서 생생하게 경험했던 일을 말해주었고, 그가 그 내용을 대필했습니다. 그렇게 해서 나온 책이 바로 『동방견문록』입니다.

이 책은 당시 사회에 엄청난 영향을 끼쳤습니다. 책의 제목은 원래 '다른 세상 이야기'였는데, 일반에는 '백만 가지 거짓말'이라는 제목으로 알려졌습니다. 그렇듯 많은 사람들이 마르코의 이야기를 믿지 않고 의심했습니다. 심지어 1324년, 그가 숨을 거두기 전에 신부가 그에게 마지막 임종 순간이니 황당한 거짓말은 그만하고 회개하고 하나님께 가라고 당부합니다. 그때 마르코가 말했습니다. "신부님, 저는 제가 본 것의 절반도 다 이야기하지 않았습니다." 분명한 사실이 있는데도 내가 이해되지 않는다고, 경험하지 못했다고, 믿어지지 않는다고 사실을 사실로 받아들이지 않다니….

성령 하나님과 기독교

여러분은 얼마나 성령 하나님의 존재와 능력을 믿고 신뢰하며 하루하루를 살아가십니까? 세상에서 가장 안 믿는 기독교 진리가 바로 성령 하나님에 대한 진리입니다. 예수님께서는 역사적인 인물이시니까 부분적으로나마 믿습니다. 그런데 성령 하나님은 아예 통째로 안 믿습니다. 제 경험으로는 그리스도인이라고 칭하는 사람들의 상당수가 그런 것 같습니다. 오랫동안 교회생활을 했다고 하면서도 성령 하나님을 신뢰하지 않습니다. 그의 대화 가운데 '성령 하나님'이라는 단어가 나오지 않습니다. 성령 하나님께서 계시지 않는다면 그리스도인이라는 존재 자체가 없습니다. 성령 하나님이 없이는 거듭남도 없기 때문입니다.

또 성령 하나님께서 안 계시면 하나님의 교회 자체가 없습니다. 교회의 창시자는 성령 하나님이십니다. 그러므로 성령 하나님께서 안 계시면 교회는 하나의 종교기관일 뿐, 살아계신 하나님의 교회가 아닙니다. 성령 하나님께서 안 계시면 거듭남의 역사도 없고, 죄 사함도 없습니다. 하나님의 자녀 됨도 없고, 진리도 깨닫지 못합니다. 성령 하나님께서 안 계시다면 성령의 열매도 맺지 못하고, 하나님의 깊은 뜻을 알지도 못하고, 주와 동행하는 삶도 없습니다. 성령 하나님께서 안 계시면 신령한 복이 무엇인지 깨닫지도 못하고, 누리지도 못합니다.

예수님께서 십자가를 지시고, 부활하시고, 승천하셨습니다. 예수님께서 승천하시면서 보내 주신 분이 성령님이십니다. 그러므로 승천 이후에 주께서 다시 오시는 그날까지는 성령의 시대입니다. 우리는 성령의 시대를 살고 있습니다. 그러므로 그리스도인은 성령에 속한 사람입니다. 성령을 모르는 사람은 그리스도인이 아닙니다. 성령의 능력과 통제 안에서 성령을 신뢰하며 살아가는 사람이 하나님의 사람입니다.

성경을 보십시오. 특히 사도행전을 보십시오. 사도행전을 일명 '성령행전'이라고도 말합니다. 하나님께서 역사하시고, 하나님의 지혜와 능력이 나타나고, 하나님의 사람이 거듭나는 그 모든 일에 "성령께서 충만하여"라는 기록이 나오기 때문입니다. 성령의 역사가 아니고는 증인도 없고, 순교자도 없고, 하나님의 지혜와 능력도 나타나지 않습니다.

성령 하나님에 대한 왜곡

오늘날 기독교 안에서 성령 하나님에 대하여 잘못된 신앙생활을 하는 세 가지 경우가 있습니다.

첫째가 성령 하나님의 존재와 능력 자체를 신뢰하지 않는 것입니다. 그래서 날마다 자기 삶을 의탁하지 않습니다. 이것은 사탄의 역사입니다. 분명 내가 거듭나고 하나님의 자녀가 된 것이 성령의 역사인 것을 알고 고백하면서도 일상에서는 성령님과 아무 관련 없는 듯 살고 있으니 그렇습니다. 그러므로 우리는 날마다 성령께 내 삶을 의탁하고 기도하며 살아가야 합니다.

둘째는 성령의 능력을 소멸하는 것입니다. 불의한 자와 불경한 자에게는 성령의 능력이 소멸됩니다. 내가 죄악과 함께 죄 가운데 살 때는 성령의 능력이 나타나지 않습니다. 분명 모든 그리스도인 안에는 성령께서 계십니다. 하지만 그리스도인도 인간의 탐욕으로 가득하면 성령의 지혜와 능력을 소멸합니다. 그래서 그리스도인은 항상 회개하여야 합니다. 그럴 때 성령의 능력이 소생됩니다.

셋째는 성령의 역사를 왜곡하는 것입니다. 이것이 가장 큰 죄입니다. 성령님을 단지 내 소원을 들어주시는 분으로 전락시켜 헛되이 성령님을 부릅니다. 그래서 성령님을 단순히 병을 고쳐주시고, 실패를 성공으로 인도해 주시는 존재로 한정합니다.

얼마 전부터 한국교회에 치유집회라는 것이 많아졌습니다. 심지어는 주일예배 때도 치유집회 형식으로 예배를 드리는 교회가 있습니다. 생각해보십시오. 하나님은 분명 만복의 근원이시지만 몇 날 몇 시에 모이면 병을 고쳐주겠다는 말씀은 절대 안하십니다. 사도들이 앉은뱅이를 일으키고 죽은 자를 살려냈지만, 그렇다고 사도들이 '여기로 와라. 지금 능력이 나타났으니까 내가 다 고쳐주마'라고 말한 적은 한 번도 없었습니다. 성령께서 하시는 일이기에 자기도 놀라고 있는데, 하물며 어느 예배시간에 오면 성령을 체험하고 문제가 해결된다고 말할 수 있겠습니까? 이런 메시지를 전하는 목회자가 있다면 그는 영적 사기를 치고 있는 것입니다.

또 하나는 분위기입니다. 아주 좋은 음악을 반복해서 틀고, 크게 소리내게 하고, 거기다가 조명도 살짝 낮추고, 인도자는 눈물로 호소하며 간증하면서 분위기를 조장하고서는 성령의 은혜를 받았다고 하는데, 이것은 기독교진리가 아닙니다. 비인격적인 것입니다. 성경에는 이렇게 분위기를 조장해서 성령님의 은혜를 받게 하는 장면이 어디에도 없습니다. 은혜는 성령 하나님께서 주시는 선물입니다. 인간이 떼를 쓰거나 노력한다고 성령의 은혜를 반드시 받는 것이 아닙니다.

내 이름으로 보내실 성령_약속의 선물

본문에서 말씀합니다. "내 이름으로 보내실 성령." 십자가를 지시기 바로 전날 이 말씀을 주십니다. 그리고 "후에 너희가 알리라" 하는 약속을 받습니다. 즉 인간의 노력으로는 성령을 받지 못합니다. 성령 받는 법은 간단합니다. 말씀을 듣고 믿음으로 받습니다. 그리고 하나님의 때에 주시니까 믿고 기다립니다.

대표적으로 잘못된 성령 받는 법 가운데 하나가 헌신을 해야 성령을 받는다는 것입니다. 성경도 많이 보고, 기도도 많이 하고, 선행도 많이 하고, 헌금도 많이 내야 성령을 받는다고 합니다. 특별 집회나 특별 안수를 통해서 성령을 받는다고도 하는데 다 거짓입니다. 성경에는 그런 말씀이 없습니다. 성령께서는 하나님의 뜻대로, 스스로 역사하십니다. 우리는 그냥 놀라고 감사할 뿐입니다.

갈라디아서 3장 2절에서 3절은 말씀합니다. "내가 너희에게서 다만 이 것을 알려 하노니 너희가 성령을 받은 것이 율법의 행위로냐 혹은 듣고 믿음으로냐 너희가 이같이 어리석으냐 성령으로 시작하였다가 이제는 육체로 마치겠느냐." 듣고 믿음으로 받은 성령을 마치 자기가 특별해서, 열심히 뭔가를 해서 받는다고 말하는 것은 기독교가 아닙니다. 성령은, 약속된 선물입니다. 예수님께서 성령을 보내 주신다고 이미 약속하셨고 우리는 그 약속을 믿음으로 성령을 받습니다.

내 이름으로 보내실 성령_삼위일체

요한복음 14장 본문은 '성령'이라는 이름이 성경에 처음 나온 부분입니다. 이 본문 이전에는 성령이라는 호칭을 몰랐습니다. 이전에는 성령에 대한 다른 두 가지 호칭이 있었습니다.

첫째가 '보혜사'입니다. 이 호칭은 요한복음 14장 16절과 26절에 기록되어 있습니다. 보혜사는 헬라어로 '파라클레토스'인데, '파라'는 '곁으로' 또는 '함께'라는 의미로 영어의 'with'와 같은 접속어입니다. '클레토스'는 '부르심'입니다. 그래서 '파라클레토스' 하면 '곁으로 부르신다'는 뜻입니다. 의미적으로는 함께 계셔서 변호해 주시고, 위로해 주시고, 변론해 주신다는 뜻입니다. 이것이 보혜사입니다. 성경에 보혜사가 두 분 나옵니다. 첫 번째 보혜사는 예수 그리스도입니다. 그리고 두 번째 보혜사가 성령입니다. 그래서 성경은 성령을 '다른 보혜사'로 기록합니다.

두 번째는 요한복음 14장 17절에 기록된 대로 '진리의 영'입니다. 본문은, "그는 진리의 영이라" 말씀하는데 명확하게 그 호칭과 더불어 무슨 일을 하시는지를 알려 줍니다.

성령께서는 항상 진리와 함께 역사하십니다. 사도행전 1장 8절도 말씀합니다. "성령이 너희에게 임하시면 너희가 권능을 받고." 그 능력은 진리의 능력입니다. 그래서 진리는 온데간데없고 이적만을 구하는 것은 기독교 신앙이 아닙니다. 사탄에게도 그런 능력은 있습니다. 인간 중에도 그런 능력을 가진 사람이 있습니다. 성령께서는 항상 진리와 함께 역사하십니다.

본문 26절은 "내 이름으로 보내실 성령"(26절)이라고 말씀합니다. '성령'이라는 이름을 처음으로 우리에게 밝히십니다. 성령께서 누구이신지를 우리에게 알려 주시는 말씀입니다. "내 이름"이란 예수 그리스도의 이름이고, "보내실" 분은 하나님이십니다. 다시 말해서 성령 하나님께서는 예수님의 영임과 동시에 하나님의 영입니다. 이것을 삼위일체라고 합니다. 삼위일체의 진리를 알지 못하면서 신앙생활을 하면, 신앙이 빗나가기 십상입니다. 그 대표적인 예가 유대교와 이슬람교입니다. 기독교 교리를 왜곡하여 생겨난 이단은 모두 삼위일체 진리를 잘못 해석합니다. 성령은 하나님의 영임과 동시에 예수 그리스도의 영입니다.

성령의 사역_하나님과 예수님을 알게 하심

성령께서 진리의 영으로 무슨 일을 하십니까? 하나님을 알게 하시고 예수님을 알게 하십니다. 성령님이 하나님의 영이시며 예수 그리스도의 영이시기 때문에 그렇습니다. 이것이 본질적인 성령의 사역입니다. 성령이 아니고서는 하나님도 예수님도 알지 못합니다. 그분을 알게 하시고, 그분을 만나게 하시고, 그분을 체험하게 하시고, 그분의 뜻을 알게 하시는 것이 성령의 역사입니다. 인간의 소원을 성취하는 것이 성령님의 주된 사역이 아님을 기억하십시오.

어느 교회에서 있었던 일입니다. 예배가 끝나자 어떤 사람이 목사님에게 다가와서 이렇게 말했습니다. "목사님, 목사님이 설교하시는 중에 성령께서 제게 '네게 꼭 필요한 대학 등록금을 목사님께 달라고 하면 주실 거다' 하고 말씀하셨습니다." 그러자 목사님이 대답하셨습니다. "거참 이상한 일이네요. 제게 등록금이 없다는 걸 성령님께서 잘 아실 텐데 그렇게 말씀하셨단 말이에요? 정말 성령 하나님이 그렇게 말씀하신 게 맞나요?"

우스갯소리 같지만, 우리는 종종 이 함정에 빠집니다. 저는 예전에 청년들로부터 이런 상담을 많이 받았습니다. 예를 들어, 한 청년이 기도를 많이 합니다. 새벽기도도 나오고, 신앙생활을 열심히 합니다. 아예 기도를 안 하는 청년들은 성령을 알지도 못합니다. 그런데 이 청년이 제게 와서 "목사님, 제가 결혼을 놓고 기도했는데 어떤 사람과 결혼하라는 말씀을 주셨습니다. 그래서 그를 찾아가 결혼하자고 하니까 자기는 못하겠다고 그러는데, 도대체 어떻게 된 겁니까?" 물론 하나님께서 정말 그런 확신을 주셨을 수도 있겠죠. 하지만 하나님은 진리의 성령과 함께 그런 확신을 주신다는 사실을 기억하십시오. 그래서 제가 성경말씀을 근거로 얘기했습니다. "하나님께서 역사하실 때는 너에게만 음성을 주시는 것이 아니라 저쪽에도 주시니까 그때까지 기다려라." "왜요?" "아니면, 그것은 너의 집착이다."

성령은 하나님의 영, 그리스도의 영

성도 여러분, 우리 주변에 이런 일이 많습니다. 일반 성도뿐만 아니라 목회자나 신학자의 경우에도 성령론에 대해 잘못 이해하고 가르치는 경우가 허다합니다. 제가 미국에서 신학 공부를 할 때, 박사학위를 가진 한 분을 만났습니다. 그는 열정도 있으시고 기도도 열렬히 하신다고 알려진 분입니다. 또 부지런하기가 둘째가라면 서러울 정도에다 남의 어려움을 보고 그냥 넘어가지 못하는 분입니다. 그런데 성령론만 나오면, 도대체 이 사람이 불교신자인지 목사인지 분간할 수가 없었습니다. 그러다가 이분이 어느 큰 교회에서 담임목사를 청빙한다는 소식을 듣고 이력서를 냈습니다. 여러 분들이 이력서를 냈는데, 다들 신학 석사나 박사를 하신 분들이었습니다. 그런데 이분이 성령께서 자기가 이 교회에 담임목사로 부임할 것이라고 말씀하셨다면서 확신에 차 있었습니다. 그렇게 말하고는, 이분이 아침마다 그 교회를 한 바퀴씩 돌았습니다. 여리고성 돌듯이 말입니다. 결과는 어떻게 되었을까요? 당연히 청빙을 받지 못하셨답니다. 성령께서 누구신지 모르는 탓에 이런 일들이 일어납니다.

제가 아는 한 외국인은 네팔에서 일하는 신학박사입니다. 네팔 같은 나라에서 박사학위를 할 정도면 상당한 지식인이고 영향력이 있는 분입니다. 이분은 한 번에 만 명, 2만 명씩 놓고 집회를 합니다. 그런데 이분이 직접 이런 이야기를 했습니다. 성령께서 역사하셔서 옷을 벗으라고 하셨답니다. 그래서 웃통을 벗고 돌아다녔는데 사람들이 자기한테 욕을 하더랍니다. 그런데 이것이 성령의 역사라고 확신했습니다.

하지만 이것은 하나님의 뜻이 아닙니다. 성령께서는 하나님을 알게 하시고, 예수님을 알게 하시고, 삼위 하나님의 뜻을 알게 하십니다. 우리 주님께서 처음으로 성령을 주시면서 하시는 말씀입니다. "내 이름으로 보내실 성령." 성령님께서는 하나님의 영이시요, 그리스도의 영입니다.

성령의 사역_가르치고 깨닫게 하심

주님은 명확히 말씀하십니다. "보혜사 곧 아버지께서 내 이름으로 보내실 성령 그가 너희에게 모든 것을 가르치고 내가 너희에게 말한 모든 것을 생각나게 하리라"(26절). 이 말씀을 항상 성령 하나님과 연결지어 기억해야 합니다. 성령께서 무슨 일을 하십니까? 가르치시고 생각나게 하십니다. 진리의 영으로, 하나님과 예수님에 관해서 가르치시고 생각나게 하시는 분이 성령님이십니다. 하나님께서 누구시고, 예수님께서 누구시고, 그분의 말씀이 무엇이고, 그분의 뜻이 무엇이고, 오늘 무엇을 하고 계시는지, 그 모든 것을 다 가르치시고 생각나게 하십니다. 이분이 성령이십니다.

그 당시에는 성경이 없었습니다. 신약성경은 없고 구약성경만 있을 때입니다. 그것도 파피루스(papyrus)라고, 양 가죽에다가 쓴 것입니다. 파피루스도 예루살렘 성전에 하나 있었고 다른 회당에는 일부분만 있었지, 개인이 가지고 있는 경우는 없었습니다. 그러니 어쩌다가 말씀 한 줄을 보고 듣는 게 전부였습니다. 초대교회 성도들은 거기서부터 차근차근 시작했습니다.

사도들을 보십시오. 성경은 분명히 말씀합니다. 그들은 학문 없는 범인입니다. 그런데 그들은 성경말씀을 상고하고 이해했습니다. 성령께서 일하시니까 그들이 성경을 평생 연구한 사람들 앞에서 하나님의 말씀을 전했습니다. 그래서 성경은 이런 놀라운 일들이 일어날 때마다 "성령께서" 하셨다고 기록합니다.

사도 베드로는 학식이 없는 어부였습니다. 그런데 그가 성령 충만하자, 시편이나 요엘서 등 구약성경 곳곳을 인용하며 설교했습니다. 사도행전 2장에 보면, 권세 있게 하나님의 말씀을 전합니다. 이것이 누가 하신 일입니까? 성령께서 하시는 일입니다. 성령께서 한 사람의 영혼에 내주하시면 누구에게나 일어날 수 있는 일입니다. 다시 말해, 성령께서는 모든 그리스도인으로 하여금 말씀을 가르치게 하시고 생각나게 하십니다. 그래서 성령이 충만한 그리스도인은 하나님의 말씀을, 복음을 전할 수밖에 없습니다.

성령 하나님과 성경은 절대적인 관계가 있습니다. 성령께서 안 계시면 성경은 죽은 문서입니다. 종교개혁자 마르틴 루터도 말합니다. "성령 없이 성경을 보는 것은 죽은 글자를 보는 것이다." 그런데 성령께서 역사하시면 이 글자 안에서 살아 계신 하나님의 음성을 듣습니다. 하나님의 역사를 봅니다. 그리고 하나님을 만납니다. 오늘도 성령께서는 이렇게 역사하십니다. 그러니 성령을 의존하지 않고 어떻게 기도생활을 하고, 하나님께 복을 구하고, 하나님께 영광을 돌린다고 말할 수 있겠습니까?

성령의 사역_거듭난 하나님의 사람으로 변화시킴

사도들, 곧 예수님의 제자들은 성령의 역사 이후에 생각이 완전히 바뀌었습니다. 예수님께서 십자가를 지실 것이라고 말씀하셨을 때, 그들은 절대로 지시면 안 된다고 말리던 사람들입니다. 그들은 하나님이신 예수님이시니, 자기들이 오래도록 모신 분이니 극악한 죄인이 지는 십자가를 지시고 매 맞아 죽으실 리가 없다고 생각했던 것입니다. 그러나 성령께서 가르치시고 말씀하시고 역사하시는 것을 보고 그들의 생각이 완전히 달라졌습니다. 이후로 그들은 예수 그리스도께서 십자가 지신 사건을 하나님의 계획으로 받아들이고, 후에는 그 사건을 설교하고 다닙니다. 그리고 자신도 십자가의 길을 따라갑니다. 사도들 대부분이 순교합니다. 이것은 성령의 역사가 아니고는 설명할 수 없는 일입니다.

예수님을 보십시오. 십자가를 앞에 놓고서 "나는 아버지께로 간다"고 말씀합니다. 십자가는 고통이요, 죽음입니다. 그런데 예수님께서는 십자가를 앞두고도 하나님 아버지께로 돌아갈 소망을 가지셨습니다. 히브리서 12장은 말씀합니다. "그는 그 앞에 있는 기쁨을 위하여 십자가를 참으사 부끄러움을 개의치 아니하시더니"(2절). 예수님께서는 성령 충만하신 분이기에 이와 같이 보시고, 믿으시고, 행하시는 것입니다. 오늘도 성령께서 성경에 나타난 모든 말씀을 통하여 생생한 하나님의 역사, 하나님의 활동, 하나님께서 기뻐하시는 일을 우리에게 알려 주십니다. 그리고 함께하기를 기대하십니다.

성령 하나님께서는 그리스도인을 항상 예수 그리스도 안에서 살게 만드십니다. 예수님의 마음을 배우게 하시고, 그분의 생각을, 방식을, 목적을 배우게 하십니다. 예수님께 속한 것을 가르쳐 주시고 생각나게 하십니다. 그래서 성령께 이끌려 예수 그리스도 안에 살도록 인도하십니다. 이 체험이 없다면 아직 하나님의 자녀가 아닙니다. 성령께서는 분명히 말씀하십니다. "무릇 하나님의 영으로 인도함을 받는 사람은 곧 하나님의 아들이라. … 성령이 친히 우리의 영과 더불어 우리가 하나님의 자녀인 것을 증언하시나니"(롬 8:14, 16). 성령께서 우리 안에 계십니다. 그분께서 하나님의 말씀을 가르치시고 생각나게 하십니다.

성령의 사역_평안케 하심

또 성령께서는 우리에게 평안을 주십니다. 오늘 본문은 말씀합니다. "나의 평안을 너희에게 주노라"(27절). 예수님께서 이 말씀을 하실 때는 아직 성령께서 오시지 않았습니다. 성령에 관한 진리만을 가르쳐 주셨을 뿐입니다. 예수님께서 이 말씀을 하신 다음날 베드로가 예수님을 저주하고 도망갑니다. 그런데 사도행전 2장부터, 성령께서 오시고 나서는 베드로가 도망가지 않고 오히려 십자가를 찾아다닙니다. 달라졌습니다. 평안을 받았기 때문입니다. 베드로 안에 주의 평안이 있으니까 어떤 시련과 역경도, 십자가의 길도 마다하지 않습니다. 예수님께서 말씀하셨습니다. 주님이 주시는 평안은 "세상이 주는 것과 같지 않다." 이 평안은 오직 성령께서 주시는 은혜의 선물입니다.

모든 그리스도인은 아무리 어려운 시련과 역경이 와도 성령님을 신뢰하며 성령께서 주시는 평강을 체험해야 합니다. 그렇지 않으면 조급해져서 이리저리 날뛰고, 성급하게 분노하고, 화를 내고, 정죄하고, 원망하고, 불평하고, 절망하고, 성령의 능력도 소멸하게 됩니다. 우리는 성령이 없이 행하는 모든 더러운 행실을 회개해야 됩니다. 성령께서는 우리에게 평안을 주십니다. 이 말씀 그대로 믿고 그 평안을 누리시기 바랍니다.

성령께서 주시는 평안은 분위기로 좌우되는 것이 아닙니다. 성령님이 주시는 평안을 불러일으키는 분위기나 상황이 따로 있는 것이 아닙니다. 이 평안은 성령께서 주도적으로, 독립적으로 주시는 것입니다. 하나님을 만나고 하나님의 말씀을 깨달으면서 평안이 내게 임합니다. 내가 느끼는 그 감정은 세상의 것과 완전히 다릅니다.

하나님의 사람 존 웨슬리(John Wesley) 목사님의 유명한 체험담이 있습니다. 그분이 어느 날 배를 타고 가는데 큰 풍랑을 만났습니다. 엄청난 풍랑입니다. 사람들이 다 죽겠다고 아우성이었습니다. 그런데 존 웨슬리 목사님은 찬송을 부르면서 평안한 모습으로 있었습니다. 선장이 화가 났습니다. "아니, 이 미친놈이 있나. 지금 때가 어느 때인데. 이 사람아, 당신 하나님께 기도해서 우리를 구출해 달라고 해. 지금 뭐하는 짓이야?" 그러자 웨슬리 목사님이 이렇게 말씀했다고 합니다. "선장님, 저는 두렵지 않습니다. 죽으면 천국 갈 것이고, 살면 목적지까지 갈 것인데, 결국 하나님의 뜻대로 될 것을 저는 믿는데, 제가 하나님의 자녀이므로 하나님의 뜻대로 될 것인데, 저는 두렵지 않습니다." 성령께서 평강을 주셨기에 그런 고백을 할 수 있었습니다. 만일 분위기에 따라 성령의 평안이 오는 것이라면 풍랑 가운데 어떻게 그런 평안을 누릴 수 있었겠습니까?

성령께 속한 사람의 증거

남편을 일찍 잃고 어렵게 딸을 키우던 한 어머니가 있었습니다. 그 어머니의 희망대로 딸이 잘 커서 어엿한 대학교수가 되었습니다. 그러고 나서 딸이 생각해보니까, 어머니의 사랑과 그 희생이 너무나 고마워 선물을 드려야겠다 싶었습니다. 그래서 어머니께 물었습니다. "어머니, 소원이 뭡니까? 제가 꼭 들어드리겠습니다." 이 어머니는 신앙생활을 잘 하셨지만 딸은 그렇지 못했습니다. 그래서 어머니는 "내 소원은 네가 나와 함께 교회 가는 것이다"라고 간곡히 부탁했습니다. 그래서 딸은 "기꺼이 가겠습니다" 하고 그 다음 주에 교회에 갔습니다. 그런데 이 딸이 본 것은 다 부정적인 것이었습니다. 밖에서 알던 죄인 중의 죄인이 여기 와 있고, 서로 싸우고, 예배를 막 마치고도 시기하고 질투하는 모습을 봤습니다. 그래서 집에 와서 어머니께 투덜거렸습니다. "나 다시는 교회 안 가겠어요." 그러면서 왜 갈 수 없는지, 자기가 본 것들을 다 얘기했습니다. 그랬더니 어머니가 이렇게 말했습니다. "사랑하는 딸아, 엄마는 수십 년 교회를 다니면서 예수님 얼굴밖에 보지 못했는데, 너는 하루 동안에 참 많은 것을 봤구나."

성령께서 역사하시면, 정말 성령께 속한 사람이면 교회에 나와 예수님을 보고, 하나님을 봅니다. 그리고 말씀에 사로잡힙니다. 그렇지 못한 사람을 위해서 기도합니다. 교회는 말씀과 성령의 역사로 예수님을 알고, 하나님을 알고, 그의 뜻을 알고, 그의 약속을 기뻐하며 예배하는 곳입니다. 그 나머지는 다 부수적인 것입니다. 성령께서 이 일을 하셔야 교회입니다. 그래서 하나님의 사람 제임스 패커 목사님은 이렇게 말했습니다. "성령께서는 나를 보라, 내게 귀를 기울여라, 내게 오라, 나를 알라고 결코 우리에게 말씀하지 않으신다. 대신 언제나 그리스도를 보라, 그리스도의 영광을 보라, 그리스도께 귀를 기울여라, 그리고 그리스도의 말씀을 들어라, 그리스도께 가서 생명을 얻어라, 그리스도를 알고 그리스도께서 주시는 기쁨과 평안을 맛보라고 말씀하신다."

성령의 존재와 능력을 믿는 하나님의 사람

부활신앙을 가진 자는 날마다 성령의 존재와 능력을 믿고 신뢰하고 그분께 모든 삶을 의탁하며 살아갑니다. 지금은 성령의 시대이기에 성령께서 예수 그리스도를 알게 해주십니다. 십자가의 도에 귀를 기울이게 하십니다. 예수님의 사랑을 체험케 하십니다. 그리고 나로 하여금 예수님을 사랑하도록 변화시키십니다. 또 예수 그리스도 안에서 하나님을 만나게 해주십니다. 그래서 우리는 성령 안에서 깊고 오묘한 하나님의 뜻을 깨닫기 시작합니다. 성령 안에서 하나님의 지혜와 능력을 알고, 하나님께 영광 돌리는 삶을 결단하도록 믿음의 사람으로 변화됩니다.

성령께서는 영적 시각을 주십니다. 진리를 보게 하십니다. 영적 세계를 보게 하십니다. 진리를 통해서 하나님을 만나게 하십니다. 그리고 진리를 누리고 기뻐하며 증거 하도록 오늘도 인도하십니다. 성령 하나님께서는 분명 오늘도 살아서 역사하십니다. 성령께 속한 사람이 복 있는 사람입니다. 성령께 순종하는 사람이 하나님의 뜻을 알고 하나님께 영광 돌리며 살아갈 수 있습니다.

기 도

전지전능하신 은혜의 하나님. 성령 하나님을 믿어 거듭난 사람으로 하나님의 자녀가 되었지만, 아직도 성령 하나님의 역사와 능력과 인도하심을 신뢰하지 못하는 죄인을 불쌍히 여겨 주소서. 예수 그리스도 밖에서 이기적인 욕망에 사로잡혀, 세상의 지식과 판단에 이끌려 살아가는 죄인을 용서해 주소서. 지금은 성령의 시대이기에 성령께 순종하여 예수 그리스도 안에서 예수님의 마음과 뜻과 삶의 방식을 깨닫고 믿음으로 살게 하옵소서. 예수 그리스도 안에서 하나님을 만나고, 하나님의 깊은 뜻을 헤아리고 증거하고 이루어 나가며, 형통한 삶을 살아갈 수 있도록 우리를 날마다 새롭게 하시며, 주의 길로 강권하여 주시옵소서. 주 예수 그리스도의 이름으로 간절히 기도드리옵나이다. 아멘.

3부

나는 죄인을
부르러 왔노라

13장

나는 죄인을 부르러 왔노라

예수께서 그 곳을 떠나 지나가시다가 마태라 하는 사람이 세관에 앉아 있는 것을 보시고 이르시되 나를 따르라 하시니 일어나 따르니라 예수께서 마태의 집에서 앉아 음식을 잡수실 때에 많은 세리와 죄인들이 와서 예수와 그의 제자들과 함께 앉았더니 바리새인들이 보고 그의 제자들에게 이르되 어찌하여 너희 선생은 세리와 죄인들과 함께 잡수시느냐 예수께서 들으시고 이르시되 건강한 자에게는 의사가 쓸 데 없고 병든 자에게라야 쓸 데 있느니라 너희는 가서 내가 긍휼을 원하고 제사를 원하지 아니하노라 하신 뜻이 무엇인지 배우라 나는 의인을 부르러 온 것이 아니요 죄인을 부르러 왔노라 하시니라(마 9:9-13).

세계적 부흥사인 빌리 그레이엄(Billy Graham) 목사님이 쓰신 『행복』(*The Secret of Happiness*)이라는 책이 있습니다. 이 책은 "하나님의 긍휼을 맛본 사람만이 이웃에게 긍휼을 나타낼 수 있다"라고 강조합니다. 그러면서 행복으로 가는 길은 바로 긍휼을 베푸는 삶임을 말합니다. 그리고 현대 세계에서 이웃에게 어떻게 긍휼을 베풀 수 있는지, 구체적인 방법 세 가지를 제시합니다.

긍휼을 베푸는 구체적인 지침

첫째, 다른 사람의 필요를 살핌으로써 긍휼을 베풀 수 있습니다. 이웃을 돌아보면서 상처받은 사람, 소외된 사람, 고통 받는 사람을 민감한 마음으로 살피는 것부터 시작하는 것입니다. 가까운 사람으로부터 세계 도처에 있는 모든 고통 받는 자를 살피며 그들을 돕는 것을 뜻합니다.

둘째, 선입견과 편견을 버림으로써 긍휼을 베풀 수 있습니다. 저자는 이렇게 말합니다. "선입견은 일종의 강도짓이다. 선입견은 자기의 희생자가 이성의 법정에서 공정하게 재판받을 권리를 빼앗기 때문이다. 선입견은 또한 살인자. 선입견은 사람들이 발전할 기회를 죽이기 때문이다." 이런 고정관념, 편견 속에는 긍휼의 삶이 없습니다.

세 번째가 중요합니다. 그리스도의 복음을 나눔으로써 긍휼을 베풀 수 있습니다. 영적 가난은 육체적, 물질적 가난보다 훨씬 더 비참합니다. 복음은 사람들에게 그들의 상처를 보여주고, 사랑을 베풀며, 그들의 결박을 보여주고 그 사슬을 끊을 망치를 줍니다. 복음은 사람들에게 그들의 죄를 보여주고 구원자에게 인도합니다. 성도 여러분, 얼마나 하나님의 긍휼을 맛보고 기뻐하며 증거하고 베푸십니까?

그리스도인_하나님의 긍휼을 아는 사람

어느 선교사가 아프리카에 가서 선교활동을 하는 중에 오지까지 들어갔다가 식인종에게 잡혔답니다. 이제 죽었구나 생각하고는 마침내 추장 앞에까지 끌려갔습니다. 그런데 보니까 어디서 많이 본 사람이었습니다. 생각해 보니, 신학교에서 공부할 때 함께 공부했던 아프리카에서 온 신학생이었습니다. 그는 '아, 이제 살았구나!' 하고 안심하면서 이렇게 물었답니다. "신학공부까지 하고 돌아왔으니 그동안 많이 변화되었겠군요." 그랬더니 추장이 반가워하면서 이렇게 말하더랍니다. "그럼요. 예전에는 사람을 그냥 잡아먹었는데, 이제는 반드시 식사기도를 먼저 하고 잡아먹습니다."

성도 여러분, 하나님의 긍휼을 알지 못하면 모든 것이 헛됩니다. 구원도 없고, 신령한 복도 없고, 영원한 소망도 없습니다. 또 그리스도인으로서 이웃에게 긍휼을 증거 하지 못하고, 베풀지 못한다면 변화의 삶은 없습니다. 약속의 삶은 없습니다. 거듭남도 없습니다. 하나님과 함께하는 삶도 없습니다. 성도 여러분, 복음적인 사람은 긍휼의 사람입니다. 그는 하나님으로부터 긍휼이 왔음을 알고, 믿고, 고백하고, 즐거워합니다.

예수 그리스도의 십자가_하나님의 긍휼의 계시

여러분은 누가복음 10장의 선한 사마리아인의 비유를 기억하실 것입니다. 어떤 사람이 깊은 산속에서 강도를 만났습니다. 제사장이 그 앞을 지나가고 이어서 레위인이 지나갔습니다. 그러나 그들은 아무런 도움도 주지 않았습니다. 그들은 왜 그랬을까요? 여러분이 그 상황에 처했다고 생각해 보십시오. 강도 만난 자를 잘못 도왔다가는 자기도 강도를 만날 수 있습니다. 또 다른 차원에서 생각하면, 그 일 때문에 더 중요한 일을 못할 수 있습니다. 시간을 빼앗긴다고 충분히 생각할 수 있습니다. 그러나 예수님께서는 강력하게 비판하십니다. 그들에게 긍휼이 없는 것을 비판하시는 것입니다.

예수님의 십자가를 생각해 보십시오. 이 십자가는 하나님의 무한한 긍휼을 계시하시는 사건입니다. 그 십자가를 바라보면서도 하나님의 긍휼을 인식하지 못하고, 누리지 못하고, 감사하지 못하는 사람은 신앙생활에 뭔가 문제가 있는 것입니다. 하나님의 긍휼을 잊고 사는 이유는 죄에 대한 영민함, 예민함이 없는 탓입니다. 죄에 대해 둔해지면 하나님의 긍휼을 체험하지 못합니다.

이 세상이 십자가의 지혜를 알지 못하는 것은 자신의 현주소를 모르는 까닭입니다. 죄의 심각성을 몰라서 그렇습니다. 얼마나 죄가 심각하면 예수님께서 이 땅에 오셔서 십자가에 죽으셨겠습니까? 그런데 예수님께서 죽으신 이유를 알면서도 죄의 심각성을 모르니 얼마나 모순입니까? 이 모순에 빠지면 하나님의 은혜가 은혜 되지 못합니다. 하나님의 긍휼을 맛볼 수 없습니다. 오늘날 가장 심각한 문제는 무감각한 죄의식입니다. 모든 종교의 추세도 그렇고, 심지어 기독교도 그 흐름을 주도하고 있습니다.

'죄'라는 말을 사용하지 않음

한 주간 미국을 방문해서 많은 목사님들과 대화를 나누고 현지 교회를 방문했는데, 공통적으로 아주 심각하게 말씀하시는 것이 있었습니다. 그것은 교회 안에서 '죄'라는 말이 사라졌다는 것입니다. 교인들도 그렇고 심지어는 강단에서도 '죄'나 '죄인'이라는 말을 쓰지 않습니다. 이런 정확한 단어 대신, 교회 안 다니는 사람들, 처음 나온 사람들, 믿지 않는 사람들, 세례 받지 않은 사람들에게 '구도자'라는 표현을 씁니다. 이 교묘한 용어가 하나님의 은혜를 망각하게 만듭니다.

스탠리 보크(Stanley Voke) 목사님이 『개인부흥』(*Personal Revival*)이라는 책에서 지적한 내용이 있습니다. 우리는 죄를 '결점', '실패', '연약함', '약점',

'실수', '무능력', '편견'이라고 말하지 '죄'라고 말하지 않는다고 합니다. 이것은 하나님의 기준을 떠나서 자꾸 사람의 기준으로만 생각하는 것입니다. 이것이 죄입니다. 하나님의 기준으로 바라보면 모든 것이 명확하게 보이는데, 자꾸 애매모호하게 표현하면서 하나님을 떠나 삽니다.

성도 여러분, 그러나 그리스도인은 다릅니다. 복음 안에 있고, 성경 안에 있고, 십자가 안에 있습니다. 그 안에서만 오직 하나님의 긍휼을 깨닫고 배우며 누리고 고백하며 살아갈 수 있습니다. 하나님의 은혜는 항상 죄를 깨닫게 합니다. 은혜는 죄를 회개하게 하고, 그 은혜가 죄를 이기게 합니다. 여기에 그리스도인의 감사와 기쁨과 기도가 있습니다.

불의한 현장에서 예수님의 부름을 받은 사람_세리 마태

본문 말씀은 세리 마태가 예수님의 부르심을 받는 내용입니다. 어느 날, 예수님께서 길을 가시다가 갑자기 마태를 부르셨습니다. "나를 따라오너라." 그런데 당시 세리는 말하자면 매국노입니다. 반민족주의자입니다. 그 당시 사회적으로 살인자, 강도, 이런 사람보다 더 나쁜 인간으로 취급했습니다. 그런데 오늘 성경에서 보신 것처럼 예수님께서 갑자기 그를 부릅니다. "나를 따르라." 예수님은 왜 하필 세리인 마태를 부르셨을까요? 하나님의 긍휼을 나타내시기 위함입니다. 우리 모두도 하나님의 부르심을 받았습니다. 왜 하나님은 우리같이 더러운 사람들을 부르셨을까요? 하나님의 긍휼을 나타내시기 위해서 입니다.

본문을 보면 하나님께서 언제 마태를 불렀는지 명확하게 기록합니다. '세관에 앉아 있는 것'을 보시고 그를 부르셨습니다. 참 충격적입니다. 아니, 이 나쁜 사람이 특별히 회개하러 성전에 들어가거나 선행을 하거나 성경을 읽을 때도 아니었습니다. 나쁜 짓을 계속하고 있는 중에, 그 현장에서 "나를 따르라"고 부르신 것입니다. 참 극적인 사건입니다.

더욱이 마태를 부른 것은 단지 구원의 소식을 들려주기 위해서도 아닙니다. 그 정도가 아니라, 지금 그를 제자와 사도로 부르십니다. 악행을 저지르는 현장에서 그 사람을 그대로 부르셨습니다. 하나님께서 왜 이런 일을 하시는 겁니까? 오직 하나님의 긍휼을 나타내시기 위해서입니다.

복음적인 사람_긍휼의 사람

예수님은 당시에 가장 추악한 죄인을 그 현장에서 제자 삼겠다고 하시니 예수님은 비난받아 마땅합니다. 하지만 예수님은 비난받을 줄 아시면서도 세리 마태를 제자로 삼으셨습니다. 하나님의 긍휼을 나타내시기 위해서입니다.

성도 여러분, 긍휼이란 인간의 기준이 아닙니다. 사회적, 도덕적, 법적 기준이 아닙니다. 긍휼은 하나님의 기준입니다. 하나님의 마음입니다. 하나님의 행동이요, 하나님의 뜻입니다. 그래서 긍휼은 수직적인 사랑이요, 무조건적인 사랑이요, 창조적인 사랑입니다. 이 긍휼을 알고 영접한 세리 마태는 나중에 사도가 됩니다. 이 죄인이 마태복음이라는 성경을 기록합니다. 그리고 순교자가 됩니다. 하나님의 긍휼의 역사입니다. 하나님의 긍휼을 알지 못하는 사람은 하나님의 사람이 아닙니다. 또 이웃에게 긍휼을 베풀 수도 없습니다.

긍휼이 없는 대표적인 사람_바리새인

오늘 성경에 등장하는 바리새인들은 종교지도자입니다. 그들은 예수님의 행위에 대해서 충격을 받았고 도저히 예수님을 이해할 수 없었습니다. 그래서 예수님을 비난합니다. 물론 사회적으로나 도덕적 기준으로 보면 바리새인들이 옳습니다. 예수님이 그 시대의 가장 나쁜 사람들과 어울려 식사하고, 심지어는 그 중의 한 사람을 제자 삼았기 때문입니다. 바리새인들이 누구입니까? 그 시대의 대표적인 종교인이요, 도덕적인 사람입니다. 항상 성경을 연구하고 가르치던 사람들입니다. 십일조, 금식, 선행, 전도, 선교, 봉사, 그 어느 것 하나도 소홀히 하지 않던 사람들입니다. 이처럼 외적인 의로움으로는 흠이 없었지만 그들에게는 아주 치명적인 문제가 있었습니다. 그것은 바로 마음에 긍휼이 없었다는 점입니다.

그들이 어떻게 해서 하나님의 사람이 되었습니까? 하나님의 은혜 때문에, 전적인 하나님이 긍휼로 선택되어서 선민이 되었습니다. 그런데 그 은혜를 잊었습니다. 하나님의 은혜를 잊었다는 건, 모든 것을 잊은 겁니다. 그래서 이들은 이웃에게, 정말 긍휼이 필요한 사람에게 긍휼을 베풀지 않았습니다.

아무리 도덕적이고 윤리적이며 선한 삶을 산다 하더라도 그 마음에 긍휼이 없으면, 긍휼을 베풀지 않으면, 도덕적으로 살지 않는 사람보다 더 악한 사람이 됩니다. 그래서 마태복음 18장을 통해서 예수님께서 적절한 비유를 말씀해 주십니다. 만 달란트 비유와 백 데나리온의 비유입니다. 이 비유는, 모든 하나님의 자녀가 만 달란트나 되는, 갚을 수 없는 빚을 탕감 받은 사람이라는 메시지를 전합니다. 그런데 이런 엄청난 긍휼을 입은 사람이 자기에게 백 데나리온을 빚진 이웃에게 도덕적으로, 법적으로 갚을 것을 요구합니다. 그러자 하나님께서 그를 악한 종이라고 말씀하십니다.

이것은 법적 문제가 아닙니다. 사회적 기준의 문제도 아닙니다. 긍휼한 마음을 가졌느냐 하는 문제입니다.

기독교는 긍휼의 종교

'새세대 교회윤리연구소'(NICE, New-generation Institute of Church and Ethics)라는 단체가 있습니다. 한국 신학계에서 활동하시는 기독교 윤리 분야의 교수님들과 목사님들로 구성된 단체입니다. 이 단체는 오늘날 기독교 윤리가 사회적, 법적 기준을 충족하기에만 급급하지 긍휼과 은혜의 원리가 없는 데 문제의식을 갖고 세워졌습니다. 이 단체는 기독교 윤리 단체임에도 '오직 그리스도, 오직 교회, 오직 은혜'라는 슬로건을 내걸었습니다. 한마디로 '오직 긍휼'이 슬로건이라고 할 수 있습니다. 기독교는 긍휼을 빼놓고는 이야기할 수 없습니다.

본 교회 성도들이 많이 참여해 주시는 북한 어린이 돕기 행사나 '미션네이버스'(Mission Neighbors) 활동은 긍휼의 정신을 바탕으로 합니다. 북한이 정치적으로나 외교적으로 국제사회에서 용납될 수 없는 노선을 걷고 있을지라도, 지도자들의 잘못으로 아무것도 모른 채 굶어 죽어가는 북한의 어린이들을 살리는 일은 정치·외교적인 입장을 뛰어넘는 것입니다. 이들에게 긍휼을 베풀지 않으면 그들은 죽습니다. 이 아이들을 살리는 일을 하나님께서 기뻐하십니다.

특별히 예수소망교회 권사회에서 조직한 미션네이버스는 은퇴하신 목사님들 중에서 생활이 어려운 분들을 돕는 사역을 합니다. 현직에 계실 때 노후를 준비하기가 여의치 않아 은퇴 이후에 생활고를 겪는 목회자들이 우리나라에 참 많은 것이 현실입니다. 누군가 이분들을 돌보지 않으면 이

분들은 한 끼를 해결하기도 힘든 나날을 보내야 하는데, 미션네이버스에서 긍휼의 마음으로 이분들을 돕고 있습니다. 우리 주위에는 이처럼 긍휼이 필요한 사람이 많습니다. 이들에게 긍휼을 베푸는 것만큼 귀한 게 없습니다.

예수 그리스도_하나님의 긍휼의 증거

예수님께서 말씀하셨습니다. "긍휼히 여기는 자는 복이 있나니 그들이 긍휼히 여김을 받을 것임이요"(마 5:7). 하나님은 긍휼을 베푸는 사람에게 긍휼을 베푸신다고 약속하셨습니다. 아무리 세례 받고, 종교생활하고, 기도하고, 봉사하고, 선행을 한다고 해도 그 마음에 긍휼이 없으면 아무것도 아닙니다. 예수님께서 그 시대에 가장 도덕적이고, 윤리적이고, 성경지식도 해박하며 예배도 꼬박꼬박 드리는 바리새인들에게 말씀하셨습니다. "너희는 가서 내가 긍휼을 원하고 제사를 원하지 아니하노라 하신 뜻이 무엇인지 배우라"(13절). 성경을 다시 보라는 것입니다. 하나님의 말씀을 다시 배우라는 말씀입니다. 그리고 말씀하십니다. "나는 의인을 부르러 온 것이 아니요 죄인을 부르러 왔노라"(13절).

성도 여러분, 예수님은 죄인을 부르시기 위해 이 땅에 오셨습니다. 우리로 하여금 죄를 자각하고 회개하게 하시려고, 그래서 치유 받고 회복되게 하시려고 우리를 하나님의 자녀로 삼아주셨습니다. 한마디로 무한한 긍휼을 주기 위해서 죄인에게 오셨습니다. 그런데 사람들이 죄의 심각성을 알지 못합니다. 죄에 대해서 무감각합니다. 스스로 자기가 얼마나 큰 죄인인지 알지 못합니다. 그러면 은혜와 긍휼이 무엇인지 모릅니다. 하나님의 긍휼이 예수 그리스도 안에서 나타남에도, 계속 '긍휼을 주옵소서.

긍휼을 주옵소서'라고 기도만 하지 긍휼을 누리지 못합니다. 그러니 긍휼을 베풀지 못하는 것입니다.

예수 그리스도_하나님의 긍휼 중의 긍휼

본문의 마태는 악명 높은 죄인입니다. 그러나 자기가 얼마나 큰 죄인인지 알았습니다. 그래서 하나님의 긍휼을 구했습니다. 이 마음으로 예수님의 제자가 되었습니다. 그래서 '따르라' 하시는 예수님의 음성을 듣고 그냥 따라갑니다. 예수님은 마태에게 부와 영광과 성공을 약속하시지 않았습니다. 마태는 그저 자기 같은 죄인을 불러주신 예수님의 긍휼과 은혜에 감사하고 기뻐하며 그분을 따랐습니다. 그러나 이 현장에서 가장 도덕적이고, 윤리적이고, 성경을 잘 알았던 바리새인들은 예수님을 비난했습니다. 결국 그들은 예수님을 죽이는 일까지 자행하게 됩니다. 얼마나 큰 비극입니까? 평생 도덕적으로, 성경적으로 살려고 그렇게 애를 썼는데 그들 손에 그리스도의 피를 묻히는 끔찍한 짓을 저질렀으니 말입니다. 긍휼을 모르면 아무것도 모르는 것입니다. 성경을 아무리 외워도 긍휼의 뜻을 모르면 그것은 율법만 보는 것입니다.

하나님께서 이 세상에 주신 가장 큰 긍휼은 예수 그리스도 자신입니다. 예수님께서 성육신으로 이 땅에 오셨습니다. 그것도 냄새나는 마구간에서 태어나 말구유에 누이셨습니다. 이것 자체가 하나님의 긍휼입니다. 예수님은 삶으로 하나님의 긍휼을 나타내셨습니다. 요한복음 13장에 보면 예수님은 십자가에 잡히시기 전날 밤에 가룟 유다의 발을 씻기셨습니다. 그리고 성경은 기록합니다. "유월절 전에 예수께서 자기가 세상을 떠나 아버지께로 돌아가실 때가 이른 줄 아시고 세상에 있는 자기 사람들을 사랑하시되 끝까지 사랑하시니라"(1절). 이제 가룻 유다가 긍휼을 알지 못하고 나가서 예수님 팔아 죽이는 것은 그의 책임입니다. 예수님은 십자가에서 죽어 가시면서 말씀하십니다. "아버지 저들을 사하여 주옵소서"(눅 23:34). 끝까지 하나님의 긍휼을 나타내십니다. 그래서 부활하고 승천하여 만왕의 왕이 되십니다.

그리스도인의 신앙고백_하나님의 긍휼을 입은 죄인

현대 선교의 아버지라 불리는 윌리엄 캐리(William Carrey)는 헌신된 하나님의 종입니다. 그는 평생을 인도에서 사역했습니다. 윌리엄 캐리가 임종을 앞두고 또 다른 인도 선교사 알렉산더 더프 박사를 불러 그에게 유언을 남겼습니다. "당신은 지금 캐리 박사에 대해서만 이야기하고 있습니다. 그러나 내가 죽으면 윌리엄 캐리가 아니라, 윌리엄 캐리의 구세주인 예수 그리스도에 대해서만 이야기해 주시기 바랍니다." 더프 박사가 알았다고 하면서 한마디 물어봅니다. "장례식 설교에 어떤 본문을 쓸까요?" 캐리는 미리 생각해둔 본문을 일러주었습니다. "시편 51편 1절입니다. '하나님이여 주의 인자를 따라 내게 은혜를 베푸시며 주의 많은 긍휼을 따라 내 죄악을 지워 주소서.' 그러면서 자기 비문에 남길 문구도 알려주었습니다. "윌리엄 캐리, 1761년생. 죄 많고, 약하고, 공로 없는 벌레인 나는 당신의 긍휼하신 거룩한 손에 기대어 잠드나이다." 하나님의 사람은 마지막 숨을 거두기까지 하나님의 긍휼에 이끌립니다.

하나님의 사람 존 뉴턴 목사님은 「Amazing Grace」라는 찬송가 가사를 쓰신 분입니다. 그는 일평생 고백했습니다. "나는 두 가지 사실을 항상 기억한다. 하나는 내가 가장 큰 죄인이라는 사실이고, 또 하나는 예수 그리스도는 위대한 구세주라는 것이다."

이 고백이 긍휼을 입은 사람의 신앙고백입니다. 복음적인 사람은 긍휼의 사람입니다. 그는 하나님의 긍휼을 체험했고, 하나님의 긍휼을 알았습니다. 그래서 기뻐합니다. 그 긍휼을 이웃에게 증거하고 베풉니다. 우리는 예수 그리스도 안에서, 십자가 안에서 우리는 긍휼을 배워야 합니다. 그러면 그리스도의 십자가를 통해 자신의 존재를 알고, 바르게 신앙고백하며 하나님께 영광 돌리는 삶을 살게 됩니다. 오직 긍휼의 사람만이 하나님과 함께하며, 하나님의 지혜와 능력을 체험할 수 있습니다.

기도

전지전능하신 은혜의 하나님. 그리스도의 긍휼의 피가 제 영혼에 흐르고 있는데도 긍휼이 없는 자처럼 행했던 오만한 죄인을 용서해 주옵소서. 이제는 오직 십자가 안에서 하나님의 긍휼을 체험하고 기뻐하게 하소서. 영적인 민감함을 늘 유지하여 항상 죄를 자복하고 사유의 은총을 경험하는 긍휼의 사람이 되게 하옵소서. 더 이상 이웃에게 긍휼을 베풀지 못하는 인색한 죄인으로 살지 않도록, 주여 저를 불쌍히 여겨 주옵소서. 오직 복음 안에서 긍휼의 사람으로 회복되어 하나님의 놀라운 은총을 기뻐하고 자랑하기 원합니다. 거룩하고 정결한 마음으로 이 시대를 살아, 이웃에게 하나님의 긍휼을 나타내고 전하는 그리스도의 편지가 되게 하옵소서. 우리 주 예수 그리스도의 이름으로 간절히 기도드리옵나이다. 아멘.

14장

그들의 누룩을 주의하라

제자들이 건너편으로 갈새 떡 가져가기를 잊었더니 예수께서 이르시되 삼가 바리새인과 사두
개인들의 누룩을 주의하라 하시니 제자들이 서로 논의하여 이르되 우리가 떡을 가져오지 아니
하였도다 하거늘 예수께서 아시고 이르시되 믿음이 작은 자들아 어찌 떡이 없으므로 서로 논
의하느냐 너희가 아직도 깨닫지 못하느냐 떡 다섯 개로 오천 명을 먹이고 주운 것이 몇 바구니
며 떡 일곱 개로 사천 명을 먹이고 주운 것이 몇 광주리였는지를 기억하지 못하느냐 어찌 내
말한 것이 떡에 관함이 아닌 줄을 깨닫지 못하느냐 오직 바리새인과 사두개인들의 누룩을 주
의하라 하시니 그제서야 제자들이 떡의 누룩이 아니요 바리새인과 사두개인들의 교훈을 삼가
라고 말씀하신 줄을 깨달으니라(마 16:5-12).

미국의 리처드 모건(Richard Morgan) 목사님께서 쓰신 『은퇴와 믿음생
활』(*I Never found that rocking chair: God's call at retirement*)이라는 책이 있습니다. 목
사님이 은퇴를 앞두고 성경을 묵상하며 얻은 성경적 지혜를 담은 책입니
다. 이 책에서 저자는 은퇴는 운명이 아니라 기회이며, 삶의 축소가 아니
라 삶을 더 풍부하게 해 주는 것이라 말합니다. 그러면서 은퇴에 대한 잘
못된 다섯 가지 신화를 지적합니다.

첫 번째 신화는 성공적인 은퇴란 단순히 재정을 준비하는 것이라고 생
각하는 것입니다. 재정 준비는 매우 중요하지만, 더 중요한 것이 있습니

다. 심리적, 정신적, 영적인 준비입니다. 두 번째로 은퇴한 뒤에는 건강이 나빠질 것이기 때문에 노후를 재미있고 자유롭게 지내기 어려울 거라는 생각입니다. 미국의 경우 은퇴자의 40퍼센트가 건강이 더 좋아졌고 37퍼센트가 현상을 유지한다고 합니다. 세 번째로 은퇴와 노화를 같은 의미로 생각하는 것입니다. 그래서 스스로 '나는 이젠 한물갔다. 끝났다. 무용지물이다'라고 체념합니다. 그러나 결코 그렇지 않습니다. 네 번째는 은퇴이후의 삶을 단순히 재미와 자유를 만끽하는 시간으로만 보는 것입니다. 물론 돈이 많으면 한동안 즐기며 살 수 있겠지만 그야말로 노는 것도 하루이틀이지 그런 즐거움은 3년을 못갑니다. 잠깐입니다. 그리고 곧 숨이 막힐 듯한 권태감이 밀려올 것입니다. 다섯 번째가 은퇴 뒤에도 계속 바쁘게 사는 것이 행복을 찾는 길이라 생각하는 것입니다.

성경에서는 은퇴에 대해 뭐라고 말씀하십니까? 성경에는 은퇴란 개념이 없습니다. 하나님이 주신 소명은 평생 지속되는 것이지, 은퇴한다고 그만두는 게 아니기 때문입니다. 예수님의 생애를 생각해 보십시오. 그분의 생각과 삶은 온통 그의 죽음과 부활에 집중되어 있습니다. 하나님의 뜻에 초점이 맞추어져 있습니다. 사도들도 그랬고, 초대교회 성도들도 그랬습니다. 그리스도인에게는 은퇴가 없습니다. 하나님의 사람으로서 하나님의 뜻에 집중하며 주어진 삶을 살아가는 것입니다.

그리스도인_하나님의 말씀 안에서 살아가는 사람

『탈무드』에 나오는 이야기를 소개합니다. 어떤 바보가 랍비에게 와서 물었습니다. "랍비님, 저는 제가 바보라는 것을 압니다. 그래서 이 일을 어떻게 처리해야 할지 모르겠습니다." 랍비가 말했습니다. "네가 바보라는 사실을 안다면 너는 절대 바보가 아니다." 그런데도 이 바보가 말합니다. "그런데 왜 사람들은 저더러 바보라고 합니까? 그래서 전 항상 제가 바보인 줄 알았습니다." 랍비가 다시 말합니다. "너는 바보가 아닌데 사람들이 너를 바보라고 한다고 해서 바보로 알고 있는 걸 보니 너는 틀림없이 바보로구나." 세상이 말하는 대로 끌려가고, 사람에 끌려가고, 자기 인생을 하나님 앞에서 바르게 살아가지 못한다면 이 사람은 바보입니다.

그리스도인은 오직 하나님의 복음을 믿음으로 성령의 역사 가운데 새 사람 되었습니다. 그래서 그리스도인의 삶도 오직 복음 안에서 성령의 인도하심을 받아 새로워집니다. 다른 무엇이 필요하지 않습니다. 복음적 생각과 방식이 하나님과 함께하는 삶을, 그리고 하나님께 집중하는 삶을 만들어갑니다. 세상이 어떻든지, 세상의 지식이 어떻든지, 사람들이 뭐라든지 끌려가지 마십시오. 그리스도인이 따르는 최종 권위요 결론은 성경입니다.

그러니 복음적인 사람은 더 이상 무엇을, 누구를 탓하지 않습니다. 세상이 이래서, 환경이 이래서 내가 이 모양이 된 게 아닙니다. 그리스도인에게는 하나님의 복음과 성경과 성령이 주어졌습니다. 그것도 하나님의 은혜로, 선물로 허락된 것입니다. 그 안에서 자족하며 살아가는 것이 그리스도인의 참된 도리입니다. 그러므로 우리 인생은 다른 사람의 '탓'이나 '덕분'이 아니라 각자의 책임입니다.

바리새인과 사두개인의 누룩

본문 6절을 보십시오. "예수께서 이르시되 삼가 바리새인과 사두개인들의 누룩을 주의하라." 제자들은 이 말씀을 듣고도 깨닫지 못합니다. 그러자 예수님께서 아직도 깨닫지 못하느냐며 다시 설명해 주십니다. "어찌 내 말한 것이 떡에 관함이 아닌 줄을 깨닫지 못하느냐 오직 바리새인과 사두개인들의 누룩을 주의하라"(11절). 그때야 제자들이 이 말씀을 깨달았습니다. "그제서야 제자들이 떡의 누룩이 아니요 바리새인과 사두개인들의 교훈을 삼가라고 말씀하신 줄을 깨달으니라."

이 말씀을 이해하기 위해서는 사두개인과 바리새인이 어떤 사람들인지 먼저 알아야 합니다. 이들은 한마디로, 그 당시에 하나님께 헌신했던 사람입니다. 우리가 함부로 비판할 사람들이 아닙니다. 바리새인은 항상 하나님의 말씀을 연구하고 가르치고, 그 말씀에 기꺼이 순종했던 사람들입니다. 사두개인들은 당시 종교지도자들입니다. 제사장들입니다. 지금으로 말하면 신학자나 신학교수, 혹은 목사나 선교사입니다. 신실하고 충성스런 하나님의 일꾼이었습니다. 그래서 예수님도 그들의 말을 아예 듣지 말라고 말씀하시지 않고 "그들을 조심하라. 그들의 교훈을 조심하라"고 말씀하셨습니다. 그들의 교훈을 영적으로, 성경적으로 분별하라는 말씀입니다.

바리새인의 삶의 방식_다섯 가지

미국의 톰 허베스톨(Tom Hovestol) 목사님의 『불편한 진실, 내 안의 바리새인』(Extreme Righteousness)이라는 저서가 있습니다. 이 책은 바리새인에 대해서 잘 말해 줍니다. 바리새인은 교리에 정통하고, 성경에 대하여 박식할 뿐 아니라, 의로운 삶을 추구했으며, 어떤 종교적인 사람보다 더욱 종교적인 사람이었습니다. 이 책에서는 바리새인의 삶의 패턴을 다섯 가지로 정리했습니다.

첫 번째로, 바리새인의 기도생활은 본보기가 되었습니다. 항상 기도했고, 형식과 예의를 갖추고 경건하게 기도했습니다.

두 번째는 구별된 삶을 살려고 분투했습니다. 그들은 정말 죄를 미워했으며, 능동적으로 거룩함을 추구했습니다.

세 번째, 동료애를 중요하게 생각했습니다. 유대 역사가 요세푸스(Flavius Josephus)에 의하면 바리새인들은 서로 애정이 넘쳤으며, 공동체와 조화로운 관계를 영위했습니다. 서로를 교화시키고 서로에게 의무를 다하려고 노력했습니다.

네 번째, 선행을 실천했습니다. 그들은 자신의 소득에서 한 푼도 빠짐없이 하나님께 십일조를 드렸습니다.

다섯 번째, 그들은 적극적인 복음 전도자였습니다. 예수님은, 그들이 신자 한 사람을 얻기 위해서 바다와 육지를 두루 다녔다고 말씀하셨습니다(마 23:15).

얼마나 훌륭한 사람들입니까? 정말 하나님께 영광돌리고자 애쓰고 헌신한 사람들입니다. 더욱이 그들은 하나님의 말씀인 구약성경에 정말 순종하려고 부단히 노력했습니다. 주일뿐만 아니라, 모든 시간과 삶에 하나님의 말씀을 적용하려는 열정이 대단했습니다. 아주 세부적으로, 정밀하게, 확실하게 하나님의 말씀이 적용되기를 소망하면서 살았습니다. 그래서 바리새인들은 조목조목 규례를 만들어 하나님의 말씀을 순종하는 방편으로 삼았습니다.

오늘날의 바리새인들_하나님의 말씀을 더하거나 빼는 자들

지금도 당시 바리새인들처럼 사는 사람이 많습니다. 신앙의 유익을 위해서 계속해서 새로운 것을 만들어 나갑니다. 새로운 제도와 방법을 만들고 또 다른 전통과 관습을 더합니다. 바리새인이나 종교지도자들은 정말 순수한 동기에서 거룩한 삶을 추구했습니다. 하나님께 영광 돌리고 하나님의 뜻대로 살기를 갈망했습니다. 그래서 죄를 멀리하고 정말 죄짓지 않으려고 몸부림쳤습니다. 그들은 자기 행복을 추구한 사람들이 아닙니다. 오늘 기독교 안에도 이런 하나님의 사람들이 많습니다. 마음의 동기도 깨끗하고, 거룩하게 살기를 정말 소망하고, 주변에 거룩한 영향을 끼친 분들이 많습니다.

그런데 중요한 것은, 예수님께서 복음서 전체에서, 그분의 생애 전체에서 가장 강렬하게 비난하고, 비판하고, 책망했던 자들이 바로 이 사람들이라는 점입니다. 오늘 성경은 말씀합니다. "그들의 누룩을 주의하라." 마태복음의 23장 전체에서 바리새인과 서기관, 종교지도자들을 엄청나게 책망하십니다. 그러면서 제일 많이 쓰는 단어가 이것입니다. "화 있을진저." 하나님의 심판이 네게 있으리라는 것입니다. 이 말씀을 무려 일곱 번이나 기록하고 있습니다. 그리고 "회칠한 무덤 같으니"라는 말씀으로 이들의 위선을 책망하십니다.

하나님의 말씀을 가감한 결과

이 말씀은 당시의 종교지도자들뿐만 아니라 오늘날의 모든 사람이 깜짝 놀랄 만한 말씀입니다. 지금 신앙생활을 바르게 하지 않는 사람, 창녀나 매국노에게 그렇게 말씀하셨다면 모릅니다. 그런데 그들과 비교했을 때 하나님께 헌신된, 정말 열정을 가지고 항상 노력했던 사람들에게 그런 책망을 하셨습니다. 그만한 책임을 갖고 있기 때문에 책망하신 것입니다.

그리고 이들이 예수님께 혼이 난 다른 이유는, 하나님의 말씀을 왜곡했기 때문입니다. 성경을 잘못 해석하고 하나님의 뜻을 잘못 전했기 때문입니다. 하나님의 마음을, 하나님의 뜻을, 하나님의 역사를 감히 가감하여 전했습니다. 그대로 전해야 하는데 조금 보태거나 빼서 완전한 하나님의 말씀을 뭔가 부족한 것처럼 대했습니다.

기독교 역사에서 항상 이런 일이 있었습니다. 지금도 반복되는 일입니다. 기독교가 잘못하고, 타락하고, 기독교의 여러 문제가 나타난 것은 세상이 시끄러워서, 세상이 타락해서, 세상이 기독교를 핍박해서가 아닙니다. 세상이 핍박하면 핍박할수록 기독교는 더 깨끗해집니다. 문제는 오히려 기독교 내에서 생깁니다. 하나님의 말씀을 바르게 전해야 할 소명을 받은 자들이 잘못했을 때, 아주 조금이지만 말씀을 가감할 때, 그 결과는 참혹합니다. 결국 예수님은 바리새인과 사두개인이 하나님을 아는 지식을 잘못 전해서, 하나님의 복음을 가로막아서 그들에게 "화있을진저"라고, 너희들은 위선자라고 말씀하고 있습니다.

먼저, 거듭나야 합니다

오늘날 기독교나 교회 문제의 해결책을 엉뚱한 데서 찾는 사람이 너무나 많습니다. 얼마 전에 신문에 어떤 목사님 인터뷰 기사가 실린 것을 보았습니다. 전체적인 내용은, '왜 오늘날 기독교가 이렇게 됐습니까?'라는 기자의 물음에 대한 목사님의 답변이었습니다. 그 목사님은 기자의 물음에 '기독교와 교회가 세상을 섬겨야 하는데 그러지 못해서'라고 대답했습니다. 저는 그 목사님의 답변이 과연 근본적인 해결책일까, 의아했습니다. 교회가 왜 세상을 섬깁니까? 교회는 하나님을 섬깁니다. 교회는 오직 하나님의 뜻대로 말하고, 하나님의 뜻 안에서 회개하는 것이지 세상과 소통에 힘쓰는 공동체가 아닙니다. 예수님과 사도들이 세상과 소통하고, 사회와 제도를 변혁하는 일에 매진했습니까? 오직 하나님과 교제하고 자신이 먼저 하나님의 말씀 앞에서 깨뜨려지고 회개했으며, 세상의 눈치를 보는 것이 아니라 세상을 향해 담대히 그리스도의 통치를 선포했습니다.

『아침형 인간』이란 책을 읽고 자극을 받은 한 백수 청년이 있었는데, 그가 어머니께 가서 자기 결단을 말했답니다. "엄마, 나도 내일부터 아침형 인간이 될 거야." 엄마가 웃으면서 이렇게 말씀하셨답니다. "애야, 그전에 너는 먼저 인간이 되어야겠다."

무엇을 행하기 이전에 사람이 먼저 되어야 합니다. 무엇을 실천하기 이전에, 먼저 거듭나야 합니다. 모든 하나님 나라의 일은 하나님이 시작하시고, 하나님이 완성하실 것입니다. 인간이 뭔가 보태거나 빼서 하나님의 뜻이 이루어지는 것이 아닙니다. 바리새인들이나 서기관들이 자꾸만 인간의 열심을 가지고 하나님의 사역을 완성하려고 했기 때문에 예수님께서 그들을 책망하신 것입니다.

어떤 사람은 본문을 읽으며 "나는 바리새인이나 서기관, 혹은 사두개인 같이 행하지 않는데 왜 자꾸 이런 말씀이 들려오나" 하실 것입니다. 그러나 그런 생각을 하는 사람이 바로 바리새인입니다. 한 바리새인이 성전에 올라가 "나는 저들과 같지 않습니다. 세리와 창녀들과 같지 않습니다"라고 기도하지 않았습니까? 우리 삶은 말씀 앞에서 낱낱이 밝혀지기에 우리는 성경 앞에 진실해야 합니다.

바리새인의 결정적 문제_율법주의와 관습

바리새인에게 두 가지 결정적인 문제가 있었습니다. 첫 번째는 율법주의입니다. 성경을 그렇게 많이 알고 선행을 베풀지만, 율법주의에 빠져 있었습니다. 율법은, 성경은 하나님의 말씀입니다. 하나님의 고귀한 선물입니다. 그러나 율법주의란 그것을 지켜서 의로워지고 복을 받아보자는 의도를 갖는 것입니다. 그래서 율법주의는 행위를 강조합니다. 율법은 하나님의 뜻을 분별하고, 죄를 깨닫고, 하나님 앞으로 돌아가기 위해 필요한 것입니다. 오직 하나님의 은혜가 아니면 살 수 없음을 깨닫고 하나님께 점점 더 다가가게 하는 기능을 합니다. 그런데 율법주의자는 여러 행동지침을 세워놓고 그것들을 지키고는 자기 할 도리를 다한 양 우쭐합니다. 이런 태도는 교만의 극치이며 하나님의 은혜를 모르는 처사입니다. 예수님께서 가증이 여기시는 모습입니다.

지금은 얼마나 진리가 풍성한 시대입니까? 신구약 성경이 완성되었고, 다양한 성경공부 방식이 개발되었고, 위대한 신학자들과 목사님들의 설교가 넘쳐납니다. 하지만 아무리 거창하게 성경을 연구하여도, 성경을 통해 얻는 교훈이란 게 세상을 섬기고 이웃을 사랑하고, 온통 사람의 행위에 초점이 맞추어진다면 그것은 말씀에 대한 바른 반응이 아닙니다.

두 번째로 바리새인은 새로운 전통과 제도와 관습을 끊임없이 만들어나갔습니다. 물론 동기는 선했습니다. 하나님의 말씀을 잘 적용하기 위해서 그런 것이죠. 그러나 결과는 참혹했습니다. 인간이 만든 규례와 규칙을 하나님의 말씀과 같은 위치에 놓았습니다. 나중에는, 규칙과 규례와 전통이 말씀보다 더 우위를 차지했습니다.

오늘도 많은 목회자와 교회를 통해서 새로운 규례가 수도 없이 생깁니다. 그런데 거의 대부분이 성경에는 없는 것들입니다. 비본질적인 규례가 교회를 어지럽히고 있습니다. 하나님의 말씀, 성경의 권위를 절대로 건드리면 안 됩니다.

사두개인의 결정적 문제_물질적 욕망과 정치적 야망

사두개인에게도 두 가지 문제가 있었습니다. 첫 번째가 물질적 번영만을 추구한 것입니다. 저들은 스스로 하나님의 자녀라고 하지만 우상숭배자들입니다. 하나님을 믿지 않았습니다. 이들은, 하나님의 자녀는 번영하는 것이 당연하다는 자기 논리에 빠져 있었습니다.

오늘날 교회들도 표면적으로는 십자가를 전하고 성경에 있는 말씀을 전합니다. 그런데 성경 말씀을 듣고 소위 은혜를 받는다고 하면서도 교회와 성도들의 지향점이 개인과 나라의 번영이라면 참으로 곤란한 것입니다. 이것이 악입니다.

기독교의 기쁨은 고통과 고난이 없는 상태에서 주어지는 것이 아닙니다. 항상 고난 중에, 환난 중에도 기뻐하는 것입니다. 이것이 하나님이 주시는 기쁨의 약속입니다. 그런데 세상이 말하는 기쁨과 행복은 고통, 근심이 완전히 없어지는 것입니다. 그런 상태는 없습니다. 그런데 우리는 그 환상에서 헤어나지 못합니다. 헛된 망상에 계속 이끌려 다니는 것은 결국 자기 책임입니다.

두 번째로 사두개인은 정치적 개입과 타협을 꾀했습니다. 이것이 하나님의 뜻이라고 믿었습니다. 하나님 나라가 확장되고 이 세상에 영향력을 끼쳐야 한다고 생각했습니다. 결국 그들이 택한 방법은 친로마정책입니다. 그리고 몇 십 년 후인 AD 70년에, 그토록 이스라엘의 정치적 회복을 위해 헌신하던 사두개인들이 동족인 유대인들에게 죽임을 당합니다. 유대인들이 사두개인들에게 기대했던 바가 이루어지지 않자 일종의 배신감을 느껴 민족의 분노를 그들에게 쏟아 부은 것입니다. 이것이 역사적 현실입니다.

요즘에도 정치적인 개입을 하는 교회나 성직자들이 있습니다. 물론 은사를 따라 개인적으로 정치에 참여할 수는 있지만 교회적으로 어떤 정치색을 띠고 활동해서는 안 됩니다. 교회는 만민이 와서 기도하고 예배드리는 곳입니다.

그리스도인의 삶_오직 복음적 생각과 방식으로

예수님은 이 땅에 오셔서 오직 하나님 나라의 복음을 전하셨습니다. 다른 복음이 아니라 하나님 나라의 복음입니다. 우리는 그 복음을 믿으므로 구원받습니다. 그 복음에서 무엇을 빼거나 다른 것을 더하면 더 이상 복음이 아닙니다.

본문에서 예수님이 제자들에게 직접 말씀해 주셨습니다. 그런데 제자들은 깨닫지 못합니다. 깨닫지 못한 이유는 두 가지입니다. 먼저, 제자들이 잘못된 교훈에 사로잡혀 있었기 때문입니다. 또 하나는 의식주 문제입니다. 본문 바로 직전의 말씀에 예수님께서 오병이어의 이적을 나타내셨습니다. 그런데 제자들은 아직도 먹고 사는 문제로 고민을 합니다. 오병이어를 행하신 분이 같이 계신데 그분을 바라보지 못하고 자꾸 세상일에 매입니다. 이런 이유들로 제자들은 하나님의 뜻을 온전히 받아들이기가 어려웠던 것입니다.

복음과 성령의 역사 안에서의 삶

사도행전 19장에 보면 사도 베드로는 초대교회를 세우고, 이적을 나타내고, 정말 위대한 하나님의 종으로 나섭니다. 그런데 사도행전 10장에 나타난 베드로의 모습은 어찌 보면 바보스럽기까지 합니다. 이방인인 고넬료에게 복음을 전하라고 환상까지 보여주셨는데, 고넬료에게 가려하지 않습니다. 결국은 하나님의 강권적 역사에 끌려가서 복음을 전하는데, 성령이 임하시고, 고넬료의 집이 모두 구원을 받는 놀라운 사건이 벌어집니다. 그리고 베드로가 고백합니다. "아, 나는 이제야 깨달았도다." 진리를 깨닫기가 그만큼 어려운 것입니다. 머릿속으로 아는 것과 삶으로 나타나는 것은 천양지차입니다. 복음에 집중할 때 우리는 삶과 사건을 통해 더 큰 복음의 역사를 깨닫고 체험하게 됩니다.

신명기 10장 16절을 봅시다. "그러므로 너희는 마음에 할례를 행하고 다시는 목을 곧게 하지 말라." 행위중심의 삶을 살지 말라, 오직 마음의 할례를 행하라, 마음이 변화되어야 한다, 하나님께로 돌아오라는 말씀입니다. 시편 51편 10절에서 다윗이 말합니다. "하나님이여 내 속에 정한 마음을 창조하시고 내 안에 정직한 영을 새롭게 하소서." 17절에서 다시 말합니다. "하나님께서 구하시는 제사는 상한 심령이라 하나님이여 상하고 통회하는 마음을 주께서 멸시하지 아니하시리이다."

오직 마음이 변화되어야 됩니다. 새사람은 마음이 참으로 변화된 사람입니다. 착한 행동이 먼저가 아니라 마음의 변화를 받아 거듭나는 것이 먼저입니다. 복음과 성령의 역사에 집중할 때 하나님의 뜻을 분별하며, 구하지 않는 지혜도 얻고, 복도 받습니다. 그 마음에 항상 평강이 있고, 기쁨이 있습니다. 참 소망이 있습니다.

사도 바울을 생각해 보십시오. 그는 성경지식이 많았습니다. 그러나 성경을 잘못 해석해서 교회를 핍박하고 교인을 죽이려 했습니다. 그런데 어느 날 갑자기 예수님을 만났습니다. 그 후로 완전히 달라집니다. 뭐가 달라진 겁니까? 마음이 새로워졌습니다. 이후로 그는 복음의 증인이 되고, 예수 그리스도께 충성하는 순교자가 됩니다. 오늘날 우리의 모든 문제는 마음이 더럽혀진 탓입니다. 마음을 새롭게 할 때 성경을 통하여 하나님의 말씀을 들을 수 있습니다.

복음적인 사람_예수 그리스도를 아는 사람

빌립보서 3장 7절과 8절에서 사도 바울은 고백합니다. "그러나 무엇이든지 내게 유익하던 것을 내가 그리스도를 위하여 다 해로 여길뿐더러." 유익은 본질이 아닙니다. 나를 기쁘게 하는 것일 뿐입니다. "또한 모든 것을 해로 여김은 내 주 그리스도 예수를 아는 지식이 가장 고상하기 때문이라." 복음이 가장 고상합니다. 복음을 위해서라면 모든 것을 잃어버리고 배설물로 여겨야 합니다. 예수 그리스도를 얻기 위해 복음 외에 다른 것을 다 내려놔야 합니다.

복음적인 사람은 세상풍조에 끌려가지 않습니다. 세상이 알아주는 지식과 세계관을 가졌을지라도 이것들이 복음을 가로막는다면 서슴지 않고 포기합니다. 그리고 복음적인 사람은 사람의 말에 끌려가지 않습니다. 목회자나 신학교수의 말에도 끌려가지 마십시오. 오직 하나님의 말씀에만 순종하십시오. 진리의 영이신 성령을 의지하여 성경을 보고 분별하십시오. "바리새인과 사두개인들의 누룩을 조심해라." 예수님의 말씀입니다.

기 도

전지전능하신 하나님 아버지. 우리에게 복음을 주시며, 예수 그리스도를 주시며, 성령을 주시며, 성경을 주시어 복음 안에서 신령한 세계를 보게 하시니 감사합니다. 복음 안에서 마음이 새로워지고, 귀와 눈이 밝아져서 하나님을 갈망하게 하심도 감사합니다. 그러나 능력의 복음을 받았음에도 다시 세상풍조에 휩싸이고, 사람들의 말에 솔깃하고, 자기의 판단과 지식에 이끌려서 하나님의 말씀을 깨닫고 분별하지 못하는 죄인을 불쌍히 여겨 주옵소서. 오직 예수 그리스도 안에서, 복음 안에서 만족하며, 기뻐하며, 자랑하며, 그 복음을 통하여 하나님의 뜻을 분별하고, 하나님의 능력과 지혜를 체험하는 복음의 증인으로 살아갈 수 있도록 함께하여 주옵소서. 우리 주 예수 그리스도의 이름으로 간절히 기도드리옵나이다. 아멘.

15장

하나님의 초월적 용서

그 때에 베드로가 나아와 이르되 주여 형제가 내게 죄를 범하면 몇 번이나 용서하여 주리이까 일곱 번까지 하오리이까 예수께서 이르시되 네게 이르노니 일곱 번뿐 아니라 일곱 번을 일흔 번까지라도 할지니라 그러므로 천국은 그 종들과 결산하려 하던 어떤 임금과 같으니 결산할 때에 만 달란트 빚진 자 하나를 데려오매 갚을 것이 없는지라 주인이 명하여 그 몸과 아내와 자식들과 모든 소유를 다 팔아 갚게 하라 하니 그 이 엎드려 절하며 이르되 내게 참으소서 다 갚으리이다 하거늘 그 종의 주인이 불쌍히 여겨 놓아 보내며 그 빚을 탕감하여 주었더니 그 종 이 나가서 자기에게 백 데나리온 빚진 동료 한 사람을 만나 붙들어 목을 잡고 이르되 빚을 갚으라 하매 그 동료가 엎드려 간구하여 이르되 나에게 참아 주소서 갚으리이다 하되 허락하지 아니하고 이에 가서 그가 빚을 갚도록 옥에 가두거늘 그 동료들이 그것을 보고 몹시 딱하게 여겨 주인에게 가서 그 일을 다 알리니 이에 주인이 그를 불러다가 말하되 악한 종아 네가 빌기에 내가 네 빚을 전부 탕감하여 주었거늘 내가 너를 불쌍히 여김과 같이 너도 네 동료를 불쌍히 여김이 마땅하지 아니하냐 하고 주인이 노하여 그 빚을 다 갚도록 그를 옥졸들에게 넘기니라 너희가 각각 마음으로부터 형제를 용서하지 아니하면 나의 하늘 아버지께서도 너희에게 이와 같이 하시리라(마 18:21-35).

미국에서 존경받는 목회자 중에 한 분인 그레이스 커뮤니티 교회의 존 맥아더(John MacArthur) 목사님이 어느 날 비행기에서 체험한 이야기입니다. 이분이 비행기에서 무슬림과 대화를 나누었는데, 그 사건을 잊을 수가 없어서 자신의 책에 소개했습니다. 목사님이 비행기에서 만난 무슬림에게 먼저 말을 거셨답니다. "선생님은 죄를 짓습니까?" 그가 대답했습니다. "물론 늘 죄를 짓고 있습니다." 그래 다시 물었습니다. "그럼 죄를 지은 사람은 어떻게 되는 겁니까?" 그 무슬림은 자신의 신앙을 따라 말했습니다. "지옥에 갑니다." 다시 물었습니다. "그런데 왜 계속 죄를 지으십니까?" 그가 대답했습니다. "어쩔 수가 없습니다." 다시 물었습니다. "죄를 지으면서 어떤 바람을 갖고 계십니까?" 그가 말했습니다. "알라신이 저를 용서해 주시기를 바랄 뿐입니다." 목사님이 다시 물었습니다. "그럼 알라신이 당신을 용서하십니까?" 그 질문에 무슬림이 이렇게 대답했다고 합니다. "저도 잘 모르겠습니다."

이 경험을 소개하며 맥아더 목사님은 이렇게 말했습니다. "그의 종교에는 속죄도, 용서의 근거도, 구세주도 없었다. 하지만 우리에게는 그들을 위한 메시지가 있다. 바로 구세주가 있다는 사실이다."

기독교의 진리_죄 사함의 은혜

이 세상에는 수많은 종교가 있습니다. 그 나름대로 선하고 도덕적 유익도 줍니다. 좋은 교훈도 많이 줍니다. 그러나 분명한 것은 그들에게는 인간의 죄를 대속하신 구세주가 없습니다. 세상의 모든 종교에서는 그 창시자가 정한 수백 가지 이상의 기준을 지켜야 죄 사함을 받습니다. 하지만 기독교는 오직 예수 그리스도 안에서 회개와 믿음을 통하여 죄 사함을 받고 하나님의 자녀가 됩니다. 그래서 타종교가 볼 때 기독교는 뭔가 허술해 보입니다. 의로워지기 위해 인간이 할 몫이 없기 때문입니다.

동시에 그들이 가장 부러워하는 종교가 기독교입니다. 자신은 죄 사함을 받기 위해서 온갖 율법을 지키려 애를 쓰고 몸부림을 치는데 기독교인은 아무 것도 하지 않고도 죄 사함을 받았다고 하는 것입니다. 그러고는 뻔뻔하게 지냅니다. 그래서 한편으로는 비난을 하면서도 다른 한편으로는 부러워합니다.

그러나 그 뻔뻔함 가운데 기독교의 진리가 있습니다. 기독교는 은혜의 종교입니다. 다른 종교와의 차별이 여기에 있고 그 은혜가 기독교 진리의 핵심입니다. 우리의 몫이 있다면, 하나님의 은혜로 죄 사함 받고, 용서받고, 하나님의 자녀가 된 것을 고백하고 증언하는 것입니다. 여기에 그리스도인의 삶의 의미가 있고 사명이 있습니다. 여러분은 하나님의 크신 은혜를 얼마나 나타내며 살아갑니까?

그리스도인이 된다는 것

어떤 형제에게 심한 모욕을 당한 사람이 한 현자를 찾아와 말했습니다. "저 형제에게 심한 상처를 받았습니다. 앙갚음을 할 것입니다." 현자가 말했습니다. "젊은이여, 참게나. 원수 갚는 일은 하나님께 맡기게." 그랬더니 이 사람이 흥분하며 말합니다. "안 됩니다. 기필코 제 손으로 되갚아주겠습니다. 복수할 겁니다." 그래서 현자가 "형제여, 함께 기도하세"라고 하고는 이렇게 기도했답니다. "오, 하나님. 저희는 이제 더는 주님의 보살핌이 필요 없습니다. 손수 복수하기로 했기 때문입니다." 이 기도를 듣고 젊은이가 노인 앞에 무릎을 꿇고 말했습니다. "이제 그 형제에게 복수하지 않겠습니다. 용서하겠습니다. 그러니 제 잘못을 용서해주세요."

하나님의 사람 C. S. 루이스는 말했습니다. "그리스도인이 된다는 것은 용서할 수 없는 죄를 용서하는 것을 말한다. 하나님께서 용서받을 수 없는 우리의 죄를 사하셨기 때문이다." 종교개혁의 선구자 마르틴 루터의 고백입니다. "내가 나의 행위를 통해 드러내 보이는 용서야말로 내가 하나님 앞에서 용서받았음을 보여 주는 확실한 표지다." 에베소서 4장 32절은 말씀합니다. "서로 용서하기를 하나님이 그리스도 안에서 너희를 용서하심과 같이 하라." 서로 용서하는 것이 하나님의 뜻입니다. 하나님의 은혜를 받은 사람은 은혜를 나타내야 하고, 하나님의 용서를 받은 사람은 이웃을 용서해야 합니다. 이것이 기독교 윤리입니다.

베드로의 질문_"몇 번이나 용서하여 주리이까?"

본문에서 베드로는 예수님께 용서에 관해 질문합니다. "그 때에 베드로가 나아와 가로되 주여 형제가 내게 죄를 범하면 몇 번이나 용서하여 주리이까 일곱 번까지 하오리이까"(21절). 베드로는 스스로 관대하다고 생각하며 이 질문을 던졌습니다. 당시 율법의 교훈으로는 세 번까지 용서하는 것이 유대인의 덕이었기 때문입니다. 그런데 지금 베드로는 일곱 번까지 할 것인지를 여쭈니 나름대로 인심을 쓴 것입니다. 베드로는 칭찬을 기대했을 것입니다. 그런데 예수님께서 말씀하십니다. "예수께서 이르시되 네게 이르노니 일곱 번뿐 아니라 일곱 번을 일흔 번까지라도 할지니라"(22절).

한계 없는 용서, 무제한의 용서가 그리스도인의 마땅한 도리입니다. 이것이 하나님의 뜻입니다. 이 세상에서는 균형 잡힌 사람, 상식 있는 사람, 중용의 길을 걷는 사람이 이상적인 인간상입니다. 그러나 기독교는 상식이나 합리성을 가지고 옳고 그름을 따지지 않습니다. 하나님의 뜻에 '아멘'하고 순종하는 것이 옳은 것입니다. 어떻게 보면 세상에서 안 믿는 사람들한테서 '저 사람, 광신자 같아'라는 얘기를 듣는 것이 하나님 앞에서 옳은 것입니다. 그런데 안 믿는 사람과 비슷하게 하나님 앞에서도 미지근

한 태도를 보인다면 그는 신앙생활을 잘못하는 것입니다.

예수님은 오늘 본문에 나타난 비유를 말씀하시면서 "천국은"(23절)이라는 말로 시작하십니다. 사실, 베드로가 질문한 것은 천국에 관한 이야기가 아니었습니다. 그러나 예수님께서는 '천국은, 하나님의 뜻은, 천국 진리는'이라는 말씀과 함께 답을 주십니다. 다시 말해서 세상 윤리가 아니라, 천국 윤리를 말씀하시는 것입니다. '네가 하나님의 자녀라면, 천국백성이라면 이 말씀을 들으라'는 말씀입니다.

예수님의 비유의 핵심_하나님의 초월적 은혜

본문의 비유는 아주 간단합니다. 어떤 사람이 만 달란트의 빚을 졌습니다. 그런데 어느 왕이 그를 불쌍히 여겨서 이 빚을 탕감해 주었습니다. 그런데 만 달란트 빚졌던 사람이 나가서 자기에게 백 데나리온 빚진 동료를 찾아갑니다. 그래서 빚을 갚으라고 종용하는데, 그 친구가 갚을 형편이 못됩니다. 그래 그 친구를 감옥에 집어넣었습니다. 이 사실을 알고 왕이 진노하며 책망합니다. "이 악한 종아!"

이 비유에는 깊은 메시지가 담겨 있습니다. 메시지를 깊이 이해하기 위해서 먼저 만 달란트와 백 데나리온에 대한 이해가 필요합니다. 이 두 금액의 차이는 50만 배입니다. 조금 더 구체적으로 말씀드리면, 한 데나리온은 당시 노동자의 하루 품삯입니다. 지금 노동자의 평균 일당이 약 5만 원쯤 되니까, 오늘날 화폐 가치로 환산하면 백 데나리온은 약 500만 원쯤 됩니다. 그러니까 만 달란트 빚진 사람은 500만 원의 50만 배인 2조 5,000억 원의 빚을 탕감받은 것입니다.

이 비유의 가장 큰 핵심은 하나님의 초월적 은혜입니다. 무한한 은혜입니다. 사실, 2조 5,000억 원이라는 액수는 일반인이 상상하거나 가늠해 볼 수 있는 금액이 아닙니다. 그저 어마어마하게 많은 돈이라는 정도로만 짐작할 뿐입니다. 이처럼 모든 그리스도인은 측량할 수 없는 하나님의 은혜를 받아 하나님의 자녀가 된 것입니다. 이것이 십자가의 가치입니다. 우리가 어떤 기준에 다다라서 빚을 갚은 것이 아니라 그냥 하나님이 조건 없이 우리를 불쌍히 여기셔서 우리의 엄청난 죄 값을 탕감해 주셨습니다. 이것을 사죄의 은총이라고 합니다. 하나님의 초월적인 용서입니다.

죄의 결국은 사망이요, 멸망이요, 지옥입니다. 이것이 성경 진리입니다. 만일 죄의 결국을 믿지 않는다면 하나님의 은혜를 알지 못합니다. 하나님은 이 놀라운 은혜를 예수 그리스도 안에서, 십자가 안에서 이미 이루셨습니다. 앞으로 이루실 것이 아니라 이미 이루셨다는 것이 기독교 진리입니다.

하나님의 초월적 은혜에 대한 두 가지 응답_믿음과 감사

하나님의 은혜에는 두 가지 응답이 항상 요구됩니다. 아주 자연스러운 태도요 고백입니다.

첫 번째가 믿음입니다. 우리가 하나님의 은혜를 받은 이유는 우리에게 공로가 있어서가 아닙니다. 우리가 죄인 되었을 때, 하나님과 원수 되었을 때 십자가 사건이 일어났습니다. 그러니까 믿음이란 무엇입니까? 은혜를 그냥 받아들이는 것입니다. 그대로 수용하는 것이 믿음입니다.

둘째는 감사입니다. 은혜는 선물입니다. 선물을 받은 자는 마땅히 감사를 표해야 합니다. 그리고 귀한 선물일수록 우리는 더 많이 감사합니다. 그렇다면 감사가 무엇입니까? 은혜를 기억하는 것입니다. 우리의 일상에서도 누군가에게 큰 선물을 받았을 때 감사하는 것은 은혜를 기억한다는 표시입니다. 우리는 하나님의 은혜를 떠올릴 때마다 감사할 것입니다. 하나님의 은혜를 기억하고, 생각하고, 고백하고, 감사하는 것이 그리스도인의 삶입니다. 그런데 이 은혜를 소홀히 여기고, 은혜의 가치를 망각한다면 정상적인 신앙생활 자체가 어려울 수밖에 없습니다.

악한 종_은혜를 망각하고 소홀히 여기는 사람

본문에서 '악한 종'은 하나님의 은혜를 망각하고, 소홀히 여겼습니다. 은혜 밖에서 세상 판단으로 행동했습니다. 빚진 자를 세상 법에 따라 감옥에 집어넣는 것은 정당합니다. 그냥 빼앗는 것도 아니고, 분명히 내 돈을 빌려간 사람에게 이제 빚을 갚으라고 했는데 안 갚아서 법대로 처리하는 게 당연합니다. 그런데 성경은 말씀합니다. "악한 종아"(32절).

예배가 무엇입니까? 예배란, 하나님의 은혜가 회복되는 시간입니다. 예배시간에는 은혜를 기억하고, 고백하고, 찬송합니다. 이 세상에서 바쁘게 살다보면 자꾸 은혜를 잊는 것이 인간입니다. 그러나 예배를 통해서 은혜에 대한 감사가 회복됩니다. 성만찬을 생각해 보십시오. 예수님께서 성만찬을 행하시면서 이렇게 말씀하셨습니다. "Do this in remembrance of Me"(NIV). 직역하면 "나를 기억하여 이것을 행하라"입니다. 무엇을 기억하는 것입니까? 예수님의 존재 자체를 기억하는 것입니다. 그 안에 나타난 하나님의 은혜를 기억하는 것이 성만찬입니다. 그것이 곧 예배입니다. 주님을 기억하여 드리는 예배 가운데 우리는 하나님의 은혜를 회복합니다. 그 은혜 속에서만 우리는 감사하고, 기뻐하고, 찬송하며 살아갈 수 있기 때문입니다.

우리나라 속담에 "원수는 물에 새기고, 은혜는 돌에 새기라"는 말이 있습니다. 문자 그대로, 나쁜 일은 물에 새겨 지워 버리라는 뜻입니다. 그러나 은혜는 돌에 새겨 절대 잊어서는 안 됩니다. 이 세상의 이치도 이럴진대 하물며 하나님의 은혜를 잊어서야 되겠습니까?

은혜를 망각하고 소홀히 여긴 결과

출애굽 사건은 성경에서 가장 많이 반복적으로 기록되었고, 우리가 항상 기억하는 사건입니다. 이스라엘 백성은 엄청난 하나님의 은혜 속에 출애굽해서 자유인이 되었습니다. 그러나 출애굽한 지 보름도 되지 않아서 원망하고 불평합니다. 결국 그 벌로 가나안 땅에 못 들어가지 않습니까? 그렇게 된 가장 큰 이유가 무엇입니까? 그들이 쉽게 은혜를 망각했기 때문입니다. 원망과 불평도 죄이지만, 가장 심각한 것은 하나님의 은혜를 망각하는 것입니다. 은혜를 잊으니 원망과 불평이 절로 나오는 것입니다. 이는 세상적인 판단과 자기를 기준으로 생각한 결과입니다. 그래서 하나님께서 이스라엘 백성에게 하나님의 기준인 십계명을 주십니다.

출애굽기에서 십계명은 이렇게 시작합니다. "나는 너를 애굽 땅, 종 되었던 집에서 인도하여 낸 네 하나님 여호와니라"(출 20:2). 애굽 땅에서 종 되었던 그들을 인도하여 내신, 역사 속에서 구원을 이루신 하나님을 기억하라는 말씀입니다. 이스라엘 백성이 그 사실을 잊었기 때문에 원망과 불평을 하는 것입니다. 오늘 우리도 살아계신 하나님, 살아계신 예수 그리스도를 구주로 고백하면서도, 그분의 은혜를 망각했기에 잘못된 신앙생활을 하는 것입니다.

은혜의 삶_'마땅히' 이웃을 용서하라

　본문을 통하여 하나님께서 은혜의 삶이 무엇인지 알려 주십니다. 그 삶은 바로 이웃을 용서하는 것입니다. 무제한적 용서를 하라는 것입니다. 예수님께서는 본문 33절에서 비유를 통하여 말씀하십니다. "내가 너를 불쌍히 여김과 같이 너도 네 동료를 불쌍히 여김이 마땅하지 아니하냐." 하나님께서 우리를 용서하심같이 우리도 이웃에게 하나님의 초월적 은혜를 나타내야 된다는 것입니다. 이것이 천국 진리입니다. 천국 윤리입니다. 1만 달란트와 100데나리온, 50만 배의 차이를 분명히 인식해야 합니다. 그리스도인이 용서할 수 있는 동력은 바로 여기에 있습니다. 우리가 남을 용서할 때 세상 기준을 따라서는 안 됩니다. 하나님께서 말씀하시는 것은 하나님의 기준입니다. 하나님의 초월적 은혜의 기준에서 생각해 보라는 것입니다. 나 자신이 받은 하나님의 은혜 안에서 이제 이웃을 어떻게 생각해야 되는지, 그것을 결단하라는 말입니다.

　세상에는 용서에 대한 신념 몇 가지가 있습니다. 사회 정의와 질서를 위해서, 때로는 나의 명예를 위해서 그렇게 무한정, 무조건 용서해서는 안 된다는 신념입니다. 세상은 항상 눈에는 눈, 이에는 이입니다. 이것이 정의라고 생각합니다. 세상이 말하는 정의는 법을 어기면 처벌을 받는 것입니다.

　물론 맞는 말입니다. 그러나 그 안에 깊은 함정이 있습니다. 내가 남을 용서하지 못할 때 가장 큰 피해자는 나 자신입니다. 첫 번째 피해는 인간관계가 깨지는 것입니다. 관계를 맺을 때 자꾸 부정적인 생각을 하게 되고 의구심을 갖게 되면서 마음이 닫힙니다. 결국 자기 손해입니다. 두 번째는 부적절한 방법으로 보상을 받으려 한다는 것입니다. 내가 받은 대로 되갚아 주는 것, 내가 준만큼 받는 것을 당연하게 여기고 이것이 성취되지 않으면 어떤 방법을 동원해서라도 받아내려고, 되갚아주려고 합니다. 세 번째는 시간과 열정을 허비하게 됩니다. 자기가 손해 보는 것 같아 억울하니까 그 심정을 풀어 보려고 안간힘을 쓰는 것입니다. 은혜를 떠난 사람은 용서하지 못하고, 용서하지 못하는 마음의 짐을 지고 살게 됩니다. 결국은 성령 안에서 살지 못한다는 것이 가장 큰 문제입니다. 자기도 모르는 사이에 결국 악의 시험에 빠졌습니다. 시편에 이런 말씀이 있습니다. "악을 행하는 자들 때문에 불평하지 말며"(시 37:1).

부족한 용서_조건적, 부분적, 연기된 용서

하나님께서 우리에게 요구하시는 용서는 부분적인 용서가 아닙니다. 완전한 용서입니다. 그래서 내가 너희를 불쌍히 여김같이, 1만 달란트를 탕감한 것같이 용서하라고 말씀하십니다. 그런데 우리의 용서를 보면 항상 몇 가지 문제가 있습니다.

먼저는 조건적으로 용서한다는 것입니다. '만약 네가 이것 이것을 하면 내가 용서 한다'는 식인데 이것은 하나님의 용서와 차원이 멉니다. 다음으로 우리는 부분적으로 용서합니다. '내가 용서는 하마. 그러나 이 사건은 잊을 수가 없다. 너랑 함께하지 못한다.' 이것은 용서가 아닙니다. 세상의 기준으로는 용서입니다. 그러나 하나님 앞에는 용서가 아닙니다. 마지막으로 연기된 용서가 있습니다. '내가 용서해. 그러나 시간이 필요해. 언젠가는 용서하마.' 이것은 용서가 아닙니다. 이것이 잘못된 용서의 유혹입니다. 성경은 하나님께서 우리를 용서하심같이 네 이웃을 용서하라고 말씀합니다. 이것이 하나님의 뜻입니다.

20세기의 유명한 정신과 의사이며 내과 의사였던 폴 트루니에가 쓴

『자유』라는 책이 있습니다. 이 책에 나오는 사건 하나를 소개하겠습니다. 악성 빈혈로 고생하던 한 직장여성이 있었습니다. 약을 먹고도 좀처럼 차도가 없었습니다. 결국은 의사가 입원하라는 진단을 내렸습니다. 이 여성이 입원 진단을 받고 집으로 돌아갔는데 바로 병원에 오지를 않고 한참 뒤인 일주일 만에 왔습니다. 하지만 더 나빠졌으리라 생각했는데, 표정을 보니까 훨씬 밝아졌습니다. 너무 이상해서 즉시 의사가 건강검진을 하자고 했습니다. 그리고 결과를 보니, 건강상태가 매우 양호해진 것입니다. 깜짝 놀란 의사에게 이 여성이 말했습니다. "제가 한없이 증오하던 사람이 있었는데, 며칠 전 용서하고 용납했습니다. 그런데 바로 그때부터 기분이 좋아지고 삶의 긍정적인 의욕이 생겼습니다."

용서의 역설_용서한 자가 받는 더 큰 복

하나님은 본문을 통하여 은혜의 심판을 선포하십니다. 하나님의 심판은 반드시 현재적이고 종말적으로 나타납니다. 하나님의 심판에 그리스도인의 믿음과 소망이 있습니다. 그래서 악을 행하는 자를 보고 불평하지 말라는 것입니다. 예수님께서 비유를 통하여 말씀하시고, 결론으로 오늘 본문 35절에서 이렇게 말씀하십니다. "너희가 각각 마음으로부터 형제를 용서하지 아니하면 나의 하늘 아버지께서도 너희에게 이와 같이 하시리라."

그런데 이 말씀을 보면, '어, 하나님께서 이러실 수가?' 하는 생각이 듭니다. 하나님의 은혜와 용서는 무한하다고 했는데 조건이 달렸습니다. 하나님의 초월적 용서는 분명히 선물입니다. 은혜입니다. 그러나 오늘 본문에서 말씀하는 것은 은혜의 심판입니다. 이미 용서받고 은혜 받은 자가 계속해서 은혜를 망각하고 이웃을 용서하지 않으면 그는 하나님 앞에 악한 사람입니다. 그래서 용서하지 않는 자는 그 행한 대로, 법대로, 율법대로 심판을 받습니다.

그리스도인은 삶의 모든 문제를 인간의 판단과 상식으로 해석하면 안 됩니다. 그리스도인은 세상의 이치를 따질 줄도 알아야 하지만 반드시 하나님의 은혜 안에서 다시 한 번 생각해야 합니다. 우리에게 가장 중요한 관계는 하나님과 나와의 관계이기 때문입니다. 그래서 하나님의 은혜를 받은 사람은 은혜를 베풀어 이웃을 조건 없이 용서해야 합니다. 용서받고 용서하는 당사자는 나와 이웃이지만 이 관계에서 끝나는 것이 아니라 우리가 맺는 모든 관계에는 하나님이 함께하신다는 사실을 우리는 반드시 기억할 필요가 있습니다.

십자가의 은혜를 기억하는 삶_성령의 역사

우리가 은혜를 베풀고 용서하는 이유는 나의 인격이 고매해서, 내가 매우 도덕적인 사람이라서가 아닙니다. 만일 내가 누군가를 용서할 수 있다면 그것은 나를 통해 하나님의 은혜가 흘러간 덕분입니다. 우리 삶을 통해서 하나님의 용서와 사랑을 나타내라는 것이 성경이 분부하는 바입니다. 하나님은 이것이 성령 안에서 마땅하지 않느냐고 말씀하십니다.

오래전 제2차 세계대전 때 라벤스부르크라는 악명 높은 집단수용소가 있었습니다. 사람들을 처형하는 가스실이 있던 곳입니다. 역사적으로 보면 그 집단수용소에서 9만 6,000여명의 어린아이와 여성들이 처형되었습니다. 1945년 이 수용소에서 한 장의 종이를 발견했습니다. 그 종이에 이런 기도문이 적혀 있었다고 합니다. "오, 주님. 선한 의지를 가진 사람들만 기억하지 마시고, 악한 의지를 가진 사람도 기억하옵소서. 그리고 그들이 우리에게 가했던 그 모든 고통은 기억하지 마시옵소서. 대신 이런 고통 때문에 우리가 맺은 열매들, 우리의 우애, 충성, 겸손, 용기, 관대함, 이 모든 것에서 싹튼 마음의 위대함을 기억하소서. 그래서 마지막 날에 핍박한 자들이 심판받을 때에 우리가 맺은 이 모든 열매로 그들을 용서하시옵소서." 지옥과 같은 곳에서 살았지만, 이들은 천국의 삶을 경험하며 하나님께 영광을 돌렸습니다.

하나님의 사람 스데반이 악한 자들에게 핍박받고 돌에 맞아 죽어가며 기도했습니다. "저들을 사하여주소서." 그리스도인은 항상 십자가의 은혜를 기억해야 합니다. 그 은혜를 기억하고 고백할 때에만 은혜 받은 사람답게 살 수 있기 때문입니다. 그래서 그리스도인은 예배를 통해서 항상 은혜를 회복해야 합니다. 찬양해야 합니다. 고백해야 합니다. 그래야 세상으로 나가 그 은혜를 나타내며 살 수 있기 때문입니다. 하나님은 이런 사람과 함께하십니다. 하나님과 함께하는 자는 하나님의 평강과 지혜와 능력을 체험할 것입니다.

기도

전지전능하신 하나님 아버지. 하나님의 초월적 은혜와 사랑과 용서를 받고 오늘을 살아가는 하나님의 자녀임에도 불구하고 그 은혜를 망각하고, 그 은혜의 가치를 잊어버리고 또 다시 세상방식으로 살며, 원망과 분노와 불평과 정죄 속에 살아가는 죄인을 불쌍히 여겨 주시옵소서. 십자가의 은혜를 회복하고 기억함으로 예배를 통해서, 말씀을 통해서 하나님의 풍성한 은혜와 사랑이 충만히 회복되어 이 시대를 향하여 이 세상 안에서 하나님의 은혜와 사랑과 용서를 나타내며, 하나님의 지혜에 순종하며, 하나님의 평강으로 살아가는 하나님의 사람이 될 수 있도록 지켜 주시옵소서. 우리 주 예수 그리스도의 이름으로 간절히 기도드리옵나이다. 아멘.

16장

하늘의 기쁨

모든 세리와 죄인들이 말씀을 들으러 가까이 나아오니 바리새인과 서기관들이 수군거려 이르
되 이 사람이 죄인을 영접하고 음식을 같이 먹는다 하더라 예수께서 그들에게 이 비유로 이르
시되 너희 중에 어떤 사람이 양 백 마리가 있는데 그 중의 하나를 잃으면 아흔아홉 마리를 들
에 두고 그 잃은 것을 찾아내기까지 찾아다니지 아니하겠느냐 또 찾아낸즉 즐거워 어깨에 메
고 집에 와서 그 벗과 이웃을 불러 모으고 말하되 나와 함께 즐기자 나의 잃은 양을 찾아내었
노라 하리라 내가 너희에게 이르노니 이와 같이 죄인 한 사람이 회개하면 하늘에서는 회개할
것 없는 의인 아흔아홉으로 말미암아 기뻐하는 것보다 더하리라(눅 15:1–7).

『탈무드』에 이런 금언이 있습니다. "사람은 누구나 허락받은 모든 즐
거움 가운데 자신이 즐기지 못한 즐거움에 대해서 그 이유를 설명해야 한
다." 이 금언과 함께 이야기 하나를 소개합니다. 하늘나라에서 다음과 같
은 대화가 오갔습니다. "외출을 마치고 돌아온 소감을 말해보아라." "별로
즐겁지 못했습니다. 그저 지긋지긋하기만 했습니다." "왜 즐기지 못했느
냐?" "누릴 만한 것이 거의 없었습니다." "네가 외출했을 때, 나는 이미 네
게 누릴 만한 모든 것을 선물로 주었다." "정말입니까? 그런데 왜 저는 아
무것도 누리지 못했을까요?" "네가 눈을 뜨지 못했기 때문이지." "저는 항
상 눈을 뜨고 보았는데요?" "아니지. 너는 네게 주어진 선물에는 눈길을 안

주고, 너에게 없는 것에만 집중했거든." "그러면 제게 주어진 그것이 잔칫상이었다는 말씀이십니까?" "그렇지. 네가 삶을 누리지 못하고 지루함만을 느꼈던 것은 네가 잔칫상을 받고도 그것이 잔칫상임을 깨닫지 못했기 때문이다."

성령 안에서 누리는 기쁨_네 가지

앤드루 머리(Andrew Murray)의 『나를 허물고 주님을 세우는 삶』(The Believer's Secret of the Master's Indwelling)을 보면 그리스도인이 성령 안에서 누리는 기쁨 네 가지를 아주 간결하게 성경적으로 설명하고 있습니다.

첫째는 예수님과 함께하는 기쁨입니다. 우리 기쁨의 출처가 어디입니까? 여러분은 어떤 기쁨을 소망하면서 살아갑니까? 그리스도인이 추구하는 기쁨은 세상의 것과는 차원이 다릅니다. 우리는 오직 예수 그리스도 안에서만 영적 기쁨을 누리며 살아갈 수 있습니다.

둘째는 죄에서 해방되는 기쁨입니다. 분명 그리스도인은 죄와 사망의 권세에서 해방되었습니다. 이 사실을 기억하며 우리는 기뻐합니다.

셋째는 성도들을 사랑하는 기쁨입니다. 내 믿음으로 구원받지만, 그 구원의 기쁨을 누리고 구원의 은총을 누리는 일은 공동체 안에서 이루어집니다. 홀로 깨닫고, 홀로 아무리 애써봐야 성령의 열매를 맛보지 못합니다. 성령의 열매는 항상 교회를 통해서, 공동체 안에서 나타납니다.

넷째는 하나님을 위해 일하는 기쁨입니다. 하나님의 사랑을 다른 사람에게 전하는 사역에 자기 자신을 온전히 바칠 때 기쁨을 누릴 수 있습니다. 그리스도인은 이런 기쁨을 누리며 살도록 새롭게 지음 받았습니다.

그리스도인이 기쁨을 누리지 못하는 이유_불신앙, 자기 의, 무지

분명 그리스도인인데 하늘의 기쁨을 충만히 누리지 못하는 이유가 무엇일까요? 그 이유는 적어도 세 가지를 생각해 볼 수 있습니다.

첫 번째 이유가 불신앙입니다. 영적인 기쁨은 믿음으로 누릴 수 있습니다. 그런데 그만한 믿음이 없는 것이 문제입니다. 예를 들어 천지창조에 대해서, 인간의 기원과 존재에 대해서 성경이 말씀하시는 바를 믿으면 그 단순하고 명료한 진리 속에 담긴 깊이 있는 지혜를 얻고 기뻐할 수 있습니다. "태초에 하나님이 천지를 창조하시니라." 이 명제를 믿으면 신앙의 문제가 해결되는데, 자꾸만 합리적인 근거를 찾고 이성적으로 납득을 하려고 애쓰다가 복잡한 미로를 헤매게 됩니다. 복잡함 속에는 번민이 많습니다. 근심이 있습니다. 혼란이 있습니다. 고통이 있습니다. 당연히 기쁨이 사라집니다.

두 번째 이유는 자기 의입니다. 자기 의가 나타날 때는 하나님을 절대 의존하지 않습니다. 교만한 사람은 자신에게 주어진 기쁨을 누리지 못합니다. 영어에서 '기쁨'을 뜻하는 단어는 'joy'입니다. '조이선교회'라는 선교 단체에서 이 단어를 새롭게 해석했는데 꽤 의미가 있습니다. 'J'는 'Jesus', 'o'는 'others', 'y'는 'you', 일종의 우선순위를 매겨놓은 것입니다. 예수님이 1순위, 이웃이 2순위, 내가 3순위입니다. 이 질서만 잘 지켜도 영적 기쁨을 누릴 수 있습니다. 그런데 자기가 항상 1순위이기 때문에 기쁨이 없고, 자기에게 주어진 분복도 누리지 못합니다.

세 번째가 무지입니다. 영적 무지는 진리를 거부합니다. 진리의 가치를 모릅니다. 그래서 영적으로 무지한 사람은 하나님의 말씀에 불순종하게 됩니다. 그는 하나님께서 주신 기쁨을, 은총을 누릴 수 없습니다. 결국 잘못된 지식과 가치 때문에 스스로 불행해집니다. 그래서 원망과 불평과 근심 가운데 살아가게 됩니다. 이것이 오늘날 우리의 실존입니다. 이것에 직면해야 합니다.

하나님께서는 오직 예수 그리스도 안에서 성령을 통하여 기쁨의 선물을 은혜로 주십니다. 이 기쁨을 누리고 고백하는 사람이 복 있는 사람입니다. 그가 진정 하나님의 자녀답게 살아가는 사람입니다.

잃어버린 양을 찾는 목자_예수 그리스도

본문에는 잃어버린 양의 비유가 기록되어 있습니다. 예수님은 잃은 양의 비유를 통하여 하늘의 기쁨을 우리에게 보여 주십니다.

어느 목자가 백 마리의 양을 치고 있었습니다. 그런데 그 가운데 한 마리가 대열에서 이탈하여 목자를 떠났습니다. 어디로 갔는지 알 길이 없습니다. 이제 목자가 그 잃은 양을 찾으러 다니다가 마침내 그 양을 찾았습니다. 목자는 기뻐했습니다. 예수님은 잃은 양을 찾은 목자가 집에 가서 이웃을 불러다가 잔치를 벌이고 크게 기뻐할 것이라고 말씀하셨습니다. 그리고 거기 모인 모든 사람에게 "너희도 이럴 것 아니냐? 너희 중에서도 이렇게 행할 것이 아니냐?" 하고 반문하셨습니다.

"내가 너희에게 이르노니 이와 같이 죄인 한 사람이 회개하면 하늘에서는 회개할 것 없는 의인 아흔아홉으로 말미암아 기뻐하는 것보다 더하리라"(7절). 하나님의 기쁨, 충만한 하늘의 기쁨이 어떤 것인지 보여 주는 말씀입니다. 이 비유의 핵심은 목자가 누구냐 하는 것입니다. 목자는 예수 그리스도이십니다. 요한복음 10장에서도 말씀합니다. "나는 선한 목자다." 예수님은 목자 중의 목자, 위대한 목자이십니다. 선한 목자이신 예수님은 잃은 양 한 마리를 찾아가십니다. 오늘도 찾고 계십니다. 목자를 떠난, 목자에게서 벗어난 죄인을 애타게 찾으십니다. 여기에 예수님의 소명이 있습니다.

예수님은 하나님께서 보내신 분입니다. 하나님 아버지께서 주신 사명을 이루신 분입니다. 예수님께서 말씀하십니다. "인자가 온 것은 잃어버린 자를 찾아 구원하려 함이다. 잃어버린 양을, 목자를 떠난 죄인을 찾아 이 땅에 와서 그를 구원하려 함이다." 여기에 성육신의 목적과 의미가 나타나 있습니다.

가치의 차이_전도의 동기

열다섯 살 난 아들이 자기 집 앞에서 공을 가지고 놀다가 콘택트렌즈 한 개를 떨어뜨려 잃어버렸습니다. 열심히 찾았지만 찾을 수가 없었습니다. 곧바로 집에 들어가서 어머니께 그 사실을 말씀드렸습니다. "어머니, 저 큰일 났어요. 콘택트렌즈가 하나 빠졌는데 도저히 찾을 수가 없어요. 정말 열심히 찾았거든요? 그런데도 찾을 수가 없었어요." 그런데 어머니가 그 소리를 듣고 나가시더니 조금 있다가 찾아오셨습니다. 아이가 너무나 놀랐습니다. "나도 정말 열심히 찾았는데 왜 못 찾았을까요?" 어머니가 말했습니다. "나는 너와 똑같은 물건을 찾은 게 아니야. 너는 둥그렇게 생긴 작은 플라스틱 한 개를 찾았지만, 나는 백오십 달러짜리를 찾은 거란다." 아이와 어머니가 콘택트렌즈에 매긴 가치가 각각 달랐던 것입니다.

예수님께서는 죄인의 죄를 보시는 것이 아니라, 그 안에 나타난 생명을 보십니다. 그 생명을 찾으십니다. 성경은 말씀합니다. "천하보다 귀한 생명이다." 예수님은 이 땅에 오셔서 그 생명을 찾으셨고, 오늘도 그 생명을 찾고 계십니다. 자기 백성을 사망에서 생명으로 옮기시기 위해, 영생을 얻게 하시려고 잃어버린 주님의 자녀들을 찾으십니다. 예수님께서는 무슨 이유로 하늘의 보좌를 버리시고 이 땅에 오셔서 이런 일을 행하시는 것입니까? 왜 잃어버린 영혼을 찾으시는 것입니까? 그것은 하나님의 사랑 때문입니다.

복음 전도의 동기는 하나님의 사랑입니다. 우리는 흔히 복음을 전하면서 많은 생각을 합니다. '교회성장을 위해서, 하나님께 영광을 돌리기 위해서, 이 일은 내가 해야 할 사명이어서, 전도할 책임이 있으니까.' 그런데 이런 마음으로 하면 처음에는 열정이 솟구치는데, 조금만 지나보면 낙심하고, 절망하고, 자기가 뭐하고 있는지 모르겠는 상태가 됩니다. 오직 하나님의 사랑이 동기가 되어 복음을 전해야 합니다. 그럴 때에만 전도 대상자를 보면서 그의 죄와 허물을 묻지 않습니다. 낙망하지 않습니다.

본문에서 예수님도 잃은 양을 질책하지 않으십니다. 율법의 잣대로 보지 않으십니다. 오직 사랑의 잣대로만 보십니다. 잃은 양은 길에서 벗어났습니다. 누구의 잘못입니까? 잃은 양의 잘못입니다. 목자의 잘못이 아닙니다. 나머지 양들은 잘 있는데, 왜 그 양만 목자를 떠났을까요? 오늘 본문에도 나오지만, 죄인과 세리들은 당시에 가장 추악하고 불경건한 사람들입니다. 그런데도 예수님께서는 그들의 과거를 묻지 않으셨습니다. 율법의 잣대로 그들의 죄와 허물을 묻지 않으셨습니다. 이것이 예수님의 전도입니다. 오직 사랑의 마음으로 그들을 불쌍히 여기시고 긍휼히 여기셨습니다.

예수님은 죄인들을 길 잃은 양으로 보시고, 그들이 절대 스스로 목자에게 돌아올 수 없는 것을 아셨습니다. 하나님을 떠난 죄인은 절대 자기 의지로, 자기의 경건으로 하나님께 돌아올 수 없습니다. 스스로 회복할 수 없습니다. 예수님은 죄에 대해 철저하게 무능한 우리의 모습을 불쌍히 여기셨습니다. 이것저것 재지 않으시고 사랑의 마음으로 그저 '아 불쌍하다'

라고 생각하신 것입니다. 우리가 복음을 전하고 그리스도의 증인으로 살아가는 이유가 여기에 있습니다. 하나님의 사랑을 받았고, 그 사랑에 눈떴습니다. 이제는 새로운 영적 세계를 소망하며 살아갑니다. 그런데 그 사랑을 모를 때는 헤맸습니다. 목자 없이, 목적 없이 살았습니다. 이런 삶의 결말은 죽음입니다. 하나님께서 우리를 죽음의 위협이 도사리는 광야를 헤매는 잃은 양처럼 생각하시고 불쌍히 여기셨듯이 우리도 그 사랑을 생각하며 이웃에게 복음을 전합니다.

목자의 기쁨

우여곡절 끝에 목자가 양을 찾았습니다. 얼마나 기쁘겠습니까? "하늘의 기쁨이다. 의인 아흔 아홉보다 더 큰 기쁨이다." 그래서 목자는 잔치를 벌였습니다. 소중한 생명 하나를 구원하고 하나님께서 기쁨을 누리셨습니다. 여기에 그리스도인의 기쁨이 있습니다. 여러분은 이런 기쁨을 고백하고, 누리고, 증거하며 살아갑니까? 인간은 기쁨을 추구하는 존재입니다. 그런데 하늘의 기쁨을 모르면 다른 데서 기쁨을 맛보려고 헤매게 됩니다. 이런 인생을 일컬어 '허탄한 인생'이라고 합니다.

본문의 비유를 여러 화가들이 그림으로 남겼습니다. 초대교회 때는 잃은 양을 크게 표현했습니다. 큰 양을 어깨에 짊어진 목자는 힘들어서 어깨가 처졌습니다. 양을 찾아 여기저기 다니다보니 옷이 찢어지고, 살이 트고, 피가 흐르는 아주 꾀죄죄한 모습입니다. 목자는 사랑의 수고를 아끼지 않았습니다. 사랑의 대가를 지불한 것이지요. 예수님이 우리를 위해 지불하신 사랑의 대가가 무엇입니까? 바로 십자가입니다.

4세기 이후부터 그린 그림은 일단 양의 크기가 작습니다. 그래서 부담

없이 아무나 안을 수 있어 보입니다. 그리고 예수님의 행색도 깔끔합니다. 젊은 청년의 모습을 하고 기분 좋게 웃으십니다. 어떻게 보면, 이전에 그려진 것들보다 예쁜 그림이지만 중요한 것은 그 안에 십자가가 없다는 점입니다.

우리가 생각하는 목자 예수님께서는 어떤 분이십니까? 예수님께서는 우리가 고통받고 힘든데, 저 하늘 위에 편히 계시면서 '걱정하지 마라' 하시는 분이 아닙니다. 예수님께서는 우리와 함께 고통받는 분입니다. 잃은 양을 찾아 함께 고통당하시고 애쓰시는 분입니다. 그래서 그분은 십자가를 마다하지 않으셨습니다.

예수 그리스도의 십자가 안에서 "항상 기뻐하라"

"항상 기뻐하라." 성경은 이것이 하나님의 뜻이라고 말씀합니다. 어떻게 항상 기뻐할 수 있습니까? 오직 예수 그리스도의 십자가, 그 사랑 안에서만 항상 기뻐할 수 있습니다. 그 사랑을 알 때, 그 사랑의 수고를 알고 가치를 알 때 기뻐할 수 있고, 감사할 수 있습니다. 그런데 그 십자가의 사랑을 떠나면 다시 옛사람으로 돌아갑니다. 그러니 또 다른 기쁨을 추구하며, 거기에 행복이 있겠거니 하고 열심을 내며 허탄한 인생을 살아갈 수밖에 없습니다. 십자가의 사랑을 고백하고, 그 기쁨을 아는 사람은 복음의 증인으로 살아갑니다. 이렇게 사는 자에게 하나님께서 주시는 영적 기쁨이 약속되어 있습니다. 이것이 성령의 역사입니다.

본문에서 예수님의 말씀을 듣는 사람들 중에 바리새인과 서기관들이 있었습니다. 이들은 이 기쁨을 모릅니다. 본문 2절은 그들이 "수군거렸다"고 말씀하지만, 원문을 보면 원망하고 불평했다고 보는 게 더 정확합니다.

그들은 예수님께서 죄인들과 함께 식사하시는 것이 못마땅했습니다. 도덕적 잣대로 판단하면 세리와 죄인들은 상종해서는 안 되는 인간들입니다. 그런데 예수님은 그들을 간과하시지 않고 하나님의 사랑과 긍휼로 대하셨습니다. 바리새인과 서기관들에겐 긍휼의 마음이 없었습니다. 그래서 잃어버린 영혼을 찾은 기쁨에 동참하지 못했습니다. 결국 가장 큰 피해자는 그들 자신이었습니다.

바리새인과 서기관은 그 당시 율법을 준수하고 성경을 가르치는 교사로서 영적 지도자 집단입니다. 꾸준히 경건을 추구했고, 스스로 경건하다고 생각했던 사람들입니다. 하나님을 위해서 헌신하고, 복음을 가르치고, 전도하고, 도덕적으로나 윤리적으로 애를 많이 썼던 사람들입니다. 당시 세리나 죄인들과 견주어보면 하늘과 땅 차이입니다. 그러나 이들에게는 결정적인 문제가 있었는데 예수님을 거부했다는 것입니다. 예수님을 영접하지 않는 그들의 마음에는 하늘의 기쁨이 없었습니다. 예수님께서 하늘의 기쁨을 말씀하시는데도 그 기쁨에 동참하지 못했고, 오히려 세리와 죄인들이 하늘의 기쁨을 만끽했습니다. 여러분은 어떤 마음으로 이 말씀을 듣습니까?

하늘의 기쁨을 빼앗는 삶_바리새인의 길

래리 오스본(Larry Osborne) 목사님은 그의 저서 『당신의 열심이 위험한 이유』(Accidental Pharisees)에서 바리새인의 길을 가게 되는 세 단계를 제시합니다. 첫째가 자기 죄의 심각성과 깊이를 제대로 이해하지 못한 데서 바리새인의 길을 걷기 시작합니다. 둘째는 다른 사람들의 죄에 대한 혐오감이 고조됩니다. 셋째는 지키기가 어려운 예수님의 몇몇 금언만을 강조하고,

그분의 연민과 긍휼 그리고 은혜의 말씀은 거의 다 무시해 버립니다. 이런 단계를 밟는 교인들이 기독교 안에 너무나 많습니다.

우리가 봉사하고, 전도하고, 때로는 말씀을 묵상하고, 기도하면서 영적 기쁨이 있느냐 하는 문제는 중요합니다. 기쁨이 없는 기도는, 깊이 그 내용을 살펴보면 전부 다 자기 얘기입니다. 자기 소원입니다. 하나님의 은혜가 없습니다. 그리고 자꾸 세상을 탓하고, 이웃을 비난하고 정죄합니다. 기본적으로 이웃에 대한 사랑이 없습니다. 바리새인의 길을 걷고 있기 때문입니다. 어느덧 자기도 모르는 사이에 자기 의를 앞세우고, 불신앙과 영적 무지 가운데 있게 된 것입니다. 이것을 회개해야 합니다.

어떻게 하늘의 기쁨을, 하나님께서 주시는 기쁨의 선물을 누리고 회복할 수 있습니까? 두 가지 성경적인 방법이 있습니다. 첫째, 모든 사람 안에서 하나님의 형상을 보는 것입니다. 믿음의 눈으로 보면 죄와 허물과 악만 보이는 것이 아니라 하나님의 형상을 보게 됩니다. 바리새인들은 믿음에 눈뜨지 못했기 때문에 다른 사람 안에 있는 생명의 가치, 즉 하나님의 형상을 보지 못했습니다. 율법적, 도덕적 눈이 예리하게 살아있어서 죄와 허물은 정확하게 보았습니다. 그래서 잃은 양 비유를 들으면서 자기 자신은 아흔 아홉 마리의 양이라고, 안전한 자라고 생각했습니다. 그리고 길 잃은 양인 죄인들을 비난했습니다. 죄인들을 찾고 그들과 어울리시는 예수님을 비난했습니다.

예수 그리스도 안에 있을 때 맛보는 하늘의 기쁨

바리새인과 같은 시선을 가지고는 십자가를 체험할 수 없습니다. 거꾸로, 십자가를 경험하지 못한 사람은 바리새인처럼 무자비한 상태에 머물게 됩니다. 십자가에서 하나님의 사랑이 나타났습니다. 그 거룩한 사랑은 모든 죄인들에게 허락된 사랑입니다. 어떤 죄이든, 십자가 앞에서 믿음으로 회개하면 그 죄가 하나님이신 예수님께 전가됩니다. 그리고 우리가 회개하면 예수 그리스도의 의를 덧입게 됩니다. 이것은 하나님께서 굳게 약속하신 것이고, 우리는 이 약속을 의지하여 하나님의 자녀가 되었음을 확신합니다.

바리새인들은 하나님의 사랑을 알지 못했습니다. 성경 지식이 풍부했고 열심히 봉사했지만 마음이 부패했습니다. 자신은 십자가의 은혜가 절대로 필요하다는 사실을 인정하지 못했습니다. 그리스도인은 예수 그리스도 안에서 하나님과의 바른 관계에 집중할 때에 하늘의 기쁨을 선물로 받아 누립니다. 예수 그리스도 안에서 예수 그리스도와 함께 있을 때 기쁨이 주어지는 것이지, 이 관계를 떠나면 기쁨은 없습니다.

목자의 기쁨_전도자의 기쁨

오래전에 있었던 역사적 사건입니다. 제2차 세계대전 말기에 독일의 히틀러 정권에 항거하며 8년간 옥고를 치르고 출옥한 말린 미네르 목사님에 대한 실화입니다. 이분이 전쟁이 끝날 즈음에 출옥하여 일곱 번이나 똑같은 꿈을 꾸었답니다. 꿈속에서 많은 사람이 한 줄로 쭉 서서 하나님의 심판을 기다리고 있었습니다. 다들 자신의 죄를 고백하고, 하나님의 사유의 은총을 구하고, 통곡하고 있는데 딱 한 사람만 죄를 고백하지 않았습니다. 자꾸 변명만 늘어놓았습니다. 도대체 어떤 인간이기에 하나님 앞에서 저렇듯 뻔뻔할 수가 있나 싶어 봤더니 그는 히틀러였습니다. '아, 정말 악인은 저럴 수밖에 없구나.' 그런 생각을 하고 있는데, 그때 하나님께서 자신에게 말씀해 주셨답니다. "히틀러가 이 지경에 이른 것은 바로 너 미네르의 책임이다. 네가 8년 동안 히틀러에 대항하여 싸움만 했지, 단 한 번이라도 그에게 진심으로 복음을 전도하며 그를 위해 기도해 보았느냐? 그에게 전도를 했더라면 그가 하나님의 자녀가 되어 폭군으로 전쟁을 일으키지 않았을 것이다. 전쟁을 일으킨 죗값이 미네르, 네가 전도하지 않은 데 있었다." 꿈을 깨고 그는 하나님께 회개했답니다. "이 전쟁의 책임이, 히틀러의 만행에 대한 책임이 제게 있습니다."

오늘 본문에 타나난 목자의 기쁨, 하늘의 기쁨은 전도자의 기쁨입니다. 복음의 증인에게 주시는 하늘의 기쁨입니다. 하나님의 기쁨이요, 그리스도인의 기쁨입니다. 이 안에 진정한 복음의 삶이 나타납니다.

테레사(Mother Teresa) 수녀의 시 한 편을 소개합니다. 아주 짧은 시입니다. 제목도 '한 번에 한 사람'입니다. "나는 결코 대중을 구하려 하지 않는다. 나는 다만 한 사람을 바라볼 뿐이다. 나는 한 번에 단 한 사람만 사랑할 수 있다. 만일 내가 그 한 사람을 붙잡지 않았다면 나는 4만 2,000명을 결코 붙잡지 못했을 것이다."

예수 그리스도의 십자가 사랑

그리스도인은 예수 그리스도 안에서 생명의 가치를 먼저 알아야 합니다. 잃어버린 양 한 마리를 찾으시는 예수님께서 오늘도 하나님의 품을 떠난 죄인을 찾고 계십니다. 예수님은 죄인의 죄와 죄악에만 집중하지 않으십니다. 죄인 안에 있는 하나님의 형상, 고귀한 생명을 보십니다. 그래서 그를 귀히 여기시고 애타게 찾으십니다. 그분의 긍휼 덕분에 생명을 얻은 자가 그리스도인이요, 우리 자신입니다. 그래서 우리는 십자가 사랑 안에서 먼저 우리 자신의 존재 가치와 의미를 발견해야 합니다. 내 안에 있는 영생의 고귀함을 알아야 합니다. 이 일을 이루신 예수 그리스도의 십자가의 대속적 사랑을 고백할 때 우리 안에 감사가 있고, 기쁨이 있습니다. 무엇과도 바꿀 수 없는 즐거움과 만족이 있습니다. 그리고 이 복음의 증인으로 살아갈 때 하나님께서 하늘의 기쁨을 주십니다. 하나님은 오늘도 쉬지 않으시고 죄인을 찾으십니다.

기도

전지전능하신 하나님 아버지. 오직 하나님의 은혜로 십자가의 사랑을 믿고 하나님의 자녀가 되었습니다. 십자가의 복음을 주셔서 복음의 증인으로 신령한 기쁨을 누리며 살게 하시니 감사합니다. 오. 주님. 성령 안에서 우리의 믿음을 온전하게 하시사 더는 세상이 주는 기쁨에 목말라 하며 많은 시간과 열정을 허비하지 않게 하소서. 영원한 기쁨. 하늘의 기쁨을 갈망하고. 기뻐하고. 증거하며 하나님께서 주시는 충만한 기쁨의 증인으로 이 시대를 살아갈 수 있도록 늘 함께하여 주시옵소서. 우리 주 예수 그리스도의 이름으로 간절히 기도드리옵나이다. 아멘.

17장

죄 없는 자가 먼저 돌로 치라

예수는 감람 산으로 가시니라 아침에 다시 성전으로 들어오시니 백성이 다 나아오는지라 앉으사 그들을 가르치시더니 서기관들과 바리새인들이 음행중에 잡힌 여자를 끌고 와서 가운데 세우고 예수께 말하되 선생이여 이 여자가 간음하다가 현장에서 잡혔나이다 모세는 율법에 이러한 여자를 돌로 치라 명하였거니와 선생은 어떻게 말하겠나이까 그들이 이렇게 말함은 고발할 조건을 얻고자 하여 예수를 시험함이러라 예수께서 몸을 굽히사 손가락으로 땅에 쓰시니 그들이 묻기를 마지 아니하는지라 이에 일어나 이르시되 너희 중에 죄 없는 자가 먼저 돌로 치라 하시고 다시 몸을 굽혀 손가락으로 땅에 쓰시니 그들이 이 말씀을 듣고 양심에 가책을 느껴 어른으로 시작하여 젊은이까지 하나씩 하나씩 나가고 오직 예수와 그 가운데 섰는 여자만 남았더라 예수께서 일어나사 여자 외에 아무도 없는 것을 보시고 이르시되 여자여 너를 고발하던 그들이 어디 있느냐 너를 정죄한 자가 없느냐 대답하되 주여 없나이다 예수께서 이르시되 나도 너를 정죄하지 아니하노니 가서 다시는 죄를 범하지 말라 하시니라(요 8:1-11).

중국 전국시대의 유명한 철학가인 한비(韓非)는 그의 책 『한비자』에서 '여도지죄'(餘桃之罪)라는 고사를 소개합니다. 위나라에 미자하(彌子瑕)라는 미소년이 있었는데 그는 왕의 큰 총애를 받고 있었습니다. 위나라 법에는 왕의 수레를 몰래 타는 사람은 발꿈치를 베는 형벌이 있었습니다. 그런데도 미자하가 어느 날 자기 어머니를 만나러 간다고 하면서 몰래 왕의 수레를 타고 집으로 갔습니다. 이 일이 발각되어서 그가 왕 앞에 끌려갔는데,

왕이 벌을 주기는커녕 오히려 그를 칭찬했습니다. "미자하야, 너는 참으로 효자로구나. 어머니의 병을 염려하여 자신의 발꿈치를 대수롭지 않게 여기다니."

그리고 얼마간의 시간이 지났습니다. 하루는 미자하가 왕의 과수원 행차에 따라갔다가 복숭아가 무척 탐스러워 복숭아를 따서 자기가 먼저 한 입 베어 물고는 그 복숭아를 왕께 드렸습니다. 왕은 그때도 화를 내지 않고 이렇게 말했습니다. "짐을 생각하는 마음이 얼마나 깊은가? 자신이 먹던 것이라는 사실조차 잊을 정도로 항상 짐을 생각하는구나."

세월이 흘렀습니다. 미자하도 늙고 왕의 사랑도 식었습니다. 그러던 어느 날 미자하가 사소한 실수를 저질러 왕 앞에 불려가게 됩니다. 그때 왕은 그 사소한 실수를 저지른 미자하에게 이렇게 말합니다. "이 미자하는 일찍이 짐의 수레를 몰래 훔쳐 탄 놈이며, 제가 먹다 남은 복숭아를 나에게 준 아주 괘씸한 놈이다. 처벌해라."

사람은 마음 상태에 따라 같은 상황이라도 다르게 해석하고, 다르게 평가하는 법입니다.

그리스도인의 거듭난 삶의 방식

미국에서 'Grace Walk Ministry'라는 선교단체를 주도하고 있는 스티브 맥베이(Steve McVey) 목사님은 '은혜운동'(Grace Movement)을 주창하신 분입니다. 그는 사람을 판단하는 문제에 대해서 성경적으로 이렇게 해석합니다. "구원받지 못한 사람은 선과 악을 바탕으로 행위를 판단한다. 그러나 그리스도인은 그리스도의 행위로부터 그 방식이 흘러나와야 한다."

그리스도인은 예수 그리스도의 십자가 은혜로 말미암아 오직 믿음으로 하나님의 자녀가 되었고, 하나님의 은총을 입었습니다. 그리스도인은 예수 그리스도 안에서 변화된 사람입니다. 그래서 거듭난 그리스도인이라, 하나님의 자녀라 불립니다.

그리스도인은 믿음의 대상이 바뀐 사람입니다. 자기 자신을 믿다가 이제는 오직 한 분이신 삼위 하나님을 믿습니다. 전에는 예수 그리스도를 몰랐으나 이제는 그분을 나의 구주, 나의 구세주로 믿습니다.

소망도 변했습니다. 전에는 눈에 보이는 것에 끌려갔고, 눈에 보이는 것만을 탐하고 소원했습니다. 그러나 이제는 보이지 않는 것을 더 귀하게 여기며, 그것을 소망합니다. 예전에는 세상 것을 소망했습니다. 그러나 이제는 천국을 사모합니다.

진리관도 변했습니다. 예전에는 세상에서 가르쳐준 가치관, 철학, 사상, 지식으로 진리관을 형성했습니다. 그러나 이제는 허탄한 학문을 다 버렸습니다. 온전한 진리는 오직 하나님의 말씀이며 성경 진리임을 믿습니다.

삶의 방식까지 변했습니다. 삶의 방식과 기준이 복음의 방식으로 변합니다. 그래서 복음에 나타난 하나님의 은혜의 기준을 따라 오늘을 살아가게 됩니다. 바로 이런 삶이 새로운 피조물의 거듭난 인생입니다.

예수님에게 닥친 딜레마

본문에는 예루살렘에서 있었던 아주 생생한 사건이 기록되어 있습니다. 예수님께서 성전에서 말씀을 가르치실 때 많은 무리가 모였습니다. 예루살렘 성전이니 얼마나 많은 사람이 모였겠습니까. 그때 서기관들과 바리새인들, 당시 종교지도자들이 현장에서 붙잡힌 간음한 여인을 끌고 예수님 앞에 나왔습니다. 여기에는 엄청난 음모가 도사리고 있었습니다. 그들이 예수님을 죽이고자 함정을 판 것입니다. 그런 의도가 아니라면, 문제의 현장에서 그 여인을 율법대로 처리하면 그만입니다. 굳이 그 여인을 예수님 앞에, 그것도 많은 사람이 모인 예루살렘 성전까지 끌고 올 이유가 전혀 없습니다.

이제 그들이 묻습니다. "이 여인을 어떻게 할까요? 어떻게 처리할까요?" 예수님께서 만일 율법대로 행하신다면 이 여인은 죽어야 합니다. 당시 율법에서 가장 큰 죄가 세 가지가 있었는데 우상숭배, 살인, 그리고 간음입니다. 따라서 율법대로 처리하시면 예수님께서는 큰 위험에 직면하시게 됩니다. 이것이 딜레마입니다.

은혜 없는 악한 세상

예수님은 이 땅에 구원을 주시기 위해 오신 분입니다. 하나님의 사랑과 은혜를 보여 주시려 성육신 하셨습니다. 그런데 그 여인을 율법대로 처리한다면 예수님은 은혜도 없고 사랑도 없는 인간으로 전락하고 맙니다. 예수님께서 말씀하신 용서와 사랑의 메시지가 다 거짓이 됩니다. 또 하나는 법적인 문제입니다. 사형권은 당시 로마에만 있었습니다. 그러니 법대로 해서 그 여인이 죽는다면 예수님은 여인의 죽음에 대해 책임을 지셔야 합니다. 예수님께서는 그 사형에 대한 책임을 지시고 살인죄로 로마 법정에 서야 합니다. 또 예수님께서 만일 율법대로 하지 않으시고 여자를 그냥 보내주시면 어떻게 되겠습니까? 율법 파괴자가 되시는 것입니다. 하나님의 말씀을 파괴한 셈이 됩니다. 예수님은 지금 최대 위기 상황에 처해 계십니다.

예수님의 대답_침묵

군중은 바리새인과 서기관들과 함께 흥분해 있었습니다. 당시 이런 일은 대부분 율법대로 처리했습니다. 율법대로 이 여인을 돌로 쳐서 죽이면 됩니다. 지금 여기 모인 이들은 모두 선악의 기준으로 판단하는 사람들뿐입니다. 율법적 세계관 안에 매여 있습니다. 그리고 그것이 하나님의 뜻이라고 믿고 있습니다. 그렇게 신앙생활을 해왔습니다. 그들 사이에서는 율법을 어기면 영락없는 죄인입니다. 이런 상황에서 지금 예수님께서 행하신 일이 무엇입니까?

먼저 예수님은 몸을 굽히사 손가락으로 땅에 뭔가를 쓰셨습니다(6절). 이것이 예수님께서 이런 악한 세상에 하신, 악한 세대를 향하여 하신 첫 번째 행동입니다. 많은 신학자와 목회자가 예수님께서 땅에 손가락으로 무엇을 쓰셨을 지에 깊은 관심을 갖습니다. 도대체 무엇을 쓰셨을까요? 많은 이야기들을 합니다마는, 성경은 그 부분에 대해서는 침묵합니다. 그러니 모르는 것이 답입니다. 하지만 궁금한 건 어쩔 수가 없습니다.

제 개인적은 생각은 이렇습니다. 십계명을 쓰셨을 것입니다. 왜냐하면 하나님께서 직접 손으로 쓰신 것은 십계명뿐입니다. 예수님께서도 하나님의 권위로, 십계명을 쓰시지 않았을까 추측해 봅니다. 하지만 이것은 어디까지나 제 생각이고, 명백한 사실은 예수님께서 침묵하셨다는 것입니다. '어떻게 할까요? 어떻게 처리할까요?' 다그치는 군중에게 예수님은 침묵으로 대답하셨습니다.

무엇을 위한 침묵입니까? 깊이 생각하기 위한 침묵입니다. 지금 다수에 끌려가자는 것이 아닙니다. 하나님의 뜻을 분별하기 위해서는 깊은 생각과 침묵의 시간이 필요했습니다.

어떤 여성이 남편과 너무 많이 다퉈서 도저히 못살겠다고 어느 수도사를 찾아갔답니다. 고민을 털어놓자 이 수도사가 방에 들어갔다 나오면서 물이 담긴 예쁜 병을 하나 주었습니다. 그리고 남편과 다투기 직전에 이 물을 한 모금을 입에 물고 삼키지 말라는 권고를 해주고 보냈습니다. 그런데 여자가 그 말씀대로 하니까 가정이 정말 조용해지고 화목해졌습니다. 그리고 다시 수도사를 찾아와서는 그 물이 정말 신비한 물이라고 하면서 감사하다고 인사를 하는데, 수도사가 이렇게 말했다고 합니다. "그 물은 평범한 물입니다. 다만 침묵이 신비로울 뿐입니다."

예수님께서는 하나님의 뜻을 구하시기 위하여 침묵하셨습니다.

예수님의 대답_인격적 대우

예수님은 침묵 속에서 다시 정황을 판단하십니다. 우선 간음은 혼자 하는 것이 아니지 않습니까? 남자는 어디 갔습니까? 이런 상황에서는 정의로운 재판을 할 수 없습니다. 사건의 당사자가 둘 다 있어야 정황을 바르게 이해할 수 있습니다. 그러나 가부장적 사회에서는 약자만 끌려와서 부끄러움을 당했습니다. 본문의 내용은 이런 상황에 대해서 아무도 관심을 갖지 않는 분위기입니다.

더 중요한 것은 이 여인이 지금 사람대접을 못 받고 있다는 점입니다. 아무리 죄를 저질렀어도 하나의 인격체인데, 전혀 인격적인 대접을 받지 못하고 그냥 물건처럼 취급을 받습니다. 그 큰 예루살렘 성전, 사람이 많이 모이는 그 현장에서 대낮에 간음하다 끌려온 여인의 모습이 어떻겠습니까? 옷이 다 찢기고 질질 끌려왔을 것입니다. 머리도 흐트러지고, 완전 반나체로 끌려왔을 것입니다. 이런 처참하고 굴욕적인 상황을 보고도 사람들은 여인의 심정이 어떨지, 관심이 없었습니다. 여인을 인격적으로 대하지 않았습니다. 군중이, 종교지도자들이 얼마나 비인격적인 존재였는지가 이 사건을 통해서 나타납니다. 그들은 오직 율법만 앞세웠지 인간의 존엄성에 대해서는 관심이 없었습니다.

은혜 없는 사람들의 악과 교만

바리새인과 서기관을 비롯한 군중은 여인에게는 엄한 잣대를 갖다 대면서 자신들은 율법의 판단에서 슬쩍 물러납니다. 이들은 율법 위에 있습니다. 누군가를 율법으로 판단하려면 먼저 내가 율법 앞에 서야 합니다. 율법은 자신을 살피라고 주어진 것입니다. 그런데 자신들은 율법의 판단을 벗어나 간음한 여인만 나쁜 사람으로 만들려고 합니다. 하나님의 율법 앞에서 보면 모두 다 죄인입니다. 다만 지금 안 들킨 것일 뿐, 어차피 같은 죄인입니다.

더욱이 예수님께서 말씀하신 간음죄는 십계명 중에서 제7 계명을 어긴 것인데 성경은 마음으로, 생각으로만 음욕을 품어도 간음이라고 말씀합니다. 그런데 이들은 모두 자기는 무관하다고 시치미를 뗍니다. 이들은 스스로 율법대로 산다고 자부했지만, 결국 율법을 파괴하는, 율법을 무시하는 비인격적인 사람으로 나타나고 있습니다. 더욱이 하나님의 사람이라는 칭송을 받는 이들이 하나님의 사랑과 은혜를 전혀 모르고 있습니다.

눈에 보이는 상황만으로 판단하면 이들은 정의를 구현하는 사람들이지만, 다시 한 번 생각해 보면 이들이 간음한 여인보다 더 악한 사람들입니다. 율법을 통하여 하나님께서 말씀하십니다. "네 이웃을 네 몸과 같이 사랑하라." 내 몸과 같이 사랑하는 마음으로 이 여인을 다시 돌아보십시오. 이 여인한테 가장 필요한 것이 무엇입니까? 이처럼 위기, 곤경, 고통,

절망 속에 있는 여인에게 필요한 것이 무엇입니까? 만약 여러분이 이 여인이었다면 무엇이 필요했겠습니까? 예수님께서는 생각 끝에 이렇게 말씀하십니다. "너희 중에 죄 없는 자가 먼저 돌로 쳐라. 너희 중에 죄 없는 자가 하나님의 말씀 앞에, 율법 앞에 죄 없는 자가 먼저 돌로 쳐라." 이 말씀은 당시 상황에만 적용되는 것이 아닙니다. 모든 시대에 주시는 말씀입니다. 율법을 문자 그대로 적용해서 죄에 걸맞은 처단을 하는 것은 율법의 정신이 아닙니다. 율법의 핵심은 그 속에 깃든 하나님의 마음, 하나님의 뜻입니다.

모두가 죄인임을 깨닫게 하시는 예수님

이제 그들은 정신이 번쩍 납니다. 마음에 찔림을 받았습니다. 그래서 그들은 부끄러워하며 다 가버렸고, 예수님과 여인만 남았습니다.

오늘날 똑같은 상황에서 예수님께서 죄 없는 자가 먼저 돌로 치라고 말씀하시면 사람들은 돌은커녕 그보다 더 큰 바위를 던질 것입니다. 이것이 지금 교인들의 현실입니다.

그리스도인은 항상 예수님의 십자가 은혜를 기억하고, 고백하고, 생각하고, 그 안에서 판단합니다. 먼저 십자가의 은혜 앞에 자신이 얼마나 큰 죄인인지 고백합니다. 십자가의 은혜가 아니면 나는 하나님의 자녀가 될 수도 없고, 하나님의 은총을 받을 수도 없고, 천국 기업의 상속인이 될 수도 없습니다. 오직 하나님의 은혜로 우리는 내 죄가 얼마나 큰지를 알고, 죄 사함의 은총 속에 하나님과 동행하는 삶을 누릴 수 있습니다. 분명한 것은 이 은혜를 알고 내가 얼마나 큰 죄인인가를 깨달았을 때 절대 그 누구를 비난할 수 없다는 것입니다. 그래서 예수님께서 말씀하셨습니다.

"네 눈의 들보를 먼저 빼라." 남의 눈의 티를, 남의 죄를 정죄하기 전에 먼저 네가 회개하라는 말씀입니다.

천국의 진리_은혜의 복음

이 큰 고통 속에 있는 여인에게 가장 필요한 것이 무엇입니까? 내가 이런 상황이라면 무엇을 원하겠습니까? 은혜입니다. 긍휼입니다. 정죄가 아닙니다. 야고보서 2장 13절에 성경은 말씀합니다. "긍휼을 행하지 아니하는 자에게는 긍휼 없는 심판이 있으리라. 긍휼은 심판을 이기고 자랑하느니라." 여기서 긍휼이란 무엇입니까? 이 긍휼은 상대방의 처지와 상황에서 생각하고 판단하는 것입니다. 그리고 그 고통과 곤경과 위기를 함께 느끼는 것입니다. 그리고 그에게 필요한 것을 공급해 주는 것입니다.

예수님은 모두 다 떠나고 여인과 단 둘이 남으셨을 때 말씀하셨습니다. "나도 너를 정죄하지 않겠다." 이것이 복음입니다. 그분은 우리에게 구원의 소식을 전해 주셨습니다. 은혜의 복음을 주셨습니다. 천국의 진리를 나타내 주셨습니다. 영광스런 하나님 나라를 보여 주셨습니다. 지금 예수님과 곤경에 빠진 여인의 만남은 곧 예수님과 나와의 만남입니다. 오직 예수님의 은혜 외에는 소망이 없는 상황에 처해 보지 않으면 은혜를 접할 수 없습니다. 우리는 언제나 은혜 아니면 살 수 없는 존재입니다. 앞으로도 그럴 것입니다. 우리의 이런 처지를 인정하고 늘 하나님의 긍휼을 구하시기 바랍니다.

그리스도인의 삶의 기준_은혜와 긍휼

16세기 폴란드의 유명한 천문학자인 코페르니쿠스(Nicolaus Copernicus)는 하나님의 사람입니다. 그가 임종 때 자신의 묘비명을 직접 기록합니다. "하나님이시여, 저는 바울이 가졌던 특권을 구하지 않습니다. 베드로에게 주신 능력도 구하지 않겠습니다. 다만 예수님께서 십자가에 달리셨을 때 옆에 있던 강도에게 베푸신 그 긍휼을 구할 뿐입니다."

그리스도인은 하나님의 긍휼 없이는 살 수 없습니다. 그리스도인은 그 은혜 안에서, 그 은혜의 영광 속에서 하나님의 자녀가 되었습니다. 오직 그 은혜 안에서만 자유하고, 기뻐하고, 감사하고, 찬양할 수 있습니다. 그 은혜를 망각하면 원망과 불평과 정죄 속에 살아갈 수밖에 없습니다. 그리스도인의 삶의 기준이요 방식은 은혜입니다.

더 이상 그리스도인은 이 세상 사람처럼 선악의 기준으로 판단하는 사람이 아닙니다. 자기의 마음이 가는대로 생각하고 판단하는 사람도 아닙니다. 하나님의 사람 존 웨슬리(John Wesley)는 위대한 하나님의 사람입니다. 그는 이렇게 고백합니다. "내가 태어나기 전에 하나님께서 나를 택하신 것은 참으로 다행스러운 일이다. 아마 그분은 내가 태어난 뒤에는 나를 택하지 않으셨을 것이다." 이것이 우리의 실존입니다. 우리는 모태에서 나오자마자 죄와 벗하며 살 수밖에 없는 존재입니다. 그러므로 우리는 은혜 안에서 새로워져야 합니다.

여러분, 세상을 향하여 정죄의 칼을 휘두르기 전에 먼저 침묵하십시오. 하나님의 은혜 안에서, 십자가의 사랑 안에서 다시 한 번 깊이 생각하십시오. 이럴 때 우리는 세상에 흩어져 있는 하나님의 사람들을 주님께로 인도할 수 있습니다. 우리가 하나님의 은혜를 기억하고 그 안에서 생각할 때 성령 하나님께서 역사하십니다. 성령께서 복음의 역사를 일으키시고 하나님의 뜻을 나타내십니다.

기도

전지전능하신 하나님 아버지. 오직 예수 그리스도의 십자가에 나타난 하나님의 은혜와 사랑으로 말미암아 하나님의 자녀가 되고, 하나님 앞에서 새로운 피조물의 삶을 살게 하시니 감사합니다. 그러나 부지불식간에 그 은혜를 떠나 생각하고, 잘못된 기준으로 이웃을 험담하고, 비난하고, 정죄했던 죄악을 용서해 주소서. 긍휼을 베풀어야 할 때에 베풀지 못하고, 은혜를 떠나 삶으로 하나님을 욕보이는 죄인을 불쌍히 여겨 주시옵소서. 진실로 십자가의 은혜 앞에서 침묵하며, 다시 생각하며, 오직 하나님의 은혜를 나타내고, 긍휼이 필요한 사람에게 긍휼을 베푸는 하나님의 사람이 되기 원합니다. 하나님의 영광을 나타내며, 살아계신 하나님께 영광 돌리는 은혜 중심의 삶을 살아갈 수 있도록 우리를 지켜주시고 붙들어 주시옵소서. 우리 주 예수 그리스도의 이름으로 간절히 기도드리옵나이다. 아멘.

18장

내가 스스로 버리노라

나는 선한 목자라 선한 목자는 양들을 위하여 목숨을 버리거니와 삯꾼은 목자가 아니요 양도 제 양이 아니라 이리가 오는 것을 보면 양을 버리고 달아나나니 이리가 양을 물어 가고 또 헤치느니라 달아나는 것은 그가 삯꾼인 까닭에 양을 돌보지 아니함이나 나는 선한 목자라 나는 내 양을 알고 양도 나를 아는 것이 아버지께서 나를 아시고 내가 아버지를 아는 것 같으니 나는 양을 위하여 목숨을 버리노라 또 이 우리에 들지 아니한 다른 양들이 내게 있어 내가 인도하여야 할 터이니 그들도 내 음성을 듣고 한 무리가 되어 한 목자에게 있으리라 내가 내 목숨을 버리는 것은 그것을 내가 다시 얻기 위함이니 이로 말미암아 아버지께서 나를 사랑하시느니라 이를 내게서 빼앗는 자가 있는 것이 아니라 내가 스스로 버리노라 나는 버릴 권세도 있고 다시 얻을 권세도 있으니 이 계명은 내 아버지에게서 받았노라 하시니라(요 10:11-18).

미국의 강철 왕 앤드루 카네기(Andrew Carnegie)의 어린 시절 이야기를 하나 소개하겠습니다. 그는 너무 가난한 탓에 정규 교육을 받지 못했습니다. 열 살 때 우연히 어미토끼 한 마리를 얻게 되었는데, 얼마 뒤 이 토끼가 새끼토끼를 여러 마리 낳았습니다. 그런데 문제가 생겼습니다. 가정이 너무 어려워서 새끼토끼를 먹일 사료를 살 돈이 없었습니다. 그때 그는 어렸지만 깊이 생각하고 지혜를 얻었습니다. 그러고 나서 자기 친구들을 다 불러 모았습니다. 그리고 귀여운 토끼를 보여 주었습니다. 이 토끼를 본

아이들이 토끼에 홀딱 빠졌습니다.

그때 카네기가 이렇게 말했습니다. "누구든지 토끼한테 사료를 갖다 주면 토끼한테 그 친구의 이름을 붙여줄 거야." 그랬더니 아이들이 너도나도 토끼에게 자기 이름을 붙이려고 날마다 사료를 갖다 주더랍니다. 그래서 새끼토끼들이 잘 자라게 됐습니다. 이 사건을 통해서 카네기는 일평생 남을 교훈을 깨닫게 됩니다. "사람들은 모두 자기 이름을 굉장히 중요하게 여기는구나. 다들 자신을 드러내고 싶은 욕심이 있는 거야. 그렇게 해야 체면이 선다고 생각하는 거지."

세상과 타협하는 자아의 모습_자기고집, 자기과신, 자기높임

이것이 바로 인간의 '의'라는 것입니다. 자신을 높이고자 하는 마음, 자신의 뜻을 이루고자 하는 마음, 자기 이름을 나타내고자 하는 마음, 이것이 인간의 본성입니다. 그래서 사람들은 자아를 실현하면 이 세상에서 성공하고 행복할 거라고 생각합니다. 하지만 하나님 나라에서는 오히려 자아를 버리라고 합니다. 자기를 부인하는 길만이 살 길이라고 우리에게 가르쳐 주고 있습니다.

하나님의 사람 앤드루 머레이 목사님은 『나를 버려야 산다』(The Master's Indwelling)라는 저서에서, 자아를 부인하는 것이 진정한 기독교인의 삶이고, 이것이 하나님의 뜻이라고 말합니다. 그러면서 반대로 세상과 타협하는 자아의 부정적인 모습 세 가지를 설명합니다.

첫째가 자기고집(self-will)입니다. "고집스럽게 자기 자신의 기쁨을 추구하는 것은 인간의 큰 죄다. 그런데 사람들은 자기 뜻대로 행동하고 있으면서도 자신이 기쁨을 얻지 못하는 이유를 깨닫지 못한다. 그리스도인은 자기 뜻을 추구하는 것이 아니라, 언제나 하나님의 뜻을 추구해야 하는 사람이다."

둘째는 자기과신(self-confidence)입니다. 이것은 자기 자신을 믿고, 자기를 의지하고, 자기노력에 희망을 거는 것입니다. 베드로가 그리스도를 부인한 이유를 생각해 보십시오. 베드로는 예수님의 경고에도 불구하고 자기만은 주님을 부인하지 않겠노라고 장담했습니다. 자기를 과신했습니다. 그리스도인은 전능하신 하나님을 의지하지 않고 자신의 능력을 의지할 때 실패합니다.

셋째는 자기높임(self-exaltation)입니다. 그리스도인들 사이에도 교만과 시기가 얼마나 많이 나타나는지 모릅니다. 사람들이 나에 대하여 어떻게 말할지, 나를 어떻게 생각할지 고민하면서 노심초사하는 그리스도인들이 굉장히 많습니다. 예수님께서 누가복음 9장 23절에서 말씀하셨습니다. "아무든지 나를 따라오려거든 자기를 부인하고 날마다 제 십자가를 지고 나를 따를 것이니라." 자기를 부인하는 것이 첫 번째입니다. 이 일이 선행되지 않으면 십자가도, 예수님도 없습니다. 자기를 부인하고, 그 뒤에야 십자가의 도를 따라 예수님과 함께하는 삶을 살 수 있음을 분명히 가르쳐 주시는 말씀입니다.

"나는 선한 목자라"

예수님께서 말씀하셨습니다. "나는 선한 목자라(I am good shepherd)"(11절). 예수님께서는 스스로 선한 목자이심을 선포하시며, 모든 그리스도인은 양이라고 말씀하셨습니다. 목자와 양의 관계를 통하여 예수님께서 하나님의 뜻을 쉽게 풀어 주십니다.

양들은 목자를 신뢰하고 따라가야 합니다. 그런데 그 길은 전혀 다른 차원의 위대한 모험입니다. 익숙한 길이 아니기 때문입니다. 자기 뜻대로 가는 편한 길이 아닙니다. 목자가 가는대로 따라가야지 자기 뜻을 고집하면 길에서 이탈하게 됩니다. 목자와 멀어집니다. 목자와 아무 상관없는 양이 되고 맙니다.

목자는 마법사가 아닙니다. 목자는 시련도 없고 시험도 없는 생활을 약속하지 않습니다. 우리는 흔히 목자가 양을 인도하는 그림을 생각할 때, 편안하고 슬픔도 없고 고통도 없는 푸른 초장을 떠올립니다. 성경이 말씀하는 목자는 선한 목자입니다. 선한 목자는 양들을 하나님께로 인도합니다. 하나님 나라로 인도합니다. 세상에서 번영하고 안정되며 행복하게 해 주겠다고 약속하는 목자는 선한 목자가 아닙니다. 선한 목자는 하나님과 동행하고, 하나님의 뜻을 이루고, 하나님을 찬송하고, 하나님의 영광을 나타내는 길로 양을 인도합니다.

신약성경에 나타난 사도들과 초대교회 성도들의 삶을 보십시오. 그들은 항상 핍박받고 무시당하며 죽음의 위기를 몇 번씩 넘기다가 다른 사람들의 손에 죽었습니다. 이 세상에서 그리스도인과 교회는 나그네요, 영적 순례자입니다. 결코 이 세상에서 주인공이 될 수도 없습니다.

사도들과 초대교회 성도들은 모두 목자를 따랐습니다. 목자를 믿었습니다. 충성스럽게 하나님의 뜻을 나타냈습니다. 그것이 권세 있는 삶입니다. 빌리 그레이엄(Billy Graham) 목사님이 이렇게 말합니다. "구원은 값없이 얻는다. 그러나 주님을 따르는 일은 우리의 모든 것이 요구된다." 목자를 따르는 삶은 우리의 모든 것이 요구되는 길입니다.

스스로 버리신 예수님

본문 11절에서 예수님이 말씀하십니다. "나는 선한 목자라. 선한 목자는 양들을 위하여 목숨을 버리거니와." 선한 목자의 갈 길을 우리에게 계시해 주십니다. 또 18절에서도 말씀하십니다. "내가 스스로 버리노라." 선한 목자는 자신의 모든 것을 버리러 오셨습니다. 세상을 개혁하려고 오신 것이 아닙니다. 선한 목자이신 예수님은 자기를 모두 내어 주셨습니다. 그런데 목자가 무능하고 무지해서, 어쩔 수 없이 자기를 빼앗기는 것이 아니라 기꺼이 양들을 위해 자기 자신을 모두 버리는 것입니다.

예수님은 공생애 동안 지혜와 능력을 보이셨습니다. 바다 위를 걸으시고 오병이어의 이적을 행하시고 죽은 자를 살리셨습니다. 못하실 일이 없는 분입니다. 그런데 자기를 버리신다고 합니다. 그 무한한 능력을 가지시고도 없는 것처럼 발휘하지 않으신다고 합니다. 왜 그러실까요? 그것이 하나님의 뜻이기 때문입니다. 선한 목자는 버림을 통해서 우리에게 하나님의 은혜와 진리를 나타내 주십니다. 영광을 보여 주십니다.

본문 18절에 보면, "버릴 권세"라는 말이 나옵니다. 참 신비한 말입니다. 버리는 힘이라는 뜻입니다. 얻으려고 할 때도 힘이 필요하지만 버리는 데는 그보다 더 큰 힘이 필요합니다. 예수님은 무능력해서 포기하는 것이 아닙니다. 할 수 있는데 안 하는 것입니다. 더 큰 뜻을 세우셨기에 최선을 위해서 차선을 버립니다. 우리 모두의 삶이 그렇습니다. 최선을 위해서 차선을 버리지 못하면, 결국 최선을 이루지 못합니다. 예수님께서는 더 큰 뜻을 세우셨습니다. 그리고 그 외의 나머지를 다 버리셨습니다.

하나님의 뜻을 아신 예수님

누가복음 9장에는 예수님께서 예루살렘을 향하여 가기로 "굳게 결심하셨다"는 기록이 나타납니다. 피 흘려 죽는 길을 택하겠다고 굳게 결심하셨습니다. 거기에 하나님의 뜻이 있기 때문입니다. 하나님의 뜻이, 구원의 역사가 예수님의 굳은 결심을 통해 이루어졌습니다. 하나님의 진노 아래서 죽어가는, 심판받는 죄인을 살리시기 위하여 하나님께서 정하신 뜻이 그 길에 있기에, 예수님께서는 그 외에는 다 버리노라고 말씀하십니다.

하나님의 뜻을 아는 자만이 버릴 수 있습니다. 십자가는 하나님께서 정하신 뜻입니다. 그 외에는 다른 길이 없습니다. 예수님은 하나님이 정하신 유일한 구원의 길을 아셨기에 다른 길이 아니라 오직 십자가의 길, 하나님의 지혜와 능력이 완전하게 계시된 길을 가셨습니다.

어느 절에서 스님들이 중요한 결정을 내려야 했습니다. 누군가가 희생하고 책임져야 될 일인데, 아무도 나서지 않았습니다. 한 스님이 깊이 고민하다가 용기 있게 말했습니다. "내가 하겠습니다. 내가 십자가를 지겠습니다." 우리는 내가 십자가를 진다는 말을 많이 합니다. 그러나 십자가를 진다는 말은 그렇게 쉽게 내뱉을 말이 아닙니다. 하나님의 뜻이 나타나야 합니다.

십자가 지신 예수님

사복음서에는 많은 이야기들이 있지만, 십자가를 기억해야 합니다. 예수님께서 이 땅에 오시고 말구유에 나신 것에서 멈추면 안 됩니다. 이적을 행하시고, 가난한 자와 함께하신 것, 이 모든 것은 십자가를 향합니다. 예수님은 십자가에서 완전히 버리셨습니다. 십자가는 죽음이요, 고통이요, 희생이요, 피 흘림입니다.

예수님은 불의한 자의 손에 죽으셨습니다. 지금도 하나님의 사람들, 의인들이 불의한 자의 덫에 걸려 죽음을 맞이합니다. 역사 속에서 그렇게 죽어간 수많은 하나님의 사람이 있습니다. 의인은 하나님의 영광을 위해 죽고 불의한 자는 하나님의 영광을 위해서 교회를 파괴합니다.

우리는 예수님의 십자가 사건의 주범으로 빌라도를 지목합니다. 조금 성경을 아는 분들은 가룟 유다를 탓하기도 합니다. 그러나 예수님은 그들에게 생명을 빼앗기신 것이 아닙니다. 예수님께서는 그들의 계획 때문에 죽으신 것도 아닙니다. 가야바 때문도 아니요, 예수님을 못 박아 죽이라고 소리친 유대인들 때문에 죽으신 것도 아닙니다. 예수님은 그들 모두를 얼마든지 물리치실 수 있는 능력이 있으신 분입니다.

그러면 예수님을 죽게 한 장본인은 누구입니까? 바로 하나님이십니다. 하나님께서 이미 예수님을 죽이기로 작정하시고 예수님을 이 땅에 보내신 것입니다. 예수님은 이런 하나님의 뜻을 아셨고, 거기에 모든 삶의 초점을 맞추셨습니다. 그래서 굳게 결심하시며 십자가의 길을 가셨습니다. '스스로 버리노라. 내가 버리노라.' 이 안에 하나님의 은혜와 진리와 영광의 세계가 밝히 나타납니다. 그러므로 십자가는 형틀이 아니라 우리가 다 헤아릴 수 없는 하나님의 지혜요 능력입니다.

십자가와 함께 하는 성령 충만한 삶

십자가의 능력은 항상 두 가지를 계시합니다. 첫째는 자신을 부인하는 것입니다. 자신을 부인하지 않고는 절대 십자가의 길을 갈 수 없고, 십자가를 알 수도 없습니다. 예수님도 십자가를 바라보시면서 자신을 죽이셨습니다. 버리셨습니다. 십자가의 능력은 자기를 부인하게 만듭니다.

더 나아가 십자가의 능력은 또 다른 권세를 얻게 합니다. 영생을 얻게 합니다. 새 생명을 얻어 천국 사람이 되게 합니다. 버릴 권세와 얻을 권세를 분명히 나타냅니다. 이것이 십자가의 능력입니다. 이 능력이 아니면 우리는 하나님의 사람으로 살아갈 수 없습니다.

모든 그리스도인이, 모든 교회가 '성령 충만'을 사모합니다. 자기를 초월하는 능력 받기를 갈망하는 성도들이라면 성령 충만을 주십사 간절히 기도할 것입니다. 그런데 그 능력이 어떤 능력인지가 중요합니다. 스스로 거룩한 열망이라 생각하지만 하나님과는 상관없는 일을 위해 능력받기를 원하는 것은 아닌지 정직하게 자신을 돌아보아야 합니다. 우리가 진정으로 갈망해야 할 능력은 바로 십자가의 능력입니다. 십자가 없이는 성령 충만도 없습니다. 십자가를 배제하고 능력만 갈구하는 것은 더러운 자기 욕심에 지나지 않습니다.

'성령 충만'이란 십자가에서 하나님을 인격적으로 만나는 것에서 시작합니다. 여러분은 이런 질문을 해보셨습니까? "왜 십자가입니까? 왜 꼭 십자가여야 합니까? 하나님께서는 전지전능하시지 않습니까? 왜 꼭 십자가입니까? 그냥 앞에 계시다가 승천하셔서도 되고, 놀라운 이적을 통해서 말씀하셔서도 되는데 왜요? 어차피 은혜인데, 은혜로 그리고 선물로 하나님 자녀가 되는 것인데, 왜 꼭 십자가입니까?"

십자가를 붙들어야 하는 이유_죄와 사탄의 역사

그런데 왜 하나님의 능력이 세상에서 가장 참혹한 형틀인 십자가에서 나타났을까요? 예수님께서 끝까지 능력 있는 왕으로 군림하시다가 하늘로 승천하시는 그림이 훨씬 하나님의 아들답지 않을까요? 하지만 하나님은 그런 고상한 그림이 아니라 피가 낭자한 십자가를 택하셨습니다. 그 이유는 두 가지입니다. 첫 번째는 죄 때문입니다. 두 번째는 사탄의 역사 때문입니다.

구약성경을 보십시오. 하나님께서 구약의 말씀을 통해 자신의 뜻을 밝히 나타내셨습니다. 구약에서도 죄에 대한 대가는 죽음이었습니다. 하나님께 제사를 드릴 때, 헌제자의 죄를 제물에 전가하고 그 제물이 산산조각이 나고 불태워졌을 때 헌제자의 죄가 사해졌습니다. 이것이 하나님께서 죄악을 처리하시는 방법의 상징입니다. 구약에서 하나님이 죄악을 다루셨던 방법 그대로 하나님은 신약에서 영원한 속죄 제물이신 예수님을 십자가에 피 흘려 죽게 하심으로 죄에 대한 하나님의 진노를 나타내셨습니다.

구약에서는, 죄를 지으면 반드시 그에 상응하는 심판을 받아야 했습니다. 죗값을 꼭 치릅니다. 다윗의 경우에도, 그가 죄를 짓자 본인이 죗값을 치를 뿐만 아니라 그의 자녀가, 집안이, 심지어 나라까지 죗값을 치릅니다. 거룩하신 하나님께서 반드시 죄를 심판하겠다고, 죄에 대한 대가를 꼭 치르게 하겠다고 말씀하셨습니다. 그분의 말씀은 한 터럭이라도 땅에 떨어지지 않습니다. 그러므로 하나님의 말씀을 이루기 위해서는 용서 이전에 죄에 대한 형벌이 반드시 선행되어야 했습니다. 그래서 십자가입니다. 십자가에서 누군가 죗값을 치르고 죽어야 했습니다.

그렇다고 아무나 희생정신을 가지고 십자가에 죽는다고 죄의 문제가 해결되는 것은 아닙니다. 흠도 점도 없는 제물이 죽어야 하는데, 이 땅에 그런 제물이 없는 것이 문제입니다. 그래서 거룩하신 하나님, 흠결이 전혀 없으신 하나님이 직접 성육신 하시어 내려오셨습니다. 십자가에 제물로 달리셔서 죗값을 치르기 위해서 말입니다. 하나님의 성육신, 예수 그리스도께서 그 대가를 처절하게 치릅니다. 채찍에 맞으시고, 조롱당하시고, 옷 벗김을 당하시고, 칼로 찔림을 당하셨습니다. 그 모든 고통을 다 당하셨습니다. 그리고 죽으셨습니다. 거기서 죗값을 대속(redemption)하셨습니다. 값을 치르시고 죄인을 속량하셨습니다. 구원하셨습니다. 인류의 죗값, 나 같이 구제불능인 죄인의 죗값이 십자가 위에서 사해진 것입니다.

십자가의 계시_"하나님은 사랑이시라"

그런데 왜 하나님이 그렇게까지 하셨을까요? 그냥 인간들을 쓸어버리시면 그만인데…. 우리가 하나님을 배반했고, 우리가 창조주 하나님을 부인했는데 왜 하나님은…? 목자와 양의 그림으로 돌아와 보면, 목자가 뭐가 아쉬워서 양 한 마리를 구하려고 자기 목숨을 거는 것입니까? 성경은 말씀합니다. "하나님은 사랑이시라"(요일 4:8, 16). 하나님의 사랑이 말도 안 되는 일을 가능하게 한 것입니다.

"하나님을 사랑하라. 온 마음으로 네 이웃을 사랑하라." 이것은 복음이 아닙니다. 율법입니다. 힘든 일입니다. 그러나 복음은 항상 은혜요, 선물입니다. 사람의 행위와는 무관하게 하나님께서 행하시는 것입니다. "하나님께서 세상을 이처럼 사랑하사 독생자를 주셨으니." 이것이 복음입니다. 복음은 항상 하나님께서 행하시는 무엇입니다. 오늘도 그리스도인은 하나님께서 행하시는 역사 안에서 하나님의 뜻을 알고, 내 문제의 답을 얻습니다. 하나님의 사랑 안에 하나님의 계시가 나타났습니다. 그 사랑을 통해 하나님 나라가 선포되고, 하나님의 의가 나타납니다. 얼마나 놀라운 일입니까?

역사를 신중하게 살펴보고 성경을 보십시오. 이 세상 역사는 더럽고

추악합니다. 인간들은 하나님을 부인하는 방향으로 역사를 이끌어 가려고 합니다. 그런데 하나님이 그 인간들을 사랑하사 그들을 택하셨습니다. 죄인을 택하셨습니다. 죽어 마땅한 사람을 택하시고 아들을 내어 주셨습니다. 죽이셨습니다. 인간들 대신 아들 더러 죗값을 치르게 하셨습니다. 그 사건을 통해서 하나님의 사랑을 계시하셨습니다. 그 안에 영생의 길이 있습니다. 죗값을 치르신 예수님께서 말씀하십니다. "나는 선한 목자라." 우리를 위해 목숨을 내어 주신 이는 예수님 한 분뿐이십니다. 그러므로 다른 목자는 없습니다.

십자가의 계시_"내가 곧 길이요 진리요 생명이니"

요한복음 14장 6절을 보면 예수님께서 십자가를 지시기 전에 이렇게 말씀하셨습니다. "내가 곧 길이요 진리요 생명이니 나로 말미암지 않고는 아버지께로 올 자가 없느니라." 그리스도는 영원한 진리입니다. 이 안에 그리스도인의 믿음과 소망이 있습니다. 베드로도 사도행전 4장 12절을 통해서 분명히 선포합니다. "다른 이로써는 구원을 받을 수 없나니 천하 사람 중에 구원을 받을 만한 다른 이름을 우리에게 주신 일이 없음이라."

이제 인류에게는 하나의 선택만 남아 있을 뿐입니다. 이 진리를 믿고 예수님을 택하느냐, 진리를 거부하고 예수님을 등지느냐, 둘 중 하나를 택해야 합니다. 무엇을 택하든 인간의 책임입니다.

미얀마의 선교사였던 아도니람 저드슨(Adoniram Judson) 목사님의 유명한 일화가 있습니다. 생각할 때마다 감동을 주는 이야기입니다. 저드슨 선교사님은 불교 국가에서 수십 년 동안 사역하면서 온갖 핍박을 당했습니다. 어렵사리 선교 사역을 마치고 본국으로 돌아와 파송받은 교회에서 마지막 선교 보고를 하면서 설교를 하게 되었습니다. 그에게 주어진 시간 안에 오직 예수 그리스도와 십자가를 전했습니다. 평생을 제3세계에서 헌신하던 선교사님이 와서 설교를 한다니까 꽤 많은 청중이 모였습니다. 하지만 설교를 다 듣고 난 청중의 반응이 시큰둥했습니다. 그중 몇몇은 선교사님께 와서 따지기까지 했습니다. "아니, 우리 교회 교인들 가운데 예수님 모르는 사람이 어디 있어요? 십자가 모르는 사람이 어디 있어요? 좀 흥미롭고 색다른 이야기, 감동 있는 이야기를 해주시지, 무슨 예수 그리스도의 십자가입니까?" 이때 선교사님이 안타까운 심정으로 대답했습니다. "예수님께서 십자가 지신 것 외에, 그분이 오늘도 우리와 함께하시고, 우리를 통해서 역사하신다는 것 외에 놀라운 소식이 어디 있습니까? 바로 그것이 새로운 소식이지 무엇이 새로운 소식입니까?"

선한 목자를 따라가는 사람

목자 없는 양은 불쌍합니다. 또 목자가 있으되 목자를 신뢰하지 않고 따라가지 않는 양은 못된 양입니다. 그리스도인은 선한 목자 예수 그리스도를 믿고 알고 따라가는 사람입니다.

기도의 사람 조지 뮬러는 수천 명의 고아를 돌보았던 '고아의 아버지'입니다. 그에게 많은 사람이 물었습니다. "어떻게 그 많은 아이를 돌볼 수 있습니까? 어떻게 주의 일을 감당할 수 있습니까?" 그때마다 그는 준비된 답을 말했습니다. "내겐 비결이 있지요. 두 가지 비결, 그걸로 나는 이 일을 감당합니다." "그게 뭡니까?" "첫째는 기도입니다. 살아계신 하나님께 기도하면 그분이 도와주십니다. 기도가 아니면 이 일을 감당할 수 없습니다. 두 번째, 제 자신이 모든 것에 대하여 죽었다는 신앙신조입니다. 나 조지 물러가 편애에 죽었고, 기호에 죽었고, 의지에 죽었고, 자신이 죽었다고 날마다 생각했습니다. 세상의 칭찬이나 비난에도 죽었다고 항상 생각했습니다. 저는 그저 주님께만 합당한 사람이 되고자 노력했습니다. 그러자 주님께서 모든 것을 맡아 주셨습니다."

선한 목자를 믿고 따라가는 사람은 기도하는 사람이요, 기도를 통해서 자신을 부인합니다. 이런 삶 가운데 하나님과 친밀히 동행합니다. 그의 삶을 통해 하나님의 뜻이 이루어지고, 하나님께서 영광을 받으십니다. 그 세계에는 자기 자신이 없습니다. 자기 뜻이 없습니다. 자아가 죽고 없습니다.

그리고 양은 선한 목자의 음성에 민감한 사람입니다. 목자의 음성을 알고 그 목소리 듣기를 사모합니다. 다른 목자의 음성을 듣고 따라가면 안 됩니다. 오직 선한 목자인 예수 그리스도의 뜻을 분별하고 기뻐하며 영접하고 고백하며 따라가야 합니다. 거기에 하나님 나라의 삶이 약속되어 있습니다. 주님께서 말씀하십니다. "나는 선한 목자다. 나는 스스로 버리노라."

기도

전지전능하신 하나님 아버지. 우리에게 선한 목자이신 예수 그리스도를 보내시어 하나님을 알게 하시고. 하나님의 나라의 영광을 보게 하시니 감사합니다. 오직 믿음으로. 은혜로, 값없이 하나님 약속의 소망을 가지고 그 영광의 수혜자로 오늘을 살게 하심도 감사합니다. 그러나 아직도 자기 자신을 부인하지 못하여 자기의 뜻을 이루고자 하는 집착으로 말미암아 하나님의 영광을 가리고. 하나님의 뜻을 저버리며. 십자가의 도를 왜곡하고. 십자가의 능력을 소멸하는 어리석은 죄인을 불쌍히 여겨 주시옵소서. 오직 선한 목자의 음성을 듣고 기뻐하며 목자를 신뢰하고 따라가는 착한 양이 되기를 소원합니다. 그래서 믿음으로 신령한 세계를 보며. 하나님의 임재를 확신하며 하나님의 역사를 이루는 복되고 귀한 삶을 살도록 우리를 지켜 주시옵소서. 우리 주 예수 그리스도의 이름으로 간절히 기도드리옵나이다. 아멘

4부

네가 나를
사랑하느냐

19장

네가 어떻게 읽느냐

어떤 율법교사가 일어나 예수를 시험하여 이르되 선생님 내가 무엇을 하여야 영생을 얻으리이까 예수께서 이르시되 율법에 무엇이라 기록되었으며 네가 어떻게 읽느냐 대답하여 이르되 네 마음을 다하며 목숨을 다하며 힘을 다하며 뜻을 다하여 주 너의 하나님을 사랑하고 또한 네 이웃을 네 자신 같이 사랑하라 하였나이다 예수께서 이르시되 네 대답이 옳도다 이를 행하라 그러면 살리라 하시니 그 사람이 자기를 옳게 보이려고 예수께 여짜오되 그러면 내 이웃이 누구니이까(눅 10:25-29).

　　지금 기업가를 제외하고 세계에서 가장 돈을 많이 번 사람은 『해리 포터』시리즈의 작가 조앤 롤링(Joanne Rowling)입니다. 이 시리즈는 어른과 어린이 모두가 사랑하는 세계적인 베스트셀러입니다. 수많은 작가와 독자가, 어떻게 평범한 가정주부가 이런 놀라운 책을 쓸 수 있었을지 몹시 궁금해 합니다. 그녀는 놀라운 작품을 탄생시킨 비결을 이렇게 밝힙니다. "내 글이 재미있나요? 하지만 나는 정말 재미있는 글을 쓰는 방법을 알지 못합니다. 다만 나는 아침부터 저녁까지, 아니 잠이 든 후에도 해리 포터만을 생각합니다. 청소할 때도 생각하고, 길을 걸을 때도 생각하고, 나는 언제나 해리 포터와 얘기하고 있습니다. 그래서 남편이 나에게 미쳤다고 말할 정도입니다."

여러분의 마음은 어디로 향하고 있습니까? 무엇에 집중하며 무엇을 생각하십니까?

삶을 변화시키는 성경

미국의 대통령이었던 트루먼(Harry Truman)의 일화를 소개합니다. 이분은 크리스천입니다. 이분이 은퇴한 후에 고향으로 가서 기념관을 짓고 아이들과 함께 어울렸다고 합니다. 어느 날, 도서관에서 봉사하면서 좀 행색이 초라한 어린아이를 만났는데, 이 아이가 트루먼에게 질문했습니다. "대통령 아저씨, 아저씨는 저만했을 때 항상 1등만 하셨죠? 반장은 도맡아 하셨죠?" 트루먼이 대답했습니다. "절대 그렇지 않다. 나는 너만 했을 때 너보다도 더 한심했다. 공부도 못했고, 친구들이 크게 소리 지르면 무서워서 벌벌 떨었고, 운동도 못해서 내가 사람구실이나 할 수 있을까 생각했다." 그랬더니 아이가 다시 질문합니다. "그러면 어떻게 대통령이 되셨어요?" 트루먼이 대답합니다. "나를 강하게 하고, 지혜롭게 하고, 능력 있게 하고, 쓸모 있게 한 것은 바로 성경이란다. 성경이 나를 하나님의 사람으로, 오늘 이와 같은 사람으로 만들었단다."

그리스도인은 성경의 사람입니다. 성경은 하나님께서 주신 위대한 선물입니다. 성경은 하나님의 말씀이기 때문입니다. 성경 안에서 하나님을 만나고, 하나님의 말씀을 듣습니다. 말씀을 통해 살아계신 하나님을 만나고 그분을 향한 신앙과 사랑을 고백합니다. 성경 안에 모든 인생문제의 답이 있습니다. 그래서 그리스도인은 항상 성경 말씀을 묵상합니다.

묵상이란, 그 말씀이 내게 온전하게 영향을 끼칠 때까지 말씀을 곱씹는 것입니다. 몇 분을 했느냐, 며칠을 했느냐는 문제는 중요하지 않습니다. 내가 그 말씀을 묵상하는 중에 말씀에 사로잡혔느냐, 그 말씀이 내게 얼마나 영향을 끼쳤느냐, 이것이 중요합니다. 성경을 묵상하며 하나님의 말씀을 기뻐하는 사람이 복 있는 사람이라고 성경은 말씀합니다.

"오직 성경으로"_성경으로 만족하는 것

종교개혁자들이 외친 구호 중에 하나가 "오직 성경으로"입니다. 이게 무슨 뜻입니까? 성경 안에 모든 진리가 충만하게 기록되어 있다는 것입니다. 그리고 성경 안에 하나님의 말씀이 가득 차 있다는 뜻입니다. 만족한다는 것입니다. 하나님의 말씀 위에 기독교가 세워졌습니다. 성경 말씀을 떠난 기독교는, 그리스도인은 아무것도 아닙니다. 그리스도인이라는 사람이 성경을 떠나 이 세상에서 아무리 부와 건강을 누리고 성공한다 해도 그건 복이 아닙니다. 오히려 화입니다. 이 세상 문제의 모든 원인은 성경 말씀을 떠난 것입니다. 오직 성경으로, 오직 성경 안에서만 하나님의 말씀을 듣고 기뻐하며 하나님을 만날 수 있습니다. "오직 성경으로." 이 신앙고백 위에 그리스도인이 있고, 그리스도인의 삶이 있습니다.

어느 가정에서 이런 일이 있었답니다. 엄마는 성경을 열심히 보고 아빠는 성경을 보기만 하면 졸았습니다. 이 모습을 지켜본 아들이 그랬답니다. "엄마 성경은 아빠 성경보다 더 재미있는가봐." 복음적인 사람은 성경을 귀히 여기고, 가까이하고, 기뻐하고, 사랑하고, 열정을 가지고 성경말씀을 대하는 사람입니다.

"네가 어떻게 읽느냐"

본문에는 예수님께서 우리 모두에게 주시는 계시의 말씀이 기록되어 있습니다. "네가 어떻게 읽느냐"(What do you read there?). 성경에서, 율법에서 무엇을 읽고 있느냐는 물음입니다.

여러분은 성경에서 무엇을 읽으십니까? 우리는 성경의 권위를 먼저 알아야 합니다. 그래서 말씀에 대한 경외심을 회복해야 합니다. 하나님의 말씀이 기록된 책을 사람의 책같이 대해서 되겠습니까? 문학책처럼, 어떤 사상집처럼, 전문서적처럼, 종교서적처럼 대해서 되겠습니까? 일반서적과 성경은 본질적으로 다릅니다. 하나님의 말씀이 충만히 기록되어 있기 때문입니다. 성경의 권위를 인정할 때, 성경 속에서 하나님의 말씀을 듣습니다. 감추어진 보화를 찾는 심정으로 성경을 펼쳐야 합니다. 고도의 집중력과 열정을 가지고 기대하면서 소망 가운데 하나님의 말씀 듣기를 청해야 합니다.

저명한 기독교 작가 C. S. 루이스가 두 가지 독서유형을 소개했습니다. 첫 번째 유형은 목적을 가지고 책을 보는 것입니다. 이 방법은 권장할 만한 독서법은 아닙니다. 책을 수단으로 사용하는 것이기 때문입니다. 두 번째 유형은 우리가 지향해야 할 방법인데, 저자의 의도를 알기 위해서 읽는 것입니다. 이것이 좋은 독서법입니다. 이것은 수용의 관점에서 책을 대하기 때문입니다. 소기의 목적을 위해서 책을 보면 책을 수단화 하게 되고 읽고 나도 남는 것이 없습니다. 그러나 수용의 관점에서 책을 보면 그 책의 저자가 건네는 말을 들을 수 있습니다. 어떻게 보면 인격 대 인격의 만남입니다. 이 만남 가운데 우리는 창의적인 생각을 하게 됩니다.

성경을 잘못 본 사람들

성경은 하나님의 말씀입니다. 하나님의 뜻을 알고 전적으로 수용하겠다는 마음으로, 정말 하나님의 사람이 되고자 하는 깨끗하고 순수한 마음으로 성경을 대해야 합니다. 이 시대에 성경을 잘못 대하고 잘못 읽어서 신앙이 망가지고, 영혼이 피폐해지고, 구원의 길에서 벗어나 멸망한 사람이 너무 많습니다. 그 대표적인 사람들이 유대인입니다. 그들은 직접 하나님의 말씀을 받아 기록한 사람들입니다. 그런데 성경을 잘못 읽어서 하나님의 뜻을 오해했습니다. 결국은 예수님을 죽이기까지 합니다. 유대인들은 지금도 예수님을 믿지 않습니다.

로마 가톨릭도 성경을 묘하게 해석했습니다. 성경을 사리사욕을 채우는 방향으로 해석하는 로마 가톨릭의 타락상을 고발하기 위해 종교개혁자들이 '오직 성경으로'라는 기치를 내세운 것입니다. 기독교가 고사 위기에 처했을 때 하나님께서 말씀을 통해 다시 기독교를 세워 주셨습니다.

성경은 말씀합니다. "다른 복음을 전한 자는 저주를 받을지어다."

성경을 바르게 읽는 사람은 하나님의 메시지를 듣고 깨닫습니다. 누군가 성경을 많이 읽고, 연구하고, 학위논문도 쓰고, 설교도 하고, 책도 냈지만 하나님의 뜻과는 상관없이 이루어진, 단순히 학술적인 활동이었다면 그의 성과는 물거품에 지나지 않습니다. 게다가 다른 사람에게도 아무런 영적 감화를 줄 수 없다면 더욱 안타까운 일입니다. 중요한 것은 성경을 통해 하나님의 메시지를 듣느냐, 못 듣느냐 하는 문제입니다. 그래서 우리는 성경을 해석하는 바른 틀을 가지고 있어야 합니다. 오늘 본문을 통해 질문하시는 예수님의 음성을 들으십시오. "What do you read there?" 그 율법에서, 성경에서 무엇을 읽고 있느냐? 어떻게 읽느냐? 이것은 사활을 건 문제입니다.

한 율법사의 질문_"내가 무엇을 하여야 영생을 얻습니까?"

본문에 율법교사가 등장합니다. 그는 성경신학자입니다. 이 사람이 예수님께 나와서 묻습니다. "내가 무엇을 하여야 영생을 얻으리이까?" 이 질문은 성경을 제대로 읽은 사람이 할 수 있는 질문입니다. 대부분의 사람들이 예수님께 어떻게 해야 성공하고, 번영하고, 건강하고, 소원이 이루어지고, 이 나라가 형통하는지 물었던 것에 비하면 이 율법학자의 질문은 매우 훌륭합니다.

영생이란, 하나님과 함께하는 삶입니다. 하나님의 자녀로 사는 삶입니다. 이 세상뿐만 아니라, 저 세상에서 천국의 영광을 누리는 영원한 삶입니다. 이 사람은 그렇게 중요한 것에 관심이 있었습니다.

그런데 예수님께서 답을 안 주십니다. 질문했으면 답을 주셔야 하는데, 다시 질문하고 답을 안 주십니다. 왜 그러셨을까요? 본문을 보면 "어떤 율법교사가 일어나 예수를 시험하여"라고 기록되어 있습니다. 우리는 하나님을 시험하는 태도로 말씀을 대하면 하나님 음성을 듣지 못합니다. 오직 하나님의 뜻을 알기 위해서, 하나님의 영광을 위해서, 말씀 안에서 내가 하나님의 사람으로 살기를 바라는 마음으로 성경을 대해야 하나님의 말씀을 들을 수 있습니다.

예수님의 대답_"네가 성경을 어떻게 읽느냐?"

예수님은 율법교사의 질문에 또 다른 질문으로 답하십니다. "네가 성경을 어떻게 읽었느냐?" 더 본질적인 질문으로 그를 생각하게 만드십니다. 이것이 가장 중요한 질문입니다. 어떻게 성경공부를 했든, 신학공부를 했든, 뭘 연구하고 가르치든, 중요한 건 성경을 통하여 무엇을 읽었느냐 하는 것입니다.

성경에 대한 잘못된 해석이 잘못된 신앙을 갖게 하고, 결국은 하나님과 아무 상관없게 만듭니다. 여기에 사탄의 역사가 있습니다. 사탄이 다른 것은 다 그럴듯하게 하나님의 뜻 가운데 살게 하지만, 성경을 왜곡하게 하면서 하나님과의 관계가 빗나가게 합니다. 사탄은 거룩한 말씀마저 악용하는 사악한 존재입니다. 그러므로 우리는 우리 삶의 최종권위를 성경에 두어야 합니다.

본문 27절에서 성경을 어떻게 읽느냐는 예수님의 질문에 율법교사가 대답합니다. "대답하여 이르되 네 마음을 다하며 목숨을 다하며 힘을 다하며 뜻을 다하여 주 너의 하나님을 사랑하고 또한 네 이웃을 네 자신 같이 사랑하라 하였나이다." 예수님께서 이 대답 들으시고 깜짝 놀라셨을 것입니다. '아니, 이놈이 마음속으로 나를 시험하고 있는데, 대답은 정답이야 정답. 백 점짜리야.'

예수님의 평가_"네 대답이 옳도다"

예수님은 율법학자의 대답에 "네 대답이 옳도다"라고 칭찬해 주십니다. 여러분, 우리가 성경을 읽을 때마다 이런 음성을 들어야 합니다. 그런데 예수님께서 "네 대답이 옳도다"고 칭찬하시며 한 말씀 더하십니다. "이를 행하라. 그러면 살리라." 성경 읽기의 목적은, 읽고 깨닫기 위함이 아닙니다. 먼저는 하나님의 말씀을 깨달아야 하는 게 맞지만 그 말씀에 순종하는 것이 목표입니다. 말씀을 듣고 순종하는 자가 복 있는 사람입니다.

예를 들어, 사막에서 물 한 모금을 먹지 못해 탈진해서 죽어가는 사람을 생각해 보십시오. 물이 있어서 그 물을 마시면 산다는 것을 압니다. 그 깨달음을 갖고 있습니다. 드디어 물을 발견했습니다. 그런데 물을 마시지 않으면 그는 죽습니다. 즉, 깨달음이 있어도 실천하지 않으면 깨달은 말씀 속에 숨겨진 지혜와 생명과 능력을 맛보지 못합니다.

예수님 말씀의 핵심_"이를 행하라 그러면 살리라."

율법교사가 "이를 행하라 그러면 살리라"는 예수님의 말씀에 다시 질문합니다. "그 사람이 자기를 옳게 보이려고 예수께 여짜오되 그러면 내 이웃이 누구이니까?"(29절). 여기서 이 사람의 두 번째 잘못을 발견합니다. 그는 지금 하나님 앞에 위선을 떨고, 거짓을 말하고 있습니다. 자기를 옳게 하려고, 자기 의를 높이려고 합니다. 이런 사람은 성경을 아무리 끼고 살아도, 아무리 성경을 연구하고 돌아다녀도 하나님의 말씀을 듣지 못합니다. 율법은, 십계명은, 하나님 말씀은 누구도 완전하게 지킬 수 없습니다. 하나님을 사랑하고 이웃을 내 몸과 같이 사랑하는 계명을 도대체 며칠이나 지킬 수 있을까요? 하루라도 온전하게 지킬 수 있습니까? 그래서 성경은 '다 죄인이로다. 의인이 하나도 없다'고 말씀합니다. 그런데 사람들은 스스로 율법의 의를 완성할 수 있을 거라 생각하고 기대했습니다. 의인은 하나도 없으니 두 손 들고 예수님 앞으로 나오라는 말씀 앞에 회개하지 않았습니다.

그가 정말로 하나님을 사랑하고 이웃을 사랑하라는 계명을 실천해봤으면 이 계명이 지킬 수 없는 말씀임을 알았어야 했습니다. 내 지혜와 능력으로는 불가능하다는 것을 알았어야 했습니다. 그리고 그 말씀 앞에 회개해야 되는데, 회개는커녕 '이를 행하면 살리라'고 했더니 뻔뻔하게도 자기 의를 높이려고 '이웃이 누구입니까?'라고 묻습니다. 지금 자신은 그 말씀을 다 행하고 살아간다고 생각하는 것입니다.

영생을 어떻게 얻느냐는 질문에 '하나님을 사랑하고, 이웃을 사랑하라. 이것을 행하면 살리라'는 것이 답이면 누구도 영생을 얻지 못합니다. 저나 여러분이나 그 누구도 영생을 얻을 수 없습니다. 그런데 그는 그 말씀 앞에서 비껴갑니다. 말씀이 나를 보게 해야 되는데, 여전히 자기가 주인이 되어 자기 확신을 가지고 말씀을 대합니다. 이런 그에게 예수님께서 사마리아인의 비유로 답하셨습니다.

"내 이웃이 누구니이까?"_긍휼을 베푸는 자

사람들은 흔히 사마리아인 비유를 이웃사랑 실천에 대한 정의라고 말하지만, 천만의 말씀입니다. 이 비유는 "내 이웃이 누구니이까?"라는 질문에 답을 주신 것입니다. 어느 누구도 산 속에서 죽어가는 사마리아인을 살리려고 하지 않았습니다. 그런데 한 사람만이 그 사람을 도왔습니다. 긍휼이 필요한 사람에게 긍휼을 주는 사람이 이웃입니다. '저는 이웃을 사랑하고 있는데요'라고 함부로 말하지 마십시오. 나와 아무런 상관이 없는 사람, 그들에게 긍휼을 베푸는 것이 이웃사랑입니다.

율법학자는 이 비유를 듣고도 자기의 한계를 인정하지 않았습니다. "예수님, 저는 매일 매일 성경을 연구하고, 가르치고, 성경말씀대로 살려고 노력했습니다. 아시잖습니까? 그래서 이만큼 성경을 잘 읽고 있고 해석해서 가르치는데, 도저히 그 말씀대로 매일 매일 살아갈 수가 없습니다. 노력하면 노력할수록 자꾸 죄의식이 생기고, 도저히 감당할 수가 없습니다. 그래서 영생이 무엇인지 머리로는 깨달으나 마음으로 느끼지 못합니다. 영생을 누리지 못합니다. 의와 평강과 희락도 누리지 못하고, 날마다 찬송하고 감사하기가 어렵습니다. 현실이 저를 그렇게 만듭니다. 주여 어떻게 하면 좋습니까? 어떻게 해야 영생을 얻겠습니까? 저를 도와주세요." 이것이 진실한 반응입니다. 하나님 말씀을 온전히 받아들일 때, 이 고백 외에 무슨 말을 할 수 있겠습니까?

그가 만일 진실하게 반응했다면, 예수님께서 영생의 비밀을 말씀해 주셨을 것입니다. 그러나 이 율법학자는 끝내 비밀을 알지 못했습니다. 여러분, 잘못된 마음과 태도를 갖고 하나님의 말씀에 진실하게 반응하지 못할 때 하나님의 음성을 들을 수가 없습니다. 그래서 먼저 성경의 권위를 인정해야 합니다. 하나님을 대하듯이 하나님의 말씀을 듣고자 하는 갈급한 심령으로, 하나님의 사랑에 감사하며 성경을 대해야 합니다. 그럴 때 우리는 성경을 경외하고, 경건한 마음으로 성경을 대하며, 하나님의 말씀을 듣고자 하는 간절함으로 성경 앞에 서게 됩니다. 예수님께서 말씀하셨습니다. "듣는 자는 살아나리라."

하나님의 말씀을 듣는 사람_다시 살아남

하나님의 말씀을 듣는 사람은 언제든지 말씀을 통해 살아납니다. 어떤 말씀을 받든지 마음이 새로워지고, 생각이 새로워지고, 욕망도 새로워집니다. 하나님이 우리에게 말씀을 주신 이유는 우리로 말씀을 듣고 순종하여 하나님의 사람이 되게 하려는 것입니다.

하나님은 구약을 통해 우리에게 먼저 율법을 주셨습니다. 그리고 나서 신약에서 복음을 구체적으로 선포하십니다. 먼저 율법을 통해 죄를 깨닫고 율법을 지켜보려고 애쓰다가 도저히 자기 힘으로는 율법의 의를 완성할 수 없음을 절감하고는 하나님 앞에 회개하면서 그분을 의지하는 것이 믿음의 원리입니다. 하나님은 이 원리를 보여주시려는 의도로 구약과 신약의 순서를 정하신 것입니다.

죄를 모르면, 자기가 오늘 처한 상황을 모르면, 하나님의 뜻을 모르면 율법도 신용이 없고, 복음도 받아들이지 못합니다. 복음이 얼마나 고귀한 것인가를 깨닫지 못합니다. 율법 앞에 회개하고, 복음을 믿어 구원받는 것이 영생의 비밀입니다.

성경 해석의 두 원리_복음과 성령

성경을 해석할 때 두 가지를 염두에 두어야 합니다. 첫째는 복음입니다. 창세기로부터 요한계시록까지 모든 내용을 복음으로 해석해야 합니다. 예수 그리스도 안에서, 십자가 안에서, 하나님 나라 안에서 완전한 하나님의 뜻이 나타납니다. 두 번째는 성령께 의탁해야 합니다. 성령께서 깨닫게 해주시지 않으면 어느 누구도 하나님의 말씀을 바르게 해석할 수 없습니다.

인도에서 평생 헌신한 스탠리 존스(Stanley Jones) 선교사님께서 어떤 젊은이로부터 질문을 받았습니다. "목사님, 한평생 복음을 전하셨는데, 목사님은 사도 바울이 주님의 음성을 듣듯이 하나님의 음성을 많이 들어보셨겠죠?" 목사님이 대답했습니다. "아니오, 나는 한 번도 들어보지 못했습니다. 그러나 성경을 통해 주님의 형상을 느꼈으며 가르침을 받았습니다. 나는 믿음과 학식이 부족하지만, 주님을 사랑하는 마음은 변하지 않습니다."

종교개혁자 마르틴 루터(Martin Luther)의 신앙고백입니다. "성경은 살아서 나에게 말을 한다. 그것은 발이 있어서 나를 쫓아다니고, 손이 있어서 나를 붙잡는다." 정말 그렇습니다. 매주일 예배시간에 듣는 그 짧은 본문 말씀을 계속 묵상해 보십시오. 말씀이 나를 쫓아다닙니다. 나를 사로잡습니다.

복음적인 사람은 성경의 사람입니다. '그 책'의 사람으로, 믿음으로 오늘 이 시대를 살아갈 수 있습니다. 그는 성경의 권위를 압니다. 성경의 권위와 하나님의 권위를 동일시합니다. 성경을 통해서 하나님의 말씀을 듣고, 기뻐하고, 모든 문제의 답을 알고, 성경 안에서 회개하고, 성경 안에서 기뻐하고, 하나님의 긍휼을 힘입어 오늘을 살아갑니다. 성경 안에서 명철을 얻습니다. 모든 문제의 최종결론이 성경에 기록되어 있기 때문입니다. 예수님께서 우리에게 말씀하십니다. "너는 성경을 어떻게 읽고 있느냐?(What do you read there?)"

기도

전지전능하신 하나님 아버지. 우리에게 하나님의 복음을 주시어 믿게 하시고, 깨닫게 하시고, 영접하게 하시어 하나님의 뜻을 분별하며, 기뻐하며, 증거하며 살도록 인도하여 주심을 감사합니다. 또 우리에게 성경을 선물로 주시어 하나님의 말씀을 들으며, 하나님의 영광을 깨달으며, 하나님의 약속을 영접하며, 그 말씀 안에서 살아계신 하나님을 만나고, 고백할 수 있도록 하심을 진심으로 감사드립니다. 진정으로 하나님께서 부르시는 그날까지 이 성경의 사람으로, '그 책'의 사람으로, 성령의 도우심으로 하나님의 뜻 가운데 살게 하시고, 날마다 하나님의 말씀을 들으며, 하나님을 만나며, 하나님을 고백하며, 하나님께 영광 돌리는 삶을 살아갈 수 있도록 우리를 지켜주옵소서. 우리 주 예수 그리스도의 이름으로 간절히 기도드리옵나이다. 아멘.

20장

재물로 친구를 사귀라

또한 제자들에게 이르시되 어떤 부자에게 청지기가 있는데 그가 주인의 소유를 낭비한다는 말이 그 주인에게 들린지라 주인이 그를 불러 이르되 내가 네게 대하여 들은 이 말이 어찌 됨이냐 네가 보던 일을 셈하라 청지기 직무를 계속하지 못하리라 하니 청지기가 속으로 이르되 주인이 내 직분을 빼앗으니 내가 무엇을 할까 땅을 파자니 힘이 없고 빌어 먹자니 부끄럽구나 내가 할 일을 알았도다 이렇게 하면 직분을 빼앗긴 후에 사람들이 나를 자기 집으로 영접하리라 하고 주인에게 빚진 자를 일일이 불러다가 먼저 온 자에게 이르되 네가 내 주인에게 얼마나 빚졌느냐 말하되 기름 백 말이니이다 이르되 여기 네 증서를 가지고 빨리 앉아 오십이라 쓰라 하고 또 다른 이에게 이르되 너는 얼마나 빚졌느냐 이르되 밀 백 석이니이다 이르되 여기 네 증서를 가지고 팔십이라 쓰라 하였는지라 주인이 이 옳지 않은 청지기가 일을 지혜 있게 하였으므로 칭찬하였으니 이 세대의 아들들이 자기 시대에 있어서는 빛의 아들들보다 더 지혜로움이니라 내가 너희에게 말하노니 불의의 재물로 친구를 사귀라 그리하면 그 재물이 없어질 때에 그들이 너희를 영주할 처소로 영접하리라 지극히 작은 것에 충성된 자는 큰 것에도 충성되고 지극히 작은 것에 불의한 자는 큰 것에도 불의하니라(눅 16:1~10).

유한양행의 설립자인 유일한 박사를 기억하십니까? 이분은 국내에서 가장 존경받는 경영인 중의 한 분입니다. 유일한 박사는 조국의 독립과 사회발전을 위하여 사업을 시작했습니다. 그는 정직, 성실, 신용이라는 원칙을 고수하면서도 뛰어난 성공을 이루었습니다. 그래서 자신의 수익 대부분을 사회활동과 청소년들의 교육을 위해 투자했으며, 마지막에는 자신의 모든 재산과 주식을 사회에 환원해서 세간을 깜짝 놀라게 했습니다. 이분의 경영철학은 그의 신앙에서 비롯되었습니다. 유일한 박사는 그리스도인으로서 항상 기도하고, 말씀을 묵상하고, 말씀을 삶에 적용시키려는 열정을 갖고 있었습니다. 그는 세상에서 자신이 이룬 모든 것들이 자신의 소유가 아님을 깨달았고, 그 원칙을 삶에 직접 적용했습니다.

유일한 박사는 노년에 이런 말을 남겼습니다. "나는 이제 세상에 미련이 없다. 하지만 하나님이 나에게 맡기신 것들을 관리하는 청지기로서의 할 일은 아직 좀 더 남아 있다." 여러분은 어떤 삶의 철학을 갖고 살아가십니까?

돈의 본질과 영향력

어떤 제자들이 랍비에게 질문했습니다. "부자와 현자 중 어느 쪽이 더 위대합니까?" 랍비가 "물론 현자지"라고 대답했지만, 제자들이 다시 물었습니다. "그렇다면 부잣집에는 학자도 현자도 많이 드나드는데, 어찌해서 현자의 집에는 부자들이 드나들지 않는 겁니까?" 랍비가 대답했습니다. "현자는 돈이 필요하다는 것을 잘 알고 있지만, 부자는 돈만 알았지, 지혜도 배워야 한다는 사실을 모르기 때문이다."

여러분은 돈이 뭐라고 생각하십니까? 돈에 대해 어떤 가치관과 철학을 갖고 오늘을 살아가십니까?

세상 사람들은 돈으로 모든 것이 가능하다고 생각합니다. 그래서 돈이 많으면 교만해지기가 십상입니다. 정말 돈이 많은 사람은, 가난하고 궁핍한 사람을 인격적으로 존중하지 않습니다. 돈이 그 사람을 그렇게 만듭니다. 그리고 돈은 사람으로 하여금 돈을 의존하게 만듭니다. 돈에는 힘과 권세가 있습니다. 그래서 오늘날 소유 중심의 삶이 전 세계적으로 확대되는 것입니다. 그런가 하면 돈은 사람을 절망하게 하고 삶을 포기하게까지 만듭니다. 이 시대의 수많은 부조리와 폭력과 범죄의 대다수가 돈 때문입니다.

돈은 분명 하나님의 뜻에 불순종하도록 만듭니다. 하나님 없이도 잘 살 수 있다는 확신을 갖게 합니다. 우리 주변에 하나님이냐 돈이냐를 고민하는 사람이 참 많습니다. 돈에는 사람을 비인간적으로 만드는 힘과 권세가 있습니다. 이것이 성경에서 말하는 돈에 대한 철학입니다. 그래서 디모데전서 6장 10절은 말씀합니다. "돈을 사랑함이 일만 악의 뿌리가 되나니 이것을 탐내는 자들은 미혹을 받아 믿음에서 떠나 많은 근심으로써 자기를 찔렀도다."

돈의 세상_모든 것의 판단 기준

이 시대상은 한 마디로 '돈의 세상'입니다. 적어도 21세기는 돈의 세상입니다. 돈을 추구하고, 돈을 자랑하고, 돈을 의존하는 세대가 되어버렸습니다. 행복도 돈에 의해 평가됩니다. 삶의 목적과 방향도 돈이 결정합니다. 대학에서도 나중에 고액연봉을 받을 수 있는 학과에만 학생들이 몰리고, 돈벌이가 변변치 않은 전공은 그 학과 자체가 존폐위기에 처하는 현실입니다. 지금은 성경 말씀대로 어그러지고 거스르는 세대임에 틀림이 없습니다.

제2차 세계대전 이후에 피카소(Pablo Picasso) 그림의 가격이 폭등할 때의 일입니다. 어떤 분이 피카소의 화실에 와서 피카소가 추상화 작업하는 모습을 보았습니다. 그러고는 질문했습니다. "지금 무엇을 표현하고 계십니까?" 그랬더니 피카소가 웃으면서 이렇게 대답했답니다. "지금 20만 달러짜리를 표현하고 있습니다."

작품의 가격이 비싸면 그 작품을 그린 작가는 훌륭한 작가가 되고, 높은 수준의 작가로 인정받습니다. 그러나 만일 작품이 안 팔리거나 싼 값에 팔리면 그 화가도 우습게 봅니다. 이 시대는 연봉이 사람을 판단하는 기준이 되어버렸습니다. 돈이 세상을 이렇게 만들었습니다.

예수님께서 돈에 관해서 많이 말씀해 주셨습니다. 왜 그렇게 여러 번, 직접적으로 돈에 관해 말씀하셨을까요? 그 사람의 인격을 말해 주는 가장 정확한 표지가 돈이기 때문입니다. 본문도 비유를 통해서 돈에 관해 말씀하시는 하나님의 계시입니다. 그리스도인은 돈에 관한 바른 가치관과 철학을 가져야 합니다. 그렇지 못하면 부지불식간에 사람도 잃고, 믿음도 저버리게 됩니다.

예수님의 물질관_돈은 불의한 재물

우리는 먼저 예수님의 물질관에 관심을 가져야 합니다. 예수님은 돈을 어떻게 생각하셨습니까? 하나님은 돈을 어떻게 생각하셨습니까? 예수님과 하나님의 돈에 대한 철학이 우리의 철학이 되어야 합니다. 그 가치관으로 살아가는 사람이 그리스도인입니다. 오늘 본문의 비유에 예수님의 물질관 세 가지가 분명하게 나타나 있습니다.

첫 번째, 예수님은 돈을 불의한 재물로 여기셨습니다(9-10절). 돈은 세상에서 아주 좋은 건데, 예수님은 불의한 것이라고 합니다. 성경은 돈을 사랑함이 일만 악의 뿌리가 된다고 말씀하십니다. 왜 그렇습니까? 돈이 사람으로 하여금 하나님과 가까워지게 만들어야 되는데, 이 돈이 하나님 보다 돈을 더 사랑하게 만듭니다. 돈이 많으면 많을수록 하나님께 가까이 가야 돈이 의로운 것인데, 소유가 많으면 많을수록 하나님과 멀어지게 하니 돈은 불의한 것입니다. 그리고 사람들이 자꾸 돈을 목적으로 삼습니다. 하나님께 목적을 둬야 하는데 돈에 목적을 둡니다. 그래서 예수님은 돈을 불의한 재물이라고 말씀하십니다.

『탈무드』에 이런 격언이 있습니다. "몸은 마음에 의존하고, 마음은 돈에 의존한다." 이게 오늘 세상 사람들의 현주소입니다. 예수님께서는 부자가 천국에 들어가는 것이 큰 낙타가 조그만 바늘귀에 들어가는 것보다 어렵다고 말씀하십니다. 부자가 천국에 들어가는 것이 불가능하다는 말씀입니다. 돈의 위험성이 이 정도라는 말입니다.

예수님의 물질관_돈은 지극히 작은 것

두 번째, 예수님의 물질관에서 돈은 지극히 작은 것입니다. 10절에서 이렇게 말씀하십니다. "지극히 작은 것에 충성된 자는 큰 것에도 충성되고 지극히 작은 것에 불의한 자는 큰 것에도 불의하니라." 돈은 천국에서는 가장 작은 것입니다. 하나님의 자녀가 돈에 관해 불의하면 하나님의 은총도 누리지도 못하고, 그 가치도 알지 못합니다. 하나님의 복을 받을 수 없습니다. 그러나 지극히 작은 것에 충성된 자는 하나님 나라의 일에도 충성됩니다. 세상에서는 가장 큰 것이 돈인데, 하나님 나라에서는 지극히 작은 것이 돈입니다.

그러면 어떤 관점에서 돈이 그토록 하찮은 것입니까? 생명과 돈을 비교해 보십시오. 비교나 됩니까? 그런데 현실은 생명과 돈을 견주는 일들이 비일비재하게 일어납니다. 사람을 돈보다 못하게 취급하는 경우가 허다합니다. 돈 때문에 생명을 버리고 포기하는 일이 실제로 자주 일어납니다. 사랑과 돈을 생각해 볼까요. 이것은 비교가 안 됩니다. 돈은 물질이고, 사랑은 고상한 인격적 가치입니다. 그러나 결혼도, 사랑도 전부 다 돈에 의해서 좌우되는 것이 현실입니다.

딸이 결혼할 배우자가 생겼다고 부모님께 말씀드렸습니다. 그랬더니 아버지가 딸을 불러 처음 묻는 질문이 "그 사람 돈이 좀 있냐? 돈 많이 버냐?"였습니다. 그래서 딸이 그랬답니다. "남자들은 다 똑같아요." 그러자 아버지가 그게 무슨 말이냐고 물었더니 딸이 이렇게 말하더랍니다. "그 남자도 아버지 돈 좀 있냐고 물어보던데요."

소망과 돈을 비교해 보세요. 소망은 사람을 끌어가는 힘입니다. 돈과는 비교가 안되는 가치입니다. 믿음은 어떻습니까? 믿음도 마찬가지입니다. 세상 사람이 생각하는 것처럼 돈이 그리 절대적인 가치가 아니라는 사실을 아는 자가 그리스도인입니다.

예수님의 물질관_소유권에 대한 문제

세 번째, 예수님의 돈에 대한 철학은 소유권에 대한 문제입니다. 모든 돈의 소유권은 하나님께 있습니다. 모든 물질, 모든 은사는 하나님의 것입니다. 만물이 하나님께로부터 나왔고, 하나님께로 돌아갈 것입니다. 인간은 청지기일 뿐입니다. 소유권이 없습니다. 사용권만 있습니다.

여러분은 스스로 청지기일 뿐임을 고백하며 사십니까? 청지기로서 사는 사람은 자유를 누립니다. 하나님이 창조주시요 만복의 근원이시라는 고백 속에 '나는 청지기입니다'라는 체험적 간증이 깃들어 있는 것입니다.

예수님이 나의 구주시라는, 나의 하나님이시라는 고백 속에 나는 청지기라는 고백도 포함된 것입니다.

어떤 소년이 부모님에게 주일에 하나님께 바칠 헌금과 용돈으로 동전 두 개를 받았습니다. 소년은 이것을 양손에 꼭 쥐고 교회를 향해 뛰어가다가 넘어져서 그만 동전 하나를 떨어뜨렸습니다. 아무리 찾아도 없었습니다. 이 아이가 안타까워하면서 이러더랍니다. "하나님의 돈이 없어졌다. 큰일 났다." 다른 동전 하나를 꼭 쥐고 있으면서 말입니다.

이게 인간의 모습입니다. 사람들은 청지기의 본분과 사명을 자꾸만 저버립니다. 청지기는 주인의 뜻에 충성하고, 주인의 뜻에 따라 주신 은사를 사용해야 합니다. 하나님의 뜻에 굴복하고 하나님 앞에 바른 믿음으로 살아갈 때 인간은 돈에 대하여 자유 할 수 있습니다. 돈의 노예가 되지 않고 다스리면서 살아갈 수 있습니다. 오직 하나님 뜻 안에 순종할 때 돈으로부터 자유로운 사람으로 오늘을 살아갈 수 있습니다. 이런 사람이 그리스도인입니다.

예수님의 물질관에 대한 반응_"듣고 비웃거늘"

누가복음 16장 14절을 보면 돈에 대한 예수님의 철학을 듣고 비웃는 사람들이 있습니다. 바로 바리새인들입니다. 자신이 하나님이 백성이라는 자부심이 강했고, 성경 지식도 많았지만 돈에 대해서만큼은 자기 견해를 고수했습니다. 오늘 이 순간 예수님의 물질관에 대해서 듣고 웃는 자는 회개하십시오. 우리는 이 말씀을 그대로 받아들여야 합니다.

본문의 비유에서 먼저 알아야 할 사실은 이 말씀이 구원론에 대한 말씀이 아니라는 것입니다. 지금 이 말씀대로 행했다고 구원받는 것이 아닙니다. 오직 십자가의 복음, 하나님 나라의 복음을 믿으므로 하나님 자녀가 되는 것입니다. 이런 돈의 철학을 가졌다고 구원받는 것이 아닙니다. 그러나 구원받은 사람은 거듭난 물질관을 가지고 살면서 하나님께 영광 돌리며, 하나님의 복을 받습니다.

불의한 청지기에게 배우기

또 하나, 이 청지기는 선한 사람이 아닙니다. 예수님께서 인용하신 인물이니까 '아, 선한 사람이겠거니' 하지 마십시오. 이 사람은 나쁜 사람입니다. 이 사람의 행위도 절대 옳지 않습니다. 이것을 정당화시키려고 애쓰지 마십시오. 그는 주인의 소유를 낭비한 옳지 않은 청지기입니다. 거기다가 주인에게 빚진 자를 주인 몰래 불러다가 자기 마음대로 그 일부를 감면해줬습니다. 오늘날로 따지면 횡령죄에다가 문서위조죄로 감옥에 가야 됩니다. 그런데 예수님은 왜 이런 인물을 통해서 말씀하셨을까요? 가장 세상적인 주제, 거북한 주제는 가장 세상적인 사람을 통해야만 바르게 메시지가 전해지기 때문입니다.

이 사람은 정직하지 못한, 옳지 않은 청지기일 뿐입니다. 그러나 이 사람에게 배울 게 있습니다. 그는 돈에 관한 지혜가 있었습니다. 돈에 관한 세상 사람들이 더 지혜롭습니다. 성경도 말씀합니다. 세상 사람들이 "빛의 아들들보다 더 지혜로움이니라." 적어도 돈에 관해서는 그렇다는 말입니다.

불의한 청지기의 지혜_끝을 아는 지혜

그럼 예수님께서 어떤 지혜를 이렇게 칭찬하십니까? 적어도 두 가지를 생각해 볼 수 있습니다. 먼저는 끝을 아는 지혜입니다. 주인은 최종결산의 때를 인식하고 준비하는 것을 지혜롭다고 인정합니다. 주인은 청지기가 주인의 재산을 낭비한다는 소식을 듣고 청지기에게 결산하라고 요청합니다. 청지기는 주인의 말을 듣고는 끝이 왔음을 알아차렸습니다.

오늘 이 세상의 가장 큰 문제는 자기가 죽는다는 사실을 모른다는 것입니다. 언제 어디서건 갑자기 죽을 수 있다는 사실을 모릅니다. 죽은 다음을 모릅니다. 마지막 때를 모릅니다. 미친 듯이 그냥 앞으로 향해 갈 뿐입니다. 이것이 비극입니다. 참 지혜는, 마지막 때(the end)를 알고 생각하고 준비하는 삶입니다. 사업도, 인생도, 즐거움도 마지막 때가 있습니다. 끝을 모르는 자는 미련한 자입니다.

불의한 청지기의 지혜_현재 할 일을 깨닫는 지혜

두 번째는 현재의 할 일을 깨달았습니다. 그래서 그는 고백합니다. "내가 할 일을 알았도다." 이 고백은 과거에 내가 잘못한 것을 후회하고, 낙담하고, 절망했다는 것이 아닙니다. 그렇다고 미래에 더 잘 될 것이라는 막연한 기대를 갖는 것도 아닙니다. 내게 주어진 시간, 기회, 건강, 생명, 은사, 돈을 가지고 할 일을 깨달았다는 것입니다. 불의한 청지기의 현재적 삶의 결단은 이웃을 위한 선행이었습니다.

예수님께서 이 비유를 통해서 주시는 메시지는 자명합니다. "불의의 재물로 친구를 사귀라." 각자에게 주어진 재물로, 주어진 소유를 통해서 이웃을 위하여 돈을 사용하라는 것입니다. 그것이 돈의 목적입니다. 하나님께서 우리에게 재물을 주신 목적입니다. 이웃의 궁핍함을 돌보고, 가난한 자를 돌보고, 고통받는 자를 돌보고, 소외받는 자를 돌보고, 절망하는 자를 위로하는 것입니다.

여러분은 주어진 물질에 대하여 하나님의 뜻 안에서 그분의 목적대로 사용하고 계십니까? 지금 여러분이 돈을 사용하는 방식을 기뻐하고 감사하는 많은 사람들이 여러분 주변에 있습니까? 이것이 물질을 잘 사용하고 있는지 가늠해볼 수 있는 기준입니다. 내가 돈을 사용하는 방식을 칭찬하고, 감사하고, 나를 위해 기도하는 사람이 있느냐는 것입니다. 오늘 본문을 보면 "그들이 너희를 영주할 처소로 영접하리라"고 말씀합니다.

"보물을 하늘에 쌓아 두라"

마태복음 6장에 보면 예수님은 "보물을 하늘에 쌓아 두라"(20절)라고 말씀하셨습니다. 하늘에 보물을 쌓아둘 수 있는 구체적인 방법을 제시하셨습니다. "재물로 친구를 사귀라. 이웃을 위하여 그 돈을 써라."

노벨상을 만든 노벨(Alfred Nobel)은 자기 생애에 일어난 큰 사건을 통해서 어떤 결단을 내리게 됐습니다. 그는 다이너마이트를 발명한 사람입니다. 그래서 갑자기 큰 부자가 됐습니다. 그렇게 잘 먹고 잘 사는데, 어느 날 갑자기 조간신문을 보고 충격을 받았습니다. 어떤 기자가 동명이인인 줄 알고 오보를 냈습니다. "알프레드 노벨 사망하다." 거기까지는 좋은데, 그 밑에다가 "다이너마이트 발명자. 파괴의 발명자"라는 수식어를 집어넣었습니다. 그는 자기 인생의 끝을 간접적으로 보면서 큰 충격을 받고 깊이 생각하게 됩니다. 그리고 종말론적 지혜로 선행을 베풉니다. 그래서 세상의 평화를 위하여 노력하고 연구하는 분들을 위해 기금을 조성하기로 결단했습니다. 이 기금이 바로 노벨상입니다.

미국 몽고메리 주 출신의 변호사이자 사업가인 사람이 있는데, 그는 돈을 너무 많이 벌어서 저녁마다 돈을 세느라 바빴다고 합니다. 그야말로 돈 벼락을 맞은 사람입니다. 그는 나이 30세가 되기 전에 백만장자가 됐습니다. 그런데, 이 모습을 굉장히 못마땅하게 보는 사람이 있었습니다. 바로 그의 아내입니다. 아내가 어느 날 이렇게 말하더랍니다. "내가 원하는 것은 가정의 행복이지, 돈에 중독된 껍데기가 아닙니다." 그러고는 아이들을 데리고 친정으로 가버렸습니다.

이 일을 겪고 그는 많은 생각을 하게 됩니다. 정말 자신이 돈에 중독된 건가 곰곰이 생각해 봤습니다. 생각할수록 자신이 정말 돈에 미친 사람인 것이 분명해졌습니다. 돈 때문에 가정이 위태로워졌고 영적인 위기에 빠졌음에도 자신이 돈의 노예라는 사실을 알지 못했습니다. 그는 아내와 아이들이 자신을 떠난 후에야 성공이란 돈과 지위로 측정될 수 없다는 생각을 갖게 됩니다. 이제 처갓집에 가 있는 아내를 찾아가서 이렇게 말했답니다. "그동안 내가 얼마나 돈의 노예로 살았는지 이제야 알 것 같소. 이제는 돈의 노예가 아닌, 이 재산을 함께 나누는 청지기가 되겠소. 돌아오시오." 그래서 아내가 돌아왔습니다. 그날로 그들은 아프리카로 향합니다. 그때가 1976년입니다. 그 가족은 아프리카 자이로에서 집짓기 사역을 시작했습니다. 가난한 사람들을 위해서 자기 돈을 써서 집을 지어주었습니다. 자기의 소유를 이웃을 위해서 사용하기 시작했습니다. 그런데 돈을 움켜쥐고 있을 때보다 더 기쁘고 감사했습니다. 더 큰 은혜 속에 살았습니다. 이 사람이 바로 국제 헤비타트, 사랑의 집짓기 운동본부의 창시자인 밀러드 풀러(Millard Fuller)입니다.

예수 그리스도 안에서 선한 청지기

여러분, 그리스도인은 하나님 앞에서, 예수 그리스도 안에서 항상 청지기임을 고백해야 합니다. 모든 것을 주신 분도 하나님이시요, 취하실 분도 하나님이십니다. 아무리 쥐고 있어도 하나님이 취하겠다고 하시면 금세 빈털터리가 되는 것이 우리의 삶입니다. 우리는 예수님의 물질관과 동일한 돈의 철학을 가지고 살아가야 합니다. 예수님은 돈을 불의한 것으로 보셨습니다. 돈은 하나님의 영광을 가리는 것입니다. 그리고 지극히 작은 것입니다.

돈의 소유권은 하나님께 있습니다. 성경은 이 사실을 믿으라고 말씀합니다. 하늘에 보화를 쌓는 사람은 이 가치관을 가지고 믿음으로 삽니다. 주님께서 오늘도 말씀하십니다. "먼저 그의 나라와 그의 의를 구하라"(마 6:33). "불의한 재물로 친구를 사귀라."

기 도

전지전능하신 하나님 아버지. 하나님의 무한한 은혜 속에 하나님을 아버지로 부르며 하나님의 자녀로 이 시간을 살지만. 잘못된 믿음생활을 하여 돈에 무너지고, 돈에 이끌리어 세상 중심으로 사는 미련한 죄인을 불쌍히 여겨 주시옵소서. 예수님의 물질관을 믿음으로 받아들여 선한 청지기로서 돈을 다스리며 살게 하옵소서. 돈으로부터 자유로운. 영적으로 권세 있는 자로 이 시대를 살도록 인도하여 주옵소서. 언제 어디서나 하나님께서 주신 모든 은사를 이웃을 위하여 사용하여 은혜 중심의 삶으로 하나님께 영광 돌리기를 간절히 소원합니다. 우리 주 예수 그리스도의 이름으로 간절히 기도드리옵나이다. 아멘.

—— 21장

듣는 자는 살아나리라

내가 진실로 진실로 너희에게 이르노니 내 말을 듣고 또 나 보내신 이를 믿는 자는 영생을 얻었고 심판에 이르지 아니하나니 사망에서 생명으로 옮겼느니라 진실로 진실로 너희에게 이르노니 죽은 자들이 하나님의 아들의 음성을 들을 때가 오나니 곧 이 때라 듣는 자는 살아나리라 아버지께서 자기 속에 생명이 있음 같이 아들에게도 생명을 주어 그 속에 있게 하셨고 또 인자됨으로 말미암아 심판하는 권한을 주셨느니라 이를 놀랍게 여기지 말라 무덤 속에 있는 자가 다 그의 음성을 들을 때가 오나니 선한 일을 행한 자는 생명의 부활로, 악한 일을 행한 자는 심판의 부활로 나오리라(요 5:24-29).

한 목수가 작업장에서 애지중지하던 손목시계를 톱밥더미에 떨어뜨렸습니다. 수북이 쌓인 톱밥을 헤치면서 시계를 찾았는데 시계는 보이지 않았습니다. 그래서 함께 일하는 목수들에게 부탁해서 함께 손목시계를 찾기 시작했습니다. 하지만 아무리 샅샅이 뒤져도 찾을 수가 없습니다. 잠시 찾기를 중단하고 점심식사를 하러 밖으로 나갔습니다. 그때 이 목수의 손자가 작업장으로 들어와서 그 손목시계를 아주 쉽게 찾아서 잘 보이는 곳에 올려놓았습니다.

목수가 식사를 하고 돌아와 보니 손목시계가 바로 눈앞에 있는 것입니다. 그가 깜짝 놀라서 손자한테 물었습니다. "네가 찾았냐? 어떻게 찾은 거냐?" 그때 손자가 빙그레 웃으면서 말했습니다. "저는 그냥 조용히 바닥에 앉아 있었을 뿐이에요. 그런데 조금 있으니까 째깍 째깍 째깍 소리가 나서 그 시계가 어디 있는지 알 수 있었죠."

경청_귀를 기울여 듣는 것

귀를 기울여 듣는 것을 경청이라고 합니다. 경청하려면 먼저 조용히 하고 기다려야 합니다. 세계적인 경영학자였던 피터 드러커(Peter Drucker) 박사가 「하버드 비즈니스 리뷰」에 '효과적인 경영자의 여덟 가지 행동'이라는 글을 기고했습니다. 거기서 그는 마지막 결론을 이렇게 내렸습니다. "우리는 효과적인 경영자의 여덟 가지 행동을 검토했습니다. 여기에 마지막 한 가지 행동을 추가하겠습니다. 이 행동은 매우 중요해서 규칙으로 격상시키겠습니다. 그것은 '먼저 경청하고 나중에 말하라'입니다." 경청은 그만큼 중요한 태도입니다.

'눈을 조심하라'라는, 오래된 수도원의 경구가 있습니다. 왜 하필 눈을 조심하라는 것일까요? 세상은, 특별히 현대문화는 사람을 '눈(眼)의 사람'으로 만들어가고 있습니다. 온갖 매스컴이 세상 사람들을 눈의 사람으로 만들어갑니다. 그래서 눈으로 보는 것만 생각하고 소원합니다. 감당 안 되는 것을 보고, 보지 말아야 될 것을 보면서 자꾸 '눈에 보이는 것'에만 끌려갑니다. 잘못된 것을 너무나 많이 봐서 잘못된 생각, 잘못된 판단, 잘못된 가치관 속에서 살아가게 됩니다. 이것이 우리의 현실입니다.

그리스도인_귀의 사람

그러나 거듭난 그리스도인은 '눈의 사람'이 아닙니다. '귀의 사람'입니다. 먼저 귀로 하나님의 말씀을 듣고 살아가는 사람입니다. 성경은 말씀합니다. "그러므로 너희가 그리스도와 함께 다시 살리심을 받았으면 위의 것을 찾으라 거기는 그리스도께서 하나님 우편에 앉아 계시느니라 위의 것을 생각하고 땅의 것을 생각하지 말라"(골 3:1-2). 예수 믿기 이전처럼 자꾸 세상을 먼저 보면 그냥 끌려가게 됩니다. 그리스도인은 하나님의 복음을 듣고 거듭난 사람입니다. 복음을 눈으로 보려고, 느끼려고 하지 마십시오. 듣는 것이 먼저입니다.

하나님이 보시기에 이 세상에서 가장 불쌍한 사람은 누구일까요? 복음을 듣지 못한 사람입니다. 그가 아무리 세상에서 영웅일지라도, 훌륭한 사람으로 기억된다고 해도 복음을 듣지 못하면 하나님 앞에 가장 불쌍한 사람입니다. 하나님의 복음을 듣지 못한 사람, 믿지 않는 사람이 하나님 앞에 가장 불쌍한 사람입니다.

가장 불쌍한 삶_듣지 못함

정전 60주년을 기념하는 행사에서 어떤 기록을 보다가 많은 감동을 받고 한 번 더 생각하게 된 일이 있었습니다. 60년 전에는 남한과 북한이 서로 똑같았습니다. 생활방식도, 생각하는 것도, 삶의 질도 똑같았습니다. 그런데 지금은 어떻습니까? 천지차이입니다. 북한은 지금 지구상에서 가장 불쌍한 민족입니다. 가장 무거운 압제 속에 살아갑니다. 무엇이 문제입니까? 저들에게는 듣는 자유가 없습니다. 그것이 가장 큰 문제입니다. 세상의 정보, 세상의 지식도 차단되어 있습니다. 그냥 정부에서 들려주는 것만 일방적으로 들어야 합니다. 그것이 얼마나 무서운 압제인지조차도 모른 채 살아갑니다.

더욱이 북한에는 복음이 널리 울려퍼지지 않습니다. 그래서 가장 불쌍한 민족입니다. 인간은 하나님의 말씀을 들음으로써 새로워집니다. 새로운 것을 생각하고, 새로운 것을 보고, 새로운 미래를 살아갈 수 있습니다. 자기 중심에서 하나님 중심으로 변화되고, 세상 중심에서 하나님 나라 중심으로 변화되고, 죽음의 존재에서 영생의 존재로 변화됩니다. 이 모든 것이 하나님의 말씀을 들음으로부터 시작됩니다. 그래서 호세아서 4장 6절에서 하나님은 말씀하십니다. "내 백성이 지식이 없으므로 망하는도다." 하나님을 아는 지식이 널려 있지만 듣지 않고 믿지 않는 백성은 망합니다.

여러분은 하나님의 말씀을 얼마나 들으며 하루하루를 살아갑니까? 오늘 본문을 통하여 하나님께서 우리에게 말씀해 주십니다. '듣는 자는 살아나리라. 듣는 자는 살아나리라.' '예수 그리스도의 말씀을 듣고 믿는 자는 살아나리라. 하나님의 말씀을 듣는 자는 날마다, 시간마다 새롭게 살아나리라.' 하나님의 말씀입니다.

성경에서 '듣는다'는 것의 의미

성경에서 듣는다는 것은 단지 'Hearing'을 가리키는 것이 아닙니다. 이것은 듣고, 믿고, 생각하고, 이해하고, 영접한다는 의미입니다. 하나님의 말씀을 듣고, 이해하고, 영접하는 사람은 살아나리라, 새로워지리라, 깊이 변화되리라고 말씀합니다. 하나님의 말씀에 지혜가 있고, 능력이 있기 때문입니다. 태초부터, 하나님께서 말씀하실 때 모든 만물이 창조되었습니다. 예수님의 생애를 생각해 보십시오. 예수님께서 이 땅에 오셔서 병자를 만나십니다. 말씀을 주십니다. 그 말씀을 듣고 영접하는 자는 치유됩니다. 눈먼 자가 눈을 뜨고, 앉은뱅이가 일어나고, 문둥병이 깨끗이 치유함을 받습니다. 말씀을 듣고 살아난 것입니다. 풍랑도 예수님의 말씀을 듣고 '멈추라'는 말씀에 잔잔해집니다.

더 놀라운 것은 죽은 나사로가 예수님의 말씀을 들었다는 것입니다. 본문도 "무덤 속에 있는자가 다 그의 음성을 들을 때가 오나니"라고 말씀합니다. 예수님 당시에도, 예수님께서 오시는 날에도 죽은 자가 예수님의 말씀을 들을 것입니다.

거듭난 그리스도인은, 하나님의 자녀는 하나님의 말씀을 듣고 살아난 사람입니다. 말씀을 듣고 살아났음을 고백하고 체험한 사람은 하나님의 자녀가 되었음을 늘 인식하며 삽니다. 그는 끊임없이 하나님의 말씀을 갈망합니다. 이미 살아났지만 계속해서 살아야 하므로, 날로 새롭게 태어나야 하므로 매일 말씀을 사모합니다. 성경은 분명히 말씀합니다. "듣는 자는 살아나리라."

듣는 것은 인격적인 일입니다

오래전 마더 테레사(Mother Teresa) 수녀한테 한 기자가 물었답니다. "수녀님은 어떻게 기도하십니까? 무슨 말씀을 하십니까?" 그랬더니 테레사 수녀가 아주 편안하게 준비된 답을 말합니다. "저는 듣습니다." 기자가 또 물어보았습니다. "그러면 수녀님이 기도하실 때 하나님께서는 뭐하고 계십니까?" "그분도 들으십니다. 저는 하나님의 말씀을 듣고, 하나님께서는 제 말을 들으십니다."

하나님의 복음 안에 하나님과의 인격적인 교제가 있습니다. 하나님의 말씀을 듣고 그분의 뜻을 알아 그분과 인격적으로 교제하는 영혼의 작용이 없으면 그가 하는 신앙생활이란 것은 한갓 종교행위에 불과합니다. 참된 그리스도인은 귀의 사람입니다. 그리스도인은 예수 그리스도 안에서 변화되어서 복음을 듣고, 복음을 경청함으로 새로워집니다.

그런데 여기서 하나님의 말씀을 듣는다는 것은 직통계시를 뜻하는 것이 아닙니다. 하나님께서 아브라함에게, 아담에게 직접 말씀하시는 차원이 아닙니다. 칼뱅은 직통계시를 추구하는 사람들에게 말했습니다. "그들은 성경적 오류를 범하고 있고 광란을 저지르고 있다."

물론 하나님께서 신비로운 방식으로 음성을 들려주시는 예외적인 경우도 있으나 보편적으로는 성경을 통해 말씀하십니다. 기록된 성경 말씀을 통해서 살아계신 하나님의 말씀을 듣는 것은 성령을 통한 놀라운 역사입니다. 그런데 왜 세상과 불신자들은 하나님의 말씀을 듣지 않는 것입니까? 왜 내가 예수 믿기 전에는 듣지 못한 것입니까? 아니, 그리스도인인데도 오늘 왜 하나님의 말씀을 듣지 못합니까? 가장 중요한 원인은 그 사람이 하나님을 사랑하지 않아서입니다. 창조주 하나님을 사랑하지 않는 죄에 빠져 있을 때는 하나님의 말씀이 들리지 않습니다.

듣지 못하는 이유_사랑하지 않음으로

요한복음 5장 42절에서 예수님께서 이렇게 말씀하십니다. "다만 하나님을 사랑하는 것이 너희 속에 없음을 알았노라." 그 당시 유대의 종교지도자들은 구약성경을 하나님의 말씀으로, 영생이 계시된 말씀으로 알고 깊이 상고하였고, 날마다 암송하고 가르치고 지키며 살아갔습니다. 그러나 정작 하나님은 알지 못했습니다. 하나님의 말씀을 듣지 못했습니다. 그 이유를 예수님께서 말씀하십니다. "하나님을 사랑하는 것이 너희 속에 없음을 알았노라."

아무리 성경을 외우고 가르치는 신학교수가 된다한들, 하나님을 사랑함이 없이는 말씀을 듣지 못합니다. 하나님의 말씀을 듣는 것은 인격적인 일입니다. 어머니는 멀리서도 사랑하는 자녀의 소리를 듣습니다. 사랑하니까 그렇습니다. 엄마는 자녀가 아직 말도 못하는 신생아일 때도 자녀의 필요를 금방 알아챕니다. 이것은 사랑의 관계 안에서 가능한 일입니다. 사랑하기 때문에 귀를 기울이는 것입니다. 이 사랑의 관계가 아니라면 아무리 귀를 기울여도 숨소리밖에 못 듣습니다. 마찬가지로 내가 하나님을 사랑하고 예수님을 전심으로 사랑하고 성경을 읽을 때 하나님의 말씀을 들을 수 있습니다.

듣지 못하는 이유_말씀의 필요성을 알지 못함으로

또 다른 이유는 말씀의 필요성을 알지 못해서입니다. 그냥 생긴 대로, 지금 이대로 사는 것이 편하고 좋아서 하나님의 말씀은 나중에 듣겠다고 합니다.

9·11테러는 참으로 엄청난 사건이었습니다. 그때 수많은 사람들이 구조되지 않습니까? 그 사건에 대한 책도 많이 출간되었습니다. 거기서 놀라운 것은 이것입니다. 구조대원들이 생존자를 구출할 때 의지했던 방법이 바로 생존자들에게 구조대원들의 목소리를 들려주는 것이었습니다. 갇혀 있는 사람들이 얼마나 갈급하게 목소리를 기다렸겠습니까? "거기 사람 있습니까? 거기 사람 있습니까? 목소리 들리면 대답하시오. 목소리대

로 따라 나오세요." 그 말을 듣고 따라 나온 사람은 구출되었습니다.

구출될 필요를 느끼지 않으면 구조대원의 소리에 귀를 기울이지 않을 것입니다. 이처럼 하나님과의 관계가, 영생을 얻는 일이 얼마나 중요한지 알아야 절박한 심정으로 하나님의 말씀을 듣게 되는 것입니다. 하나님의 말씀을 듣지 못하는 것은 하나님께 문제가 있어서가 아니라, 우리 자신한테 문제가 있기 때문입니다.

하나님의 음성을 듣지 못할 때_자기중심성이 충만할 때

우리가 자아성취, 자기 꿈, 자기애에 얽매일 때 하나님의 음성을 들을 수 없습니다. 그럴 때는 듣고 싶은 것만 듣습니다. 설교시간에도 어떤 분은 하나님의 말씀을 성경을 통해서 듣는데, 어떤 분은 꼭 자기가 듣고 싶은 것만, 어디 가서 써먹을 만한 얘기만 귀담아 듣습니다. 인간관계에서도 마찬가지입니다. 내가 아무리 많은 이야기를 해도 상대방은 듣고 싶은 것만 듣습니다. 자기애 때문입니다. 이기적인 자기 사랑 때문입니다. 한마디로 자기 유익, 자기 성공, 자기 행복만을 추구한다면 타인의 소리를 들을 수 없습니다. 우리 주변에 수많은 소리, 고통의 소리, 기쁨의 소리가 있지만 들리지가 않습니다. 자기 세계에 갇혀 있기 때문입니다. 하물며 하나님의 소리를 들을 수 있겠습니까?

예수님의 제자들은 예수님과 3년을 함께 지냈습니다. 그분과 항상 함께 살았습니다. 수많은 사건을 보았고, 정말 놀라운 이적을 경험했고, 수많은 말씀을 들었습니다. 그런데 하나님의 말씀을 듣지 못했습니다. 예수님께서 부활하시기 전 까지는 듣지 못했습니다. 예수님께서 예루살렘에 올라가셔서 왕이 되시면 자기들도 한 자리 하려는 속내가 있었기 때문입니다. 자기 꿈, 자기 야망이 있는 한 아무리 예수님과 함께 있어도 그분의 말씀을 듣지 못합니다. 그래서 예수님이 십자가에 달리시자 다 흩어지고 도망갔던 것이 아닙니까?

또 하나님의 말씀을 듣지 못하는 이유는 말씀하시는 분에 대한 신뢰가 없어서입니다. 예수님 당시에는 예수님을 단지 인간으로만 생각했습니다. 그것도 목수의 아들, 목수의 직업을 가진 인간으로밖에 보지를 못했습니다. 그래서 예수님을 믿을 수가 없었습니다. 그분은 위로부터 오시는 이요, 친히 하나님과 함께 계시고 직접 보고 들으신 하늘의 사건을 전하시는 분입니다. 그런데도 신뢰할 수가 없었습니다. 그러다 보니 믿지 않았습니다. 듣지 않았습니다. 여기에 문제가 있습니다.

하나님의 음성을 듣지 못할 때_예수 그리스도를 알지 못함

지난주에 저는 죽마고우 한사람을 만나서 오랜만에 몇 시간 신앙적 대화를 나눴습니다. 제가 이 친구를 20년도 넘게 전도했는데도 교회를 안 다니더니, 한 2년 전에 이 친구가 직장에서 해고되고 나서야 생각이 바뀌었습니다. 그래서 저에게 신앙서적을 좀 추천해 달라고 하면서 비로소 신앙에 관심을 가지기 시작했습니다. 이제는 인천 송도의 예수소망교회에서 신앙생활 잘 하고 있습니다. 한 해 전부터는 새벽기도도 열심히 나간다는 것입니다. 그런데 최근 상담할 일이 생겼다고 해서 만났는데, 얘기를 들어보니 이 친구가 진짜 그리스도인인지 확신하기가 어려웠습니다. 그냥 종교인이지, 그리스도인으로 거듭난 것과는 거리가 멀었습니다. 그래서 제가 다시 시작하자고 권면했습니다. "당신 지금 종교생활 하는 것이지, 도대체가 하나님이 누구신지 아는 거요? 하나님 말씀은 잘 들었소? 지금 들고 있는 거요?" 어떤 거룩한 소원도, 갈망도 없었습니다. 이 사람 머릿속에 든 것은 온통 장래의 문제, 가족의 관계, 자식의 문제, 사업의 문제였습니다. 이런 문제들을 해결하려고 2년 동안 교회에 다닌 것입니다.

물론 부분적으로는 하나님을 알고 싶은 마음도 있었을 것입니다. 그러나 자기 문제에 매몰되어 있어 하나님을 알기 원했던 마음의 갈망이 많이 사그라졌습니다. 그래서 2년 동안 신앙생활 하면서도 여전히 방황하고, 낙망하고, 아무런 영적 기쁨도 없이 살았던 것입니다. 이 친구와 한 달 동안 요한복음과 사도행전을 날마다 한 번씩 읽으면서 '예수님이 누구시냐? 예수님께서는 무슨 일을 하셨느냐?'라는 질문에 대한 답을 찾기로 했습니다. 그리고 다시 만나자고 했습니다.

우리는 예수 그리스도 안에서만 하나님의 말씀을 들을 수 있습니다. 우리는 항상 예수 그리스도 안에서 예수 그리스도를 아는 지식을 믿음으로써 하나님을 알고, 하나님의 말씀을 듣습니다. 원점으로 다시 돌아가야 됩니다. 여러분은 예수 그리스도 안에서 하나님의 말씀을 들으며 살고 계십니까?

오늘, 교회와 기독교의 가장 큰 문제가 복음을 잘못 전하는 것입니다. 복음의 내용도 잘못됐지만, 전달 방식이 너무나 잘못됐습니다. 자꾸 복음을 보고 느끼게 하려고 합니다. 보고 느낌으로써 하나님의 말씀을 듣게 하려고 무진 애를 쓰고 있습니다. 이것은 세상문화입니다. 세상풍조입니다. 한마디로 소비주의의 가장 극단적인 모습입니다. 소비주의란 무엇입니까? 상품을 보고 느끼게 해주고 소비를 부추기는 것이 소비주의의 원리입니다. 이 원리가 그대로 교회에 들어왔습니다. 전달하는 데 효과적이고 효율적이라고 생각하니까 자꾸만 뭔가를 보여주고 자극을 주고 느끼게 합니다. 하나님의 말씀은 '듣는 것'입니다. 우리는 귀의 사람이 되어야 됩니다. 복음을 듣고, 하나님의 말씀을 들을 수 있는 사람이 되기를 기도하고, 그것을 기뻐해야 합니다. 여기에 복음의 인격적 역사가 있습니다.

"듣는 자는 살아나리라"

본문에는 죽은 자들에 관한 이야기가 나옵니다. 여기서 '죽은 자들'이란 두 가지 의미입니다. 우리가 먼저 생각해야 될 것은 영적으로 죽은 자들입니다. 그리고 두 번째는 사망 그 자체입니다. 영적으로 죽은 자들이 누구입니까? 하나님의 말씀을 듣지 못하는 자입니다. 하나님의 말씀을, 복음을 듣지도 못하고, 믿지도 않는 그들이 영적으로 죽은 자들입니다. 하나님의 말씀을 경청하지 못한다면, 그는 이미 죽은 존재입니다. 하나님을 알지 못하기에 하나님과 아무 관계도 없는 삶을 살기 때문입니다. 그가 죽은 자라는 결정적인 증거가 무엇입니까? 죄의식이 없다는 것입니다. 죄에 민감하지 않습니다. 하나님 앞에서 죄를 생각하지 않으니, 그냥 이 정도로 도덕적이고 윤리적이면 나는 괜찮은 사람이라고 생각합니다. 이것이 영적 무지, 무각, 무능입니다.

하나님의 말씀을 듣는 자는 죄에 대해서 민감합니다. 죄를 깨달으면 회개합니다. 그런데 죄를 모르니 회개하지 않습니다. 더 나아가 하나님을 경외하지 않습니다. 이 세상의 보이는 것에 현혹되어 하나님을 바라보지 못합니다. 말씀을 듣고 생명력을 회복하는 길은 원점으로 돌아와서 말씀을 듣고, 믿고, 생각하는 것입니다. 그렇게 함으로써 새로워질 수 있습니다. 본문은 분명히 말씀합니다. "듣는 자는 살아나리라." 우리는 이 일의 증인입니다. 교회가 증인이요, 기독교가 증인입니다. 그리스도인은 살아난 존재입니다. 역사 밖에, 역사 위에 있는 하나님을 아는 지식에 기뻐하고, 하나님의 나라를 소망하며 오늘을 살아갑니다.

우리는 이미 옮겨진 존재입니다. 영생을 가진 존재입니다. 영생이란, 하나님과 바른 관계를 맺고 살아가는 삶을 뜻합니다. 영생을 얻은 자는 이제 죽음의 존재가 아니라 생명이 숨쉬는 존재로 오늘을 삽니다.

"듣는 자는 살아나리라"
_하나님의 말씀을 갈망하고 영접하고 반복해서 묵상함

어떻게 해야 하나님의 말씀을 날마다 들으며 살아갈 수 있습니까? 성경이 주는 답은 먼저 하나님의 말씀이 들리고 있다는 사실을 믿고 갈망해야 한다는 것입니다. 성경은 하나님의 말씀으로 가득 차 있습니다. 아니, 그 이상입니다. 하나님의 활동이 기록되어 있습니다. 하나님께서는 말씀만 하시는 분이 아닙니다. 말씀으로 활동하십니다. 하나님께서 나에게 말씀을 통해 일하시기를 갈망해야 됩니다.

둘째, 마음으로 영접해야 됩니다. 마음이란 지, 정, 의입니다. 이 세 가지의 균형을 잘 맞추어야 합니다. 인간은 전 인격적으로, 온 마음으로 믿어 구원에 이른다고 성경은 말씀합니다. 온 마음으로 하나님의 말씀을 '아멘'으로 받아들여야 합니다. '아멘'이라는 것은 그대로 되기를 소망하는 것입니다. 그것이 십자가의 길이라도, 내 뜻과 달라도, 그것이 험난하고 어려워도 하나님의 말씀이기에 그대로 되기를 아멘으로 응답해야 합니다. 이런 태도를 가져야 하나님의 말씀을 들을 수 있습니다.

셋째, 이미 들은 말씀을 반복해야 합니다. 이 시대는 너무 세대가 빠르게 변하니까 과거에 견주어 반복의 중요성을 모릅니다. 반복이 바로 묵상입니다. 알지 못하는, 듣지 못하는 말씀을 묵상하는 것이 아닙니다. 이미 나한테 들린, 내가 믿음으로 고백한 그 말씀을 계속해서 반복하는 것입니다. 그 속에서 더 큰 하나님의 지혜와 능력을 체험할 수 있게 됩니다. 하나님의 말씀은 일회용이 아닙니다. 잠깐 듣고 깨닫는 용도가 아닙니다. 말씀은 삶의 지혜와 능력으로, 사건으로 나타나야 합니다. 그러려면 들은 말씀을 반복적으로 묵상해야 합니다. 그런데 이것은 저절로 되는 것이 아닙니다. 영적인 훈련과 인격적인 훈련이 필요합니다.

경청은 어려운 것입니다. 경청이 쉽다는 사람은 아직 경청이 무엇인지 모르는 게 분명합니다. 어떤 때는 듣고 싶어도 경청이 습관이 안 되어 있어서 못 듣습니다. 뭐가 문제입니까? 주변에, 이웃에 문제가 있는 것이 아닙니다. 나한테 문제가 있습니다. 무엇인가 내 주장을 안고 있고, 무엇인가를 말해야 되고, 무엇인가를 강조해야 된다면 경청할 수가 없습니다. 조용히 기다려야 들리기 시작합니다. 자아를 부인할 때 비로소 이웃의 소리가 들리고, 하나님의 말씀이 들립니다.

주일 설교를 통해 하나님의 말씀을 들어야 합니다

먼저 주일설교를 통해서 하나님의 말씀을 듣고, 이것을 계속 반복하고 묵상해야 합니다. 자꾸 새로운 말씀, 더 많은 지식을 좇지 마십시오. 이미 들려온 말씀 속에서 하나님과 연합하는 경험을 해야 됩니다. 종교개혁 이전에는 개인적으로 성경을 소유할 수 없었습니다. 그래서 들은 말씀을 곱씹으며 살았습니다.

한 사냥개가 열심히 뛰고 있었습니다. 옆에 있던 사냥개들이 왜 그렇게 뛰느냐고 물었습니다. 이 사냥개는 자기 눈으로 토끼를 보았고 그래서 토끼를 잡으러 간다고 대답했습니다. 그러니까 옆에 있던 사냥개들이 같이 뛰었습니다. 그런데 한 시간 두 시간을 뛰는데도 토끼가 안 보였습니다. 사냥개들이 또 물었습니다. "너 정말 봤냐?" 의심하기 시작했습니다. 그리고 멈췄습니다. 그런데 눈으로 본 이 사냥개는 절대 멈추지 않았습니다. 포기하지 않았습니다. 계속 쫓아갔습니다.

단 한 번이라도 하나님의 말씀을 듣고 체험하고 고백한 사람은 멈추지 않습니다. 그 말씀으로 살아난 경험이 있기 때문입니다. 그 말씀으로 기도의 사람이 되었고, 영적인 사람이 되었고, 새 소망의 사람이 되었습니다. 비록 죄인이지만 천국을 기업으로 소유했음을 확신합니다. 그러니 어떻게 말씀을 포기할 수 있습니까? 자신이 말씀 안에서만 살아있는 존재라는 사실을 아는데 어찌 말씀을 버리겠습니까? 성경 안에서 먼저 하나님의 말씀을 들어야 합니다. 영적으로 살아야 합니다. 말씀을 듣지 못하면 영적으로 지금 죽어가는 것입니다. 이것은 성령 안에서 우리에게 주신 하나님의 은총입니다.

특별히 주일예배, 모든 성도가 함께 나와서 성령의 역사를 갈망하고 말씀을 사모하는 시간에 말씀을 듣지 못하면 다른 시간에 말씀을 듣는다는 것은 기대하기 힘듭니다. 평소에도 성경을 보겠지만, 성경을 본다고 항상 말씀을 듣는 것이 아닙니다. 하나님의 말씀을 선명하게 선포하고 때론 자세히 풀어주는 설교자를 통해 성령께서 우리 심령에 역사하십니다. 그 시간은 우리가 하나님의 말씀을 깊이 경험할 수 있는 절호의 기회입니다.

"듣는 자는 살아나리라"_귀의 사람으로 변화함

"듣는 자는 살아나리라." 이 말씀을 믿으십니까? 믿으면 그 말씀이 우리 삶에 구체적으로 역사하는 것을 보게 될 것입니다. 그리스도인은 성령 안에서 살아 계신 그리스도를 통하여 하나님의 말씀을 듣는 사람입니다.

그는 귀의 사람으로 날마다 변해 갑니다. 영적인 귀가 민감해지고 밝아집니다. 이제는 불필요한 소리를 차단할 수 있는 지혜도 생겼습니다. 말씀이 그를 변화시킨 것입니다. 그는 세상의 소리에 별로 귀를 기울이지 않습니다. 하나님의 말씀을 가장 귀히 여깁니다. 말씀을 통해서 힘과 능력과 새 소망을 얻었고, 사랑으로 충만해졌으며 믿음의 인내를 갖게 됐습니다. 예수 그리스도를 바라보게 됐습니다.

예수 그리스도께서 성령 안에서 오늘도 말씀을 듣는 자에게 역사하십니다. 인격적으로 역사하십니다. 이 말씀이 현실적인 사건으로 날마다 나타나야 됩니다. 정말 삶으로 고백되고 증거 되어야 합니다. 그럴 때 예수 그리스도 안에서 하나님과 교제하며, 하나님의 뜻을 이루며 살게 됩니다.

기도

전지전능하신 하나님 아버지. 오직 하나님의 은혜로 예수 그리스도 안에서 새 사람이 되고, 귀의 사람으로 변화되어 하나님의 복음을 듣고, 하나님의 말씀을 듣고, 새로운 지식과 새로운 세계관 속에 오늘을 살게 해주심을 진심으로 감사드립니다. 그러나 끝없이 세상에서 눈에 보이는 대로 끌려가는 이 미련한 자의 삶의 습관을 말씀으로 다스려 주옵소서. 말씀으로 분별케 하시어 날마다 예수 그리스도를 바라보며, 하나님의 말씀을 들으며 살아갈 수 있는 하나님의 백성 되게 인도하여 주시옵소서. 우리 주 예수 그리스도의 이름으로 간절히 기도드리옵나이다. 아멘.

22장

내 이름으로 구하라

내가 진실로 진실로 너희에게 이르노니 나를 믿는 자는 내가 하는 일을 그도 할 것이요 또한 그보다 큰 일도 하리니 이는 내가 아버지께로 감이라 너희가 내 이름으로 무엇을 구하든지 내가 행하리니 이는 아버지로 하여금 아들로 말미암아 영광을 받으시게 하려 함이라 내 이름으로 무엇이든지 내게 구하면 내가 행하리라 너희가 나를 사랑하면 나의 계명을 지키리라 (요 14:12–15).

중국 당나라 시대에 개성이 뚜렷한 문학작품을 남긴 백거이가 항주 지사로 있었을 때의 일입니다. 하루는 그가 덕이 높다고 소문이 자자한 도림이라는 고승을 찾아가 물었습니다. "도의 핵심이 무엇입니까?" 도림은 잠시 생각한 뒤 이렇게 대답했습니다. "악한 일은 아무리 작은 것이라도 행하지 않는 것이요, 선한 일은 아무리 작은 것이라도 행하는 것입니다." 백거이는 이 평범한 대답이 전혀 마음에 들지 않았습니다. '아니, 도인이 뭐 이렇게 시시한 얘기를 하나?' 그래서 다시 물었습니다. "그거야 세 살 먹은 아이들도 다 아는 이야기 아닙니까?" 그때 도림이 엄숙하게 말했습니다. "그러하오. 세 살배기 아이들도 아는 것이지만, 팔십 세 노인도 행하기 어려운 것입니다." 그 뒤로 백거이가 도림을 평생 스승으로 섬겼다고 합니다.

여러분은 얼마나 하나님께 영광 돌리며 사십니까? 얼마나 하나님의 말씀을 실천하고 말씀에 순종하십니까?

앎과 실천은 하나

예수님께서 십자가 지시기 전날, 우리에게 귀한 말씀을 주십니다. "새 계명을 너희에게 주노니 서로 사랑하라. 내가 너희를 사랑한 것 같이 너희도 서로 사랑하라. 너희가 서로 사랑하면 이로써 모든 사람이 너희가 내 제자인줄 알리라"(요 13:34-35). 예수님께서 우리에게 주신 새 계명을 모르는 그리스도인은 없습니다. 그런데 여러분은 이 계명을 얼마나 실천하며 살아갑니까?

"너희가 나를 사랑하면 나의 계명을 지키리라"(15절). 여러분은 얼마나 주님을 사랑하고, 주님의 말씀을 지키십니까? 여기에 그리스도인의 영적 고통이 있고, 실존적 갈등이 있습니다. 모든 하나님의 말씀에 대하여 우리는 무력해지고, 무능해지고 또 너무 죄송스러운 마음을 간직할 수밖에 없습니다. 하나님의 말씀은 나의 힘과 지혜와 능력으로는 절대 지킬 수 없습니다. 우리 힘으로는 어떤 말씀도 못 지킵니다. 십계명의 한 가지 계명조차도 지킨 사람이 없다고 하나님께서 선언하셨습니다. 각자 지키는 정도에 차이가 있을 뿐인데, 사실 이 차이는 하나님 앞에서 아무것도 아닙니다.

기도-하나님의 말씀대로 사는 힘

'나는 이 정도면 계명을 잘 지키지 뭐. 난 문제없는데.' 이렇게 생각하는 사람은 불신앙의 사람입니다. 사탄의 시험에 빠진 것입니다. 우리가 스스로 애를 쓰면 어느 정도까지는 계명을 지키겠지만 단 하나의 계명이라도 온전하게 지키기는 어렵습니다. 하나님을 전심으로 사랑하고, 네 이웃을 내 몸과 같이 사랑하라는 이 계명은 정말 하루 동안 지키기도 힘듭니다. 그런데 하나님께서는 우리에게 그분의 계명을 지키라고 말씀하셨습니다. 하나님은 우리가 순종할 수 없는 말씀은 주지 않으시는데 왜 그런 말씀을 하셨을까요? 어떻게 해야 하나님의 말씀을 우리의 기도대로, 소망대로 지켜나갈 수 있습니까?

길은 단 하나, 기도입니다. 오직 기도로 하나님의 도우심을 힘입어야 합니다. 하나님께서 용기도 주시고, 의욕도 주시고, 헌신의 마음도 주시고, 결단케 하셔야 합니다. 하나님께서 지혜와 능력을 주시지 않으면 아무도 계명을 지키지 못합니다. 그리스도인은 이 사실을 날마다 고백하며 삽니다.

마가복음 9장에서 예수님께서는 몇몇 제자를 데리시고 높은 산에 올라가셨습니다. 나머지 제자들은 산 밑에 있었는데, 그때 어떤 사람이 벙어리귀신이 들린 아이를 데려와서 제자들에게 고쳐 달라고 부탁했습니다. 그들은 전에도 이런 일을 행한 적이 있었습니다. 그래서 열심히 기도했는데, 이상하게 이번에는 고쳐지지가 않았습니다. 그래서 많은 사람들 앞에서 아주 큰 망신을 당합니다. 이때 예수님께서 오시어 그 아이를 고쳐 주십니다. 상황이 정리되고 조용할 때 제자들이 예수님께 물었습니다. "예수님, 우리는 어떻게 해야 이런 일을 행할 수 있습니까?" 그때 예수님께서 주신 대답을 그들은 평생 기억했을 것입니다. "기도 외에 다른 것으로는 이런 종류가 나갈 수 없느니라."

기도는 하나님의 지혜와 능력을 얻는 비결입니다. 기도를 통하여 하나님과 함께할 때 하나님의 말씀을 지킬 수 있습니다. 예수님도 예외가 아닙니다. 예수님은 공생애 3년 동안 항상 기도하셨습니다. 사실, 그분은 그렇게 기도하실 필요가 없었습니다. 그분이 하나님 자신이신 까닭입니다. 그러나 육신을 입고 오셨기에 기도해야 했습니다. 기도하지 않으면 하나님의 아들로 승리할 수 없었습니다. 예수 그리스도의 승리는 기도의 승리였습니다.

예수님은 겟세마네 기도를 통해 기도의 승리를 보여 주셨습니다. 분명히 십지가 지실 것을 아셨고, 본인이 예고하신 일이지만, 이것을 실천하는 것은 다른 문제입니다. 피땀 흘려 기도하시며 십자가를 자발적으로 지십니다. 기도의 승리입니다. 나에 대한 승리요, 세상에 대한 승리요, 사탄에 대한 승리입니다. 기도 외에는 하나님의 말씀에 순종할 길이 없습니다. 그래서 신앙생활은 곧 기도의 삶입니다.

기도하는 삶_그리스도안의 삶

여러분은 얼마나 기도합니까? 나는 교회를 오래 다녔는데, 직분도 있는데 또는 신학을 공부했는데, 봉사도 했는데 하면서 여러 가지 신앙이력을 내세워 봐도 이런 것들은 다 주변적인 것입니다. 오늘 내가 얼마나 기도하며 살아가느냐가 중요합니다. 기도해야 하나님의 뜻을 분별하고, 하나님의 힘을 얻어 하나님의 뜻 안에서 살아갈 수 있습니다. 그리스도인이란 기도의 사람입니다. 새 사람이 되었다는 것은 영적인 기도의 사람으로 변화되었다는 뜻입니다. 자기 자신이 알지 않습니까? 하나님께서 아시지 않습니까? 그러므로 기도하지 않는 사람은 그리스도인이 아닙니다. 지금 심각하게 잘못된 삶을 살아가는 것입니다. 기도 없는 인생은 그리스도 없는 인생과 똑같습니다. 그리스도 없는 삶은 곧 하나님 없는 삶입니다.

'만유인력의 법칙'으로 유명한 아이작 뉴턴(Isaac Newton)은 대부분의 일과를 연구에 몰두했던 사람입니다. 게다가 과학자이니 얼마나 이성적인 사람이었겠습니까? 그런데 그는 기도의 사람이었습니다. 수시로 기도했습니다. 골방에 가서 기도하고, 어려운 일이 있을 때마다 기도했습니다. 그는 기도 중에 새 힘을 얻고 지혜를 얻어서 과학적 업적을 이루었다고 고백했습니다. "나는 과학자로서 늘 천체망원경을 통하여 하늘의 별들을 관찰합니다. 그러나 동시에 나는 자주 골방에 들어가 천지를 지으신 하나님 앞에 무릎을 꿇습니다. 그러면 세상 어떤 망원경으로도 볼 수 없는 하나님의 영광을 보게 됩니다. 기도는 보이지 않는 세계를 볼 수 있게 하는 내 영혼의 망원경입니다." 기도는 하나님의 세계를 보게 합니다. 기도는 영적 세계를 보게 합니다. 영적 지식을 알게 하고, 영적 힘을 얻게 합니다.

그리스도인의 기도_예수 그리스도의 이름으로

모든 종교가 기도라는 형식을 취하여 자기들의 신께 뭔가를 아룁니다. 제가 TV방송을 통해서 불교의 기도를 들어보면 그 내용이 참 좋습니다. 간결하고, 아주 깊이가 있습니다. 불교에서 불자들에게 얼마나 기도를 강조하는지 모릅니다. 거기에 견주면 오늘날 그리스도인은 별로 기도를 안 합니다. 그런가하면 인도의 힌두교도들은 정말 아무것도 안하고 오로지 기도만 하는 것 같습니다. 이들은 기도의 시간을 가리켜 '명상'이라고 합니다.

기독교의 기도는 차원이 다릅니다. 그리스도인은 예수 그리스도의 이름으로 기도합니다. 유대교도, 이슬람교도 성경을 놓고 연구하지만, 예수님의 이름으로 기도하지는 않습니다. 그러나 기독교인만은 예수 그리스도의 이름으로 기도합니다. 예수 그리스도의 이름으로 드리는 기도가 참된 기도입니다.

예수 그리스도 안에서의 기도

"예수님의 이름으로"라는 말은 영어로 "in the name of Jesus Christ"입니다. 다시 말해서 "in Jesus Christ"입니다. 번역하면 "예수 그리스도 안에서 기도한다"는 뜻입니다. 다시 말해서 "예수님과 함께, 예수님과 같이 예수 그리스도 안에서 기도한다"는 말입니다. 현재적 신앙고백이 기도입니다. 예수 그리스도 밖에서 하는 기도는 종교적 기도입니다. 나 중심의 기도이기 때문에 그냥 떼를 쓰다가 그칩니다. 더 깊은 기도로 들어가지 못합니다.

하나님은 우리가 예수 그리스도 안에서 기도하는 것을 기뻐하십니다. 그래서 예수님께로부터 기도를 배워야 합니다. 그 시작이 '주기도'입니다. 주기도문에는 기도의 지혜가 무궁무진합니다. 예수님께서 십자가를 지시기 전날에 마지막으로 기도를 총정리해 주십니다. 기도에 대한 마지막 계시입니다. 유언과 같은 말씀입니다. 본문에서 그 말씀이 기록돼 있습니다. "내 이름으로 구하라. 그러면 내가 행하리라."

예수 그리스도의 이름으로_살아계신 그리스도

어떤 남자가 죽어서 천국에 갔는데, 정말 예수님께서 계셨습니다. 무척 반갑고 기쁜데, 갑자기 예수님의 이름이 생각나지 않았습니다. 아는 척은 해야겠고, 인사도 해야겠는데, 가서 덥석 손을 잡고 한다는 말이 "오래 간만입니다. 말씀 많이 들었습니다. 처음 뵙겠습니다." 그랬답니다.

내 이름도 잊고 사랑하는 사람의 이름마저 잊어도 예수 그리스도의 이름만은 기억해야 합니다. "예수 그리스도의 이름으로." 이것은 살아 계신 그리스도의 이름을 말합니다. "Living Christ." 우리는 흔히 '예수 그리스도의 이름'이라고 하면 2,000년 전 사건을 자꾸 기억합니다. 이 땅에 오시고, 십자가를 지시고, 부활하신 일을 그냥 과거에 있었던, 엄청난 사건으로 치부해 버립니다. 하지만 그 일은 예수 그리스도의 통치가 시작되는 기점이었습니다. 예수님은 지금도 살아계시고 우리와 함께하셔서 그 사건과 동일한 능력으로 역사하십니다. 예수 그리스도는 '살아계신 그리스도'입니다.

예수님을 믿는다는 것은 2,000년 전 사건을 믿는 것에서 그치지 않습니다. 그 사건의 본질은 십자가와 부활의 능력이신 예수 그리스도께서 지금 내 안에 살아계시다는 것입니다. 성경은 말씀합니다. "예수 그리스도 안에서 나는 죽었고, 내 안에 그리스도께서 살아계시다." 이것은 모든 그리스도인이 성령으로 말미암아 깨닫게 되는 자의식입니다. 우리는 이 자의식을 가지고 살아계신 예수 그리스도 안에서 기도합니다. 살아계신 그리스도 안에서 기도하는 삶은 완전히 영적인 세계입니다. 이 세계가 내 삶의 체험으로, 실존적으로, 현재진행형으로 펼쳐지는데 어떻게 기도하지 않을 수 있겠습니까? 그래서 예수님께서는 '내 이름으로 기도하라'고 말씀하십니다.

예수 그리스도의 이름으로_유일한 중보자

'예수님의 이름으로 기도한다'는 것이 주는 중요한 메시지는 그분이 유일한 중보자라는 것입니다. 그래서 '내 이름으로 기도하라'는 말씀을 하시기 바로 직전에 이 말씀을 하십니다. "내가 곧 길이요 진리요 생명이니 나로 말미암지 않고는 아버지께로 올 자가 없느니라"(요 14:6). 이 세상의 많은 지식들이나 종교지식들 중에도 참 좋은 것이 많습니다. 그러나 다 온전하지 못합니다. 그 지식들을 통해서는 하나님을 못 만나기 때문입니다. 하나님을 만나게 하는 진리가 참 진리입니다.

그런데 사람들은 그럴싸해 보이는 이 세상 진리에 현혹되어 하나님을 알아보지 못합니다. 예수 그리스도의 길로 갈 때에만 하나님을 만날 수 있습니다. 그분이 참 진리 자체이기 때문입니다. 그래서 예수님께서 내 이름으로 기도하라고 말씀합니다. 우리는 예수 그리스도 안에서 기도할 때 하나님을 만나고 그분과 교제합니다. 정말 예수님께서 그렇게 기도하시는 것을 보여 주셨고, 그것을 본 사도들이 그렇게 기도했고, 그 가르침을 믿는 그리스도인들이 지금도 그 모범을 따라 기도합니다. 예수 그리스도가 없으면 하나님을 절대 못 만납니다. 하나님과 우리 사이의 유일한 중보자는 예수 그리스도입니다.

예수 그리스도의 이름으로_그리스도인의 삶

하나님을 만나는 기준은 거룩입니다. 거룩하신 하나님께서는 죄를 심판하십니다. 죄가 조금이라도 있는 한 그는 하나님을 못 만납니다. 최후의 심판 때 죄가 있는 자는 지옥으로, 거룩한 하나님의 백성은 천국으로 갑니다. '나는 이정도면 괜찮은데' 한다고 천국에 가는 것이 아닙니다. 오직 예수님만이 우리 죄를 없이 하시고, 하나님의 자녀 되게 하시고, 하나님의 백성 되게 하십니다. 이 사실을 믿는 믿음으로 우리는 기도하는 것입니다.

폴리캅(Polycarp)은 초대교회의 교부입니다. 그분이 복음을 증거 하다가 잡혀서 화형을 당해 죽게 되었습니다. 그런데 한 총독이 그를 귀히 여겨서 그를 살려 주고 싶었습니다. 그래서 폴리카르포스에게 딱 한 번만 예수님을 부인하면 살려 주겠다고 설득했습니다. 그때 이 폴리카르포스가 유명한 말을 남깁니다. "당신의 불은 기껏해야 한 시간쯤 타다가 꺼질 뿐이오. 하지만 다가올 심판의 불은 모르는구려. 왜 망설이는가? 어서 당신 마음대로 하시오."

이 사람의 힘과 능력이 그를 죽음 앞에서 담대하게 만든 것이 아닙니다. 이것은 믿음의 힘입니다. 예수 그리스도 안에서 기도하였기에 그렇게 할 수 있었던 것입니다. 그래서 본문 12절에서 예수님께서 이렇게 말씀하십니다. "내가 진실로 진실로 너희에게 이르노니 나를 믿는 자는 나의 하는 일을 그도 할 것이요 또한 그보다 큰 일도 하리니 이는 내가 아버지께로 감이라" '나를 믿는 자'가 한다는 것입니다. 중보자 예수 그리스도, 살아 계신 그리스도를 믿는 자에게 이런 일이 있으리라는 것입니다. 예수님처럼 행하고, 예수님보다 더 큰 일을 행하리라고 말씀합니다.

"내 이름으로 무엇이든지 구하라"_가장 악용되는 말

예수님께서 이 땅에 계실 때 유대 지방을 떠나지 못하셨습니다. 그 인근마을들을 조금씩 왔다 갔다 하셨을 뿐입니다. 충분히 멀리 가실 수도 있는 분이지만, 하나님께서 주신 사명이 거기까지였기 때문입니다. 그런데 예수님의 제자들은, 그리스도인들은 온 세상으로 나가 하나님의 일을 합니다. 예수님보다 더 큰 무대가 허락되었습니다. 그런가 하면 예수님께서 병을 고치시고 어떤 이적을 행하셨는데, 성경을 보면 사도들도 같은 일을 합니다. 원래 그들은 그럴 만한 사람들이 아니었습니다. 그러나 '믿음으로' 예수님과 같이 행하게 된 것입니다.

사도행전 2장을 보면 기독교가 태동되고 그리스도인이라 불리는 사람들이 모여들면서 베드로라는 인물이 예루살렘 교회의 수장으로 부상합니다. 그는 전혀 그 자리에 설 만한 인물이 아닙니다. 그런데 그의 설교를 듣고 하루에 3,000명이 회심합니다. 예수님께서는 3년 내내 잠도 제대로 못 주무시고 사역하셨음에도 100명도 회심시키지 못하셨습니다. 그런데 어떻게 베드로 같은 무식한 어부가 하루에 3,000명을 회심시킬 수 있습니까? 얼마나 놀라운 일입니까? "내 이름으로 무엇이든지 내게 구하면 내가 행하리라." 예수님께서 하신 말씀대로 이루어졌습니다.

'무엇이든지'의 기준_예수 그리스도 안에서

초대교회의 구성원들은 하나님께 온전히 헌신된 자들입니다. 그들은 서로 유무상통했습니다. 하지만 외부의 핍박은 갈수록 심해졌습니다. 부모형제가 나뉘고, 감옥에 끌려가서 죽었습니다. 누가 그렇게 되기를 바라고 기도했겠습니까? 하지만 믿는 이들한테도 그런 일이 있습니다. 결국은 이스라엘이 A.D. 70년에 완전히 멸망합니다. 많은 하나님의 사람들이 있었어도 멸망했습니다. 모든 일은 하나님의 뜻 안에서 이루어지는 것이지, 무엇이든지 그냥 이루어지는 것이 아닙니다.

본문을 보면, "내 이름으로 무엇이든지"라는 말씀이 있습니다. 예수 그리스도 안에서 무엇이든지 구하라는 것입니다. 예수 그리스도와 같이 하나님께 영광 돌리며, 하나님의 뜻대로 무엇이든지 구하라는 것입니다. 예수님께서는 이적을 행하시는 엄청난 능력의 사람이셨지만, 단 한 번도 그것을 자기 자신을 위해서는 쓰시지 않았습니다. 그래서 십자가에서 무기력하게 죽으셨습니다. 빌라도나 가야바한테 죽은 자를 살리는 기적과 오병이어의 기적과 바다를 걸어서 건너는 기적을 한 번만 보여 주셨다면 그들이 감히 그런 짓을 할 수 있었겠습니까? 그러나 그렇게 하지 않으셨습니다. 그것은 하나님께서 원하시는 방법이 아닙니다. 꼭 필요할 때 하나님께 영광 돌리기 위해서, 말씀이 말씀 되게 하기 위해서, 하나님의 뜻이 이루어지는 것을 위해 그 능력을 쓰셨습니다.

살아계신 그리스도께서 친히 행하십니다

더 놀라운 은혜의 말씀은 이것입니다. '내 이름으로 구하라. 내가 시행하리라. 내가 행하리라.' 기도하는 사람들은 항상 이 말씀을 기억해야 합니다. 예수 그리스도 안에서 기도하는 자에게 살아계신 그리스도께서 친히 행하십니다. 네가 행하라는 것이 아닙니다. 예수님께서 행하십니다. 여기에 그리스도인의 믿음이 있습니다. 이 말씀 그대로를 붙들고, 이 진리를 내게 적용하면서 정말 말씀의 능력을 체험하며 살아가야 합니다. 그가 기도의 사람입니다.

사도행전 3장에는 참 드라마 같은 사건이 있습니다. 베드로와 요한이 큰 말씀의 역사를 일으킨 다음에 정해진 시간에 예루살렘에 기도하러 가는데, 도중에 이런 일이 있었습니다. 보니까 몇 십 년 된, 나면서부터 걷지 못하는 자가 구걸을 하고 있었습니다. 그때 마음에 큰 감동이 왔습니다.

그리고 선포했습니다. "예수 그리스도의 이름으로 일어나라!" 성령께서 말씀을 주셨기에 그렇게 할 수 있었습니다.

그런데 정말 앉은뱅이가 일어났습니다. 몇 십 년을 앉아 있던 환자가 막 뛰어다니니 얼마나 놀랐겠습니까? 성경을 보니까 그 일어난 자가 베드로를 붙들었다고 합니다. 그때 온 성 안에 있던 사람 수만 명이 모였는데 앉은뱅이가 일어나는 장면을 보고 기이히 여겼습니다. 놀라운 일입니다. 그때 베드로가 말합니다. "왜 기이히 여기느냐? 왜 놀라느냐? 왜 우리를 주목하느냐? 내가 행한 것이 아니다." 그리고 덧붙입니다. "살아계신 그리스도께서 이 일을 행하셨다." '너희들이 죽인 예수께서 부활하시고 오늘 살아계셔서서 하나님의 자녀를 통하여 이 일을 이루신다. 이것을 믿어라. 살아계신 그리스도의 역사를 믿어라.'

이것을 믿는 자가 어찌 기도하지 않을 수 있습니까? 기도하는 사람을 통하여 주님께서 친히 역사하십니다. '내 이름으로 구하라. 내가 행하리라.' 모든 전도자, 봉사자, 하나님의 사람들은 이 말씀을 꼭 기억해야 합니다. 빌립보서 2장에서 사도 바울은 이렇게 고백합니다. "자기의 기쁘신 뜻을 위하여 너희에게 소원을 두고 행하게 하시나니"(13절). 이 얼마나 고귀한 말씀입니까?

예수 그리스도가 아니면 안 됩니다

저는 미국과 한국에서 부교역자로 시무했었는데, 그러다보니 여러 교인들을 만날 기회가 많았고, 이런저런 봉사부서에서 지도목사로 일을 하면서 많은 것을 보았습니다. 어느 교회든 그렇지만 봉사하면서 큰 시험을 받는 일이 많았습니다. 예를 들어, 교회에 처음 온 사람이나 안 믿는 사람들을 안내하는 주차봉사의 경우에는 이런저런 사건이 자주 일어납니다. 그래서 때로는 좋은 마음으로 봉사하다가도 싸우거나 욕설이 오가는 경우도 있습니다. 그래서 사건 사건마다 어떻게 이런 일이 일어나는지 복기해 보았습니다. 대부분의 경우 봉사자 말이 옳았습니다. 그런데 문제가 무엇입니까? 봉사자와 교인 모두 시험에 빠지는 것입니다. 그래서 주께서 말씀하십니다. "시험에 들게 하지 마옵시고 다만 악에서 구하시옵소서" (마 6:13).

지금 왜 이런 일이 생기는 것입니까? 내 힘으로, 내 시간으로 내가 헌신한다는 생각을 갖기 때문입니다. 그러면 한 순간 그냥 무너집니다. 사탄은 하나님의 사람, 헌신자를 주저앉히려고 합니다. 이런 사탄의 계략에 넘어가면 교회를 욕되게 하고, 하나님의 영광을 가리는 무서운 죄의 현장에 자기도 모르게 빠져듭니다. 누구도 예외가 없습니다. 기도자는, 헌신자는 우리 안에 그리스도께서 행하심을 늘 믿고 기억해야 합니다. 살아계신 그리스도(Living Christ)가 역사하신다는 사실을 믿어야 합니다. 그것이 하나님께 영광 돌리는 길입니다. 이 모든 일을 통해서 '오직 하나님께만 영광'이라고 할 때 하나님께서 역사하십니다. 칭찬과 명예가 따르기를 원하면 하나님의 영광은 가려집니다. 자신도 교회도 큰 시험을 받습니다.

사도 바울은 참 복음에 대해서 목숨을 내놓고, 열정을 가지고 용기 있게 전했습니다. 그런데 항상 핍박이 있었습니다. 예외가 한 번도 없었습니다. 어느 지역을 가서든지 돌로 맞고, 감옥에 갇히고, 매를 맞고, 비난받고, 죽음의 위협을 받아도 한 번도 따지지 않았습니다. 그냥 피해 버립니다. 사도 바울이 기도의 사람이었기에 가능한 일이었습니다. 하나님께 영광 돌리기 위해서는 침묵하고 참아야 할 때가 있습니다. 그리고 그 과정을 통해서 분명히 확신하게 되는 것이 있습니다. 내 안에 있는 그리스도께서 역사하시는 시간이, 우리가 가만히 있는 시간이 하나님께서 움직이시는 시간이라는 점입니다. 내가 움직이면 하나님께서는 멈추십니다.

복음의 증인은 기도가 아니면 아무것도 할 수 없습니다. 나가서 복음 전하고 싶다가도 사람을 만나면 입이 닫히지 않습니까? 이럴 때 기도하십시오. 기도하면 성령께서 입을 열어주십니다. 담대함과 용기를 주십니다. 우리 모두가 성령 안에서 거듭났기 때문에 그리스도인이라는 칭호를 받고 하나님의 자녀가 됩니다. 사람이 한 것이 아닙니다. 아무리 훌륭한 언변으로 설교해도 성령의 능력이 아니고서는 한 영혼도 회심시킬 수 없습니다. 성령께서 역사하셔야 합니다. 살아계신 그리스도께서 죄인의 심령을 깨뜨리시고 변화시키셔야 구원의 능력이 나타나는 것입니다. 이 능력을 믿고 구하는 사람이 기도의 사람입니다.

"내 이름으로 기도하라, 내가 행하리라"

하나님의 사람 아우구스티누스(Augustinus)의 유명한 체험담이 있습니다. 그가 밤에 기도하다가 잠깐 잠든 사이에 꿈을 꾸었습니다. 환상을 보았답니다. 예수님께서 나타나셔서 말씀하셨습니다. "아, 참 너는 훌륭하다. 많은 일을 하는데 필요한 게 뭐냐? 내게 말하라." 그때 아우구스티누스가 잠시 생각하고 대답했습니다. "아무것도 필요 없습니다. 오직 예수님만 필요합니다."

예수님만 있으면 모든 것을 얻은 것입니다. 우리가 예수 그리스도 안에 있으면 하나님께서 필요한 모든 것을 채워 주십니다. 예수 그리스도를 잃으면 우리는 모든 것을 잃는 것입니다. 예수 그리스도 안에서만 하나님의 지혜와 능력과 은총을 얻을 수 있습니다. 그리스도 안에 승리가 있습니다.

영성 신학자 헨리 나우웬(Henri Nouwen)이 참 특별한 기도의 정의를 남겼습니다. "기도는 다른 일들로 바빠지는 대신 하나님과 함께 한가해지는 것이다."『예수의 이름으로』(In the Name of Jesus)라는 책에 나오는 내용입니다. 우리는 세상일로, 나의 일로 바쁩니다. 그러나 하나님과 함께 하는 것은 더 중요한 일을 하는 것입니다. 그런데 그 시간이 세상이 보기에는 하나님과 한가히 노는 것 같습니다. 예수 그리스도께 시간을 허비하는 것 같습니다. 그러나 하나님 나라에서는 이 시간이 가장 귀합니다. 이 시간이 있기에 생명을 공급받고 오늘 하나님의 자녀로 살아갑니다. 세상으로 향하고, 나를 향하는 발걸음을 멈추게 하는 것은 기도밖에 없습니다. 기도가 나를 하나님 앞에 인도하고, 예수 그리스도 안에서 하나님과 교제하게 하고, 영적인 세계를 보게 합니다.

기도만이 영적인 세계, 영적인 진리, 영적인 힘, 영적인 능력을 보고, 알고, 얻게 합니다. 기도는 예수 그리스도 안에서 살아계신 하나님과 대면하는 것입니다. 그래서 예수님께서 말씀하십니다. "내 이름으로 기도하라. 내가 행하리라."

기 도

전지전능하신 은혜의 아버지. 오직 예수 그리스도 안에서 기도의 사람을 알게 하시며, 기도함으로 영적 세계를 보며, 영적 지혜를 얻으며, 영적 지식을 알고, 영적 능력으로 오늘을 승리하며 살게 해 주심을 진심으로 감사드립니다. 그럼에도 잘못된 기도에 익숙하고, 예수 그리스도 밖에서 기도하여 자행자지하는 어리석은 죄인을 용서하여 주시옵소서. 부활하시고 오늘도 살아계신 주님의 역사를 기도함으로 보게 하시고, 기도를 통하여 하나님의 영광을 나타내며 하나님의 뜻을 이루는 모든 주의 권속과 이 교회가 되도록 함께하여 주시옵소서. 우리 주 예수 그리스도의 이름으로 간절히 기도드리옵나이다. 아멘.

— 23장

내 안에 거하라

나는 참포도나무요 내 아버지는 농부라 무릇 내게 붙어 있어 열매를 맺지 아니하는 가지는 아버지께서 그것을 제거해 버리시고 무릇 열매를 맺는 가지는 더 열매를 맺게 하려 하여 그것을 깨끗하게 하시느니라 너희는 내가 일러준 말로 이미 깨끗하여졌으니 내 안에 거하라 나도 너희 안에 거하리라 가지가 포도나무에 붙어 있지 아니하면 스스로 열매를 맺을 수 없음 같이 너희도 내 안에 있지 아니하면 그러하리라 나는 포도나무요 너희는 가지라 그가 내 안에, 내가 그 안에 거하면 사람이 열매를 많이 맺나니 나를 떠나서는 너희가 아무 것도 할 수 없음이라 사람이 내 안에 거하지 아니하면 가지처럼 밖에 버려져 마르나니 사람들이 그것을 모아다가 불에 던져 사르느니라 너희가 내 안에 거하고 내 말이 너희 안에 거하면 무엇이든지 원하는 대로 구하라 그리하면 이루리라 너희가 열매를 많이 맺으면 내 아버지께서 영광을 받으실 것이요 너희는 내 제자가 되리라 아버지께서 나를 사랑하신 것 같이 나도 너희를 사랑하였으니 나의 사랑 안에 거하라 내가 아버지의 계명을 지켜 그의 사랑 안에 거하는 것 같이 너희도 내 계명을 지키면 내 사랑 안에 거하리라 내가 이것을 너희에게 이름은 내 기쁨이 너희 안에 있어 너희 기쁨을 충만하게 하려 함이라(요 15:1-11).

덴마크가 낳은 세계적인 문학가 안데르센(Hans Andersen)이 청년시절에 겪은 일입니다. 그는 스웨덴의 유명한 여류 작가인 브레메르(Fredrika Bremer)를 무척 존경했습니다. 그래서 그 여인을 만나볼 계획으로 여객선을 탔습니다. 항해 중에 선장과 대화를 나누며 자신의 여행 목적을 말했는데, 선장이 이야기를 듣고 혀를 차면서 참 안타깝다는 반응을 보였습니다. 그러면서 이런 소식을 알려 주었습니다. "브레메르 여사는 지금 외국여행 중이라는 신문기사를 제가 최근에 읽었습니다. 모처럼의 방문 여행인데, 헛걸음하게 되셨네요. 참 안됐습니다."

이 말을 듣고 안데르센은 몹시 낙심하고 절망했습니다. 그 뒤로 조금 시간이 흘렀는데, 선장이 소리치며 안데르센에게로 달려오며 말했습니다. "안데르센, 기적이 일어났습니다. 당신이 만나보려고 하는 브레메르 여사가 바로 이 배에 타고 있습니다." 안데르센은 그녀와 같은 배에 타고 있으면서도 그것을 몰랐던 것입니다.

그리스도인, 예수그리스도 안에서 오늘을 사는 사람

여러분은 예수 그리스도를 막연하게 생각하고 기대하며 낙심 중에 절망하며 오늘을 살고 있지는 않습니까? 그리스도인이란, 예수 그리스도 안에서, 예수 그리스도와 함께 오늘을 살아가는 사람입니다. 분명 그리스도인은 예수 그리스도 안에서 거듭난 새 사람입니다. 그리스도와 연합된 존재입니다. 사도 바울은 갈라디아서 2장 20절에서 이렇게 신앙고백 합니다. "내가 그리스도와 함께 십자가에 못 박혔나니 그런즉 이제는 내가 사는 것이 아니요 오직 내 안에 그리스도께서 사시는 것이라." 이 신앙고백은 모든 그리스도인의 체험이요, 고백이요, 증언입니다.

델코의 창립자인 찰스 캐터링(Charles Catering)은 하루에 한 가지씩은 꼭 아이디어를 내야 된다는 목표를 가지고 살았습니다. 생각의 중요성을 알고 부지런히 노력했습니다. 그런데 자기 친구들 가운데 생각의 중요성을 모르는 사람들이 있었습니다. 그 가운데 한 명에게 언젠가 다가가서 그가 이런 제안을 했답니다. "만일 자네가 애완용 새를 한 마리라도 구입하면 자네가 나한테 100달러를 주게. 만일 자네가 구입하지 않으면 내가 자네한테 100달러를 주겠네." 왜냐하면 이 친구는 한 번도 새를 길러본 적이 없었고, 새한테 관심조차 없었기 때문입니다. 그런데 이 친구가 흔쾌히 승낙했습니다.

그리고 며칠 뒤에 찰스 캐터링이 그 친구한테 비싸고 아름다운 새장을 하나 선물했습니다. 그 친구는 새장을 자기 집 거실에 갖다놨는데, 문제는 그 다음부터입니다. 손님들이 그 집을 방문하러 왔다가 자꾸 이렇게 물었습니다. "새가 언제 죽었나요? 왜 죽었나요?" 빈 새장을 보고는 자꾸 그렇게 물었습니다. 그가 이 질문에 계속 대답하다보니 그만 짜증이 났습니다. 그래서 새 한 마리를 사다가 그 새장에 집어넣었답니다. 결국 캐터링이 내기에서 이긴 것이지요. 이 사건을 두고 그는 이렇게 말했답니다. "마음속에 새장을 가지고 있으면 언젠가는 그 안에 담을 무엇인가를 갖게 마련이다."

여러분의 마음속에 살아계신 예수 그리스도께서 항상 존재하고 계십니까? 항상 그분과 함께함을 고백하고 있습니까? 예수 그리스도 안에서만 하나님께 나아갈 수 있고, 하나님의 은총을 입을 수 있고, 하나님의 지혜와 능력을 얻을 수 있습니다. 내가 정말 예수 그리스도와 연합된 존재임을 고백하고 갈망하는 마음이 있어야 합니다. 다시 말해서, 예수 그리스도 밖에서는 옛사람으로 살아갈 수밖에 없습니다. 다시 세상 풍조에 끌리고, 자기 욕망에 휩쓸리고, 자기 성공에 매이고, 자기 유익에 사로잡혀 결국은 죄와 타협하고, 죄 가운데 살아갈 수밖에 없습니다.

하나님이 주시는 최고의 선물_예수 그리스도

하나님의 복음을 믿는 자에게 하나님께서 주시는 최상 최고의 선물은 부와 건강과 번영이 아닙니다. 하나님께서 주시는 최고의 선물은 예수 그리스도입니다. 이 사실을 신앙으로 고백하고, 그 일에 감사하며 살아가야 합니다.

본문 5절에서 예수님께서는 이렇게 말씀하십니다. "나를 떠나서는 너희가 아무것도 할 수 없음이라." 여러분은 이렇게 믿고 살아갑니까? 예수님을 떠나서는 아무것도 할 수 없다는 고백으로 하루하루를 살아가야 합니다. 교회도 마찬가지입니다. 아무리 화려하고, 많은 사람들이 모이고, 여러 일을 해도 예수님께서 중심에 계시지 않으면 교회가 아니라 하나의 종교집단일 뿐입니다. 구제하고, 전도하고, 사역하는 집단이지 '하나님의 전'이 되지 못합니다. 살아계신 예수 그리스도를 구주로 고백하고, 그분께 순종하고, 그 앞에서 살아가기로 결단하는 무리가 교회입니다.

마찬가지로 그리스도인의 존재와 삶도 똑같습니다. "예수 그리스도를 떠나서는 아무것도 할 수 없다. 오직 예수 그리스도 안에서만 변화될 수 있고, 열매를 맺을 수 있다." 이 고백 속에 살아가야 합니다. 우리는 그리스도 안에서만 변화됩니다. 오직 예수 그리스도 안에서만 변화될 수 있다는 것이 성경의 진리입니다. 예수 그리스도 안에서만 하나님께 영광 돌릴 수 있습니다. 예수 그리스도를 떠나서는 아무것도 할 수 없습니다.

예수 그리스도_참 포도나무

오늘 본문에는 참 포도나무의 비유가 기록되어 있습니다. 아주 유명한 비유입니다. 예수님께서는 이 비유를 통하여 천국의 비밀을 우리한테 계시해 주십니다. 예수님께서 이렇게 선언하십니다. "나는 참 포도나무다." 여기에는 깊은 메시지가 있습니다. 구약성경을 보면 포도나무와 포도원은 이스라엘 백성이요, 하나님의 자녀들입니다. 수십, 수백 번 그렇게 표현되고 있습니다. 그런데 그 이스라엘 백성이 타락했습니다. 비유로 말하면 열매를 맺지 못했습니다. 왜요? 하나님의 자녀가 되는 것이 전통을 지킴에 있고, 율법을 지킴에 있고, 혈육적인 관계에 있고, 민족 안에 있다고 생각했기 때문입니다. 이런 잘못된 고백 속에 살아가면 열매를 맺지 못합니다.

그래서 예수님께서 말씀하십니다. "내가 참 포도나무다." 무슨 말씀입니까? 너희는 가짜라는 것입니다. 오직 예수 그리스도 안에서만 거듭남을 통하여 하나님의 자녀가 될 수 있습니다. 오늘도 마찬가지입니다. 어떤 종교생활로도 하나님께 영광을 돌리지 못합니다. 하나님의 자녀가 될 수도 없습니다. 오직 예수 그리스도 안에서만 하나님의 백성이 될 수 있고, 자녀가 될 수 있습니다. 그래서 항상 예수 그리스도 안에서 살아가야 합니다.

이 비유의 핵심은 가지는 반드시 좋은 열매를 맺는다는 것입니다. 좋은 나무는 좋은 열매를 맺습니다. 나쁜 나무는 나쁜 열매를 맺습니다. 예수님께서는 참 포도나무시요, 좋은 나무시니 거기에 붙은 가지가 어떻게 좋은 열매를 맺지 못하겠습니까? 그래서 열매 맺지 못할 때 제거해버리실 것이요, 열매를 맺을 때 더 좋은 열매를 맺도록 깨끗하게 하십니다. 그 말씀이 오늘 본문 2절의 말씀입니다. "무릇 내게 붙어 있어 열매를 맺지 아니하는 가지는 아버지께서 그것을 제거해 버리시고 무릇 열매를 맺는 가지는 더 열매를 맺게 하려 하여 이를 깨끗하게 하시느니라."

예수 그리스도_그리스도인이 맺어야 할 열매

그리고 본문 8절에서 귀한 말씀을 주십니다. "너희가 열매를 많이 맺으면 내 아버지께서 영광을 받으실 것이요 너희가 내 제자가 되리라." 여러분은 하나님께 영광을 돌리기를 바라지만, 과연 얼마나 열매를 맺고 있습니까? 열매 맺지 못하면 아무것도 아닙니다. 열매를 많이 맺어야 아버지께 영광을 돌린다고 말씀합니다. 그러면 어떻게 해야 풍성한 열매를 맺을 수 있습니까? 우리가 예수 그리스도께 붙어 있을 때 우리는 풍성한 열매를 맺을 수 있습니다. 풍성한 열매는 그리스도의 열매, 하나님께 영광 돌리는 열매입니다.

우리가 오해하는 것 중에 하나가 종교적 열심을 가지고 성경공부 하고, 전도하고, 선교하고, 구제하면 많은 열매를 맺는 것이라는 생각입니다. 그러면 기독교와 다른 종교나 다를 바가 없습니다.

성경이 말씀하는 그리스도인의 열매는 하나님의 뜻에 일치해야 합니다. 하나님의 뜻 안에서 행하는 것이어야 합니다. 십자가를 기억하시면 쉽습니다. 예수님께서 십자가를 지지 않으시면 어떻게 되겠습니까? 하나님께 영광 돌리는 것이 아닙니다. 오직 십자가 외에는 하나님께 영광 돌릴 수가 없습니다. 각 사람한테는 '내게 주신 십자가'가 있습니다. 예수님께서 '자기 십자가를 지고 나를 따르라'고 말씀하십니다. 그 안에 열매 맺는 삶이 약속되어 있기 때문입니다. 그래서 예수님께서 오늘 말씀하십니다. "내 안에 거하라. 내 안에 거하라"(Abide in Me).

예수 그리스도와의 연합

"내 안에 거하라"는 말씀은 '그리스도와의 연합'을 의미합니다. 이것은 즉각적으로 항상 체험되거나 완전히 이해되는 개념이 아니라 신비입니다. 로마서 6장 3절은 이렇게 말씀합니다. "무릇 그리스도 예수와 합하여 세례를 받은 우리는 그의 죽으심과 합하여 세례를 받은 줄을 알지 못하느냐." 이 한 절은 두 번이나 예수님과의 연합을 말씀합니다.

이것이 유명한 '연합교리'입니다. 십자가의 은혜도, 세례를 받고 하나님의 자녀가 되는 것도, 천국의 영광에 참여하는 것도 다 예수님과 연합할 때 이루어지는 일입니다. 예수님과 떨어져서는 어떤 은총도 없기 때문입니다. 로마서 8장 9절은 말씀합니다. "누구든지 그리스도의 영이 없으면 그리스도의 사람이 아니라." 갈라디아서 2장 20절에서 사도 바울은 말씀합니다. "오직 내 안에 그리스도께서 사시는 것이라." 예수님 안에 거해야만 열매를 맺을 수 있습니다.

내 존재의 근거와 소속은 예수 그리스도입니다

우리가 예수 믿기 전에 내 삶의 주인은 나였습니다. 그러나 예수 믿고 나서는 예수님께서 나의 주인이십니다. 이제 우리는 예수 그리스도께 속해 있습니다.

또 하나는 존재와 삶에 대한 문제입니다. 더 이상 나는 세상의 나가 아닙니다. 나는 하나님 나라의 나입니다. 예수님 안의 나입니다. 이것을 고백하고 믿으며 오늘을 살아야 합니다. 그래서 그리스도인은 천국시민권을 가진 사람이라고 말하지 않습니까? 하나님의 복음을 믿음으로 우리는 이미 예수님과 연합했고, 천국시민권을 가졌습니다. 우리는 그것을 기뻐하고 찬양하며 오늘 예배를 드립니다.

그런데 하나님의 무한한 은혜에는 절대적인 요구 하나가 있습니다. 믿음입니다. 우리 편에서 믿음의 반응이 요구됩니다. 그래서 예수님께서 말씀하십니다. 이미 깨끗해졌으니, 이미 하나님의 자녀가 되었으니, 이미 나와 연합했으니 내 안에 거하라고 합니다. 지속적으로 거하라는 말씀입니다. 이미 그런 신분을 만들어놨으니 지속적으로 머물러야 합니다. 그래야 변화되고 열매를 맺습니다. 그러나 우리는 계속 그분 안에 머무르려 하지 않습니다. 날마다 고백하고 갈망하지를 않습니다. 그러면 변화가 없습니다.

예수 그리스도와의 연합_항상 꼭 붙어 있어야 합니다

미국 남북전쟁 때 남과 북의 경계선에 사는 한 남자가 있었습니다. 이 사람은 남군과 북군을 다 지지했습니다. 나름대로 소신이 있었습니다. 그런데 전쟁이 일어났습니다. 남군의 상징은 회색이고 북군의 상징은 청색이었습니다. 이 남자는 하의는 회색을, 상의는 청색을 입었습니다. 그러다가 남북전쟁이 자꾸 위로 올라오더니 급기야는 그의 집 인근에서 전투가 벌어졌습니다. 주민들이 다 피신했지만 그는 회색바지에 청색 웃옷을 입은 채 거기에 그대로 남아 있었습니다. 그러다가 양쪽에서 쏜 총을 다 맞고 제일 먼저 죽었습니다.

예수 그리스도 안에 거하기 위해서는 세상과 하나님 나라, 예수님과 나 사이에서 하나를 결단하는 과정이 필요합니다. 소속도, 존재도, 삶도 믿음으로 한쪽을 선택해야 합니다. 그리스도 안에 거하는 것은 애매모호한 것이 아닙니다. 우리는 날마다 그리스도 안에 거하는 감격을 고백 하고 증언해야 그분 안에서 생명을 누릴 수 있습니다.

그런데 우리는 자꾸 왔다 갔다 하기 때문에 자주 미끄러집니다. 늘 그리스도께 붙어 있으려 하지 않습니다. 주일 예배시간에만 겨우 그리스도 안에 거하는 척합니다. 그리고 나머지 삶은 자기 스스로가 주인입니다. 하나님과 아무 상관이 없습니다. 그러니 열매를 맺지 못합니다.

한 번 변화되었다고 거기서 끝나는 것이 아닙니다. 변화는 계속 되어 야합니다. 그래서 예수님께서 말씀하십니다. '너희가 이미 복음을 믿고 하나님의 자녀가 되었으니 이제는 내 안에 거하라. 풍성한 열매를 맺으리라. 삶이 변화됨을 체험하고 고백할 수 있으리라.' 그래서 본문 4절은 이렇게 말씀합니다. "내 안에 거하라 나도 너희 안에 거하리라. 가지가 포도나무에 붙어 있지 아니하면 스스로 열매를 맺을 수 없음 같이 너희도 내 안에 있지 아니하면 그러하리라." 자신이 반드시 그리스도와 연합된 존재임을 기억하며 그분에게 꼭 붙어 있어야 됩니다. 마치 포도나무와 포도나무의 가지처럼 그리스도와 함께 딱 붙어 살아가는 사람이 하나님의 자녀입니다.

예수 그리스도의 연합_순종에 답이 있습니다

어느 성경공부 모임에 연세가 구십 세 된 할머니가 참여했는데, 제일 열심히 참여하셨다고 합니다. 성경공부 준비도 잘 해오고, 대답도 잘 했습니다. 그래서 목사님이 물었답니다. "아니, 할머니는 연세도 이렇게 많으신데, 왜 이렇게 열심히 하십니까?" 그랬더니 할머니가 대답했습니다. "죽음이 코앞에 닥쳐와서 벼락치기로 공부하는 중이에요."

그런데 벼락치기의 효과는 오래가지 않습니다. 그래서 변화는 지속되어야 합니다. 지속적으로 예수 그리스도 안에 있지 않으면 의와 평강과 희락을 체험할 수 없습니다. 예수 그리스도 안에 있다는 말이 무엇입니까? 이것은 추상적인 것이 아닙니다. "나는 예수님 안에 있습니다. 예수님 안에 있습니다." 천 번을 외쳐보십시오. 아무 소용없습니다. 이것은 구체적인 것입니다. 이것은 말씀과 성령의 역사 안에 있다는 말입니다. 예수님의 말씀과 예수님의 영 안에 살아가는 것입니다. 예수님의 말씀에 순종하며 살아가는 것입니다. 말씀을 읽기만 하거나 말씀대로 살겠다고 생각만 하는 것이 아니라 순종하며 살아가는 것입니다.

미국의 존경받는 대통령 가운데 트루먼(Harry Truman) 대통령이 있습니다. 그는 은퇴 후에 고향에 가서 조용히 지냈습니다. 도서관에서 책도 보고, 아이들도 가르쳤습니다. 그런데 언젠가 도서관에서 좀 허름한 옷을 입은 아이가 할아버지가 된 대통령에게 와서 물었습니다. "할아버지, 할아버지는 옛날에 대통령이셨죠?" "그렇지." 그러자 이 아이가 말했습니다. "할아버지, 할아버지는 어렸을 때 공부 잘 하셨죠? 항상 1등만 하시고, 항상 반장만 하셨죠?" 그러니까 트루먼이 사실을 말해줄 수밖에 없었습니다. "아니란다. 나는 공부도 못했다. 꼴찌에서 빙빙 돌고 운동도 못해서 사람들이 사람구실이나 하려나 생각했고, 친구가 나를 못살게 굴면 두려워 벌벌 떨었단다. 난 그렇게 지냈단다."

그러니까 아이가 말합니다. "할아버지, 그런데 어떻게 대통령이 됐어요?" 그때 트루먼 대통령이 자기의 신앙고백을 아이에게 들려주었습니다. "그런데 말이다. 나를 강하게 하고, 용기 있게 하고, 쓸모 있게, 오늘과 같은 사람이 되게 한 것은 오직 성경이란다. 성경말씀이 나를 이렇게 만들었단다."

성경 말씀과 성령의 역사 안에 계속해서 거하지 않으면 진정한 인격적 변화는 없습니다. 예수님은 "내 말을 듣고 믿으면 살아나리라. 듣는 자는 살아나리라. 죽은 자도 살아나리라"고 말씀하십니다. 하나님의 말씀을 듣고, 믿고, 이해하고, 순종할 때 변화됩니다. 그래서 주님께서 말씀하십니다. "내 안에 거하라. 포도나무 가지가 포도나무에 붙어 있는 것처럼 딱 달라붙어서 거해야만 열매를 맺느니라."

예수 그리스도와의 연합_영적인 기쁨을 누립니다

예수님은 본문 말씀을 통해서 우리가 예수 그리스도 안에 거하고 있는지, 우리 안에 말씀과 성령께서 역사하고 계시는지를 분별하는 시금석을 제시해 주십니다. 그것은 영적 기쁨입니다. 내가 하나님의 일을 하면서 많이 봉사를 하는데 기쁨이 없습니까? 그렇다면 그것은 종교적 열정일 뿐입니다. 예수님 안에 거하면 기쁨이 충만합니다. 그래서 본문 11절에서 예수님께서는 이렇게 말씀하십니다. "내가 이것을 너희에게 이름은 내 기쁨이 너희 안에 있어 너희 기쁨을 충만하게 하려 함이라." 하나님은 예수 그리스도 안에 있는 자에게 기쁨을 주십니다. 지혜를 주십니다. 그런데 예수님 밖에 있어 예수님 안에 거하지 않으면 영적인 환희를 맛보지 못합니다. 우리는 예수 그리스도 안에서 새 사람이 되었습니다. 주님과 생명적이고 인격적인 관계를 시작했습니다.

그런데 예수님을 믿는다고 하면서도 정작 이전 삶의 방식을 버리지 못하는 사람들이 많습니다. 그러니 열매가 맺힐 수 없습니다. 새 사람이 되었다고 환경이 바뀐 것도 아니고, 외모가 바뀌는 것도 아니지 않습니까? 머리가 더 좋아지는 것도 아닙니다. 그저 예수님 안에 살고, 예수님과 함께 살아가는 것입니다. 그러면 예수님께서 나를 변화시키시고 열매 맺게 하십니다.

우리에게 주신 최고의 선물_예수 그리스도

사도들을 기억해 보십시오. 그들은 평범했습니다. 베드로 같은 사람은 어떻게 보면 보통 수준의 사람에도 미치지 못합니다. 그런데 이들이 엄청난 열매를 맺고 변화된 삶을 살아갑니다. 살아계신 예수를 고백하고 '내 안에 거하라'는 말씀에 순종하며 살았기 때문입니다. 모든 그리스도인은 이 고백과 함께, 이 말씀 안에서 열매 맺고 기뻐하며 변화된 삶을 살아갑니다.

성경은 "항상 기뻐하라"고 그것이 하나님의 뜻이라고 말씀하십니다. 어떻게 항상 기뻐할 수 있습니까? 예수님 안에 거하면 예수님의 기쁨이 나한테 주어지기 때문에 항상 기뻐할 수 있습니다. 어떤 상황에서도 영적 기쁨 속에서 열매 맺는 삶을 살아가게 됩니다.

하나님께서 우리에게 주신 최상, 최고의 선물은 예수 그리스도 그 자체입니다. 우리를 변화시키는 데, 인간을 변화시키는 데 예수님 외의 다른 것이 필요하지 않습니다.

우리는 언제나 "예수님을 떠나서는 아무것도 할 수 없습니다"라고 고백하고 간증해야 합니다. 오직 예수 그리스도 안에서만, 예수님께 꼭 붙어 있을 때에만 믿음으로 열매 맺고, 평강과 기쁨을 누리며 변화된 삶을 살아갈 수 있습니다. 이 체험과 고백 속에 하나님께 영광 돌리는 삶을 사시는 여러분 되시기 바랍니다.

기도

전지전능하신 하나님 아버지. 오직 예수 그리스도 안에서 하나님의 복음을 믿어 하나님의 자녀가 되었지만, 아직도 예수 그리스도 안에서 새 사람으로 살아가는 길에 온전히 순종하지 못하는 죄인을 용서하옵소서. 예수 그리스도 밖에서 자행자지하며, 두려움 속에서 절망하고, 걱정과 근심과 원망과 불평 속에 살아가는 미련한 자를 불쌍히 여겨 주시옵소서. 진실로 성령의 인도하심 속에서 예수 그리스도 안에 항상 거하여 말씀과 성령의 역사 안에서 참 변화된 삶을 살며, 열매를 맺으며, 기쁨과 은혜와 감사 속에 하나님께 영광 돌리는 삶을 살 수 있도록 우리를 지켜 주시옵소서. 우리 주 예수 그리스도의 이름으로 간절히 기도드리옵나이다. 아멘.

24장

네가 나를 사랑하느냐

그들이 조반 먹은 후에 예수께서 시몬 베드로에게 이르시되 요한의 아들 시몬아 네가 이 사람
들보다 나를 더 사랑하느냐 하시니 이르되 주님 그러하나이다 내가 주님을 사랑하는 줄 주님
께서 아시나이다 이르시되 내 어린 양을 먹이라 하시고 또 두 번째 이르시되 요한의 아들 시몬
아 네가 나를 사랑하느냐 하시니 이르되 주님 그러하나이다 내가 주님을 사랑하는 줄 주님께
서 아시나이다 이르시되 내 양을 치라 하시고 세 번째 이르시되 요한의 아들 시몬아 네가 나를
사랑하느냐 하시니 주께서 세 번째 네가 나를 사랑하느냐 하시므로 베드로가 근심하여 이르되
주님 모든 것을 아시오매 내가 주님을 사랑하는 줄을 주님께서 아시나이다 예수께서 이르시되
내 양을 먹이라(요 21:15-17).

    세상의 지혜가 충만한 노인이 있었습니다. 이 노인이 가끔 마을에 내
려와서 마을 사람들에게 지혜의 말을 전해 주면 그의 말을 듣기 위해 많은
사람들이 몰려들어 그의 말을 진심으로 경청했습니다. 어느 날 이 노인이
마을 사람들에게 행복의 비밀을 가르쳐 주겠다고 약속했습니다. 그런데
그 비밀을 들을 만한 가치가 있는 한 사람에게만 말해 주겠다고 했습니다.
마을 사람들은 이리저리 궁리하며 지혜를 모았고, 아름다움이야말로 세상
에서 가장 값진 것이라 생각하고 마을에서 가장 예쁜 소녀를 올려 보냈습
니다. 그런데 그 소녀는 아무것도 듣지 못하고 그냥 내려왔습니다. 그들은

다시 생각했습니다. 그리고 그 마을에서 제일 큰 부자를 올려 보냈습니다. 많은 재산이야말로 이 세상에서 가장 소중한 것이라고 생각했기 때문입니다. 그런데 그도 아무것도 얻지 못하고 돌아왔습니다. 이 지혜로운 노인은 슬펐습니다. 마을 사람들의 생각이 거기까지밖에 미치지 못하는 것이 안타까웠습니다.

그러던 어느 날, 이 노인이 길을 가다 작은 새를 한 마리 안고 불쌍히 여기며 울고 있는 소년을 만났습니다. 노인은 기뻤습니다. 이제야 행복의 비밀을 말해 줄 사람을 만났기 때문입니다. 그리고 이렇게 말했습니다. "애야, 지금 네가 흘리고 있는 눈물이야말로 가장 소중한 것이란다. 남을 사랑하지 않고는 결코 행복을 맛볼 수 없단다." 그제야 마을 사람들에게 행복의 비밀이 소년을 통해서 널리 전해졌다는 이야기입니다.

거듭남의 표지_믿음과 믿음의 열매

거듭난 그리스도인은 오직 말씀과 성령의 역사 안에서 재창조된 하나님의 자녀입니다. 거듭남에는 절대적인 표지 두 가지가 있습니다. 이 표지가 없다면 그는 거듭난 사람이 아닐 것입니다. 첫째가 믿음입니다. 오직 믿음으로 예수 그리스도 안에서 하나님의 자녀가 됩니다. 그래서 그 믿음의 대상인 하나님과 성령님과 예수님에 대하여 알기를 사모합니다. 삼위일체 하나님의 존재와 인격과 말씀에 집중하기 시작합니다. 그래서 그 믿음은 성경으로 돌아가게 합니다. 성경 안에서 새로운 진리를 발견합니다. 하나님의 말씀 안에서 인생관, 세계관, 가치관, 모든 것을 다시 정리합니다. 그리고 믿음의 삶을 살아갑니다. 이 사람이 거듭난 사람입니다.

두 번째 표지는 믿음의 열매입니다. 믿음의 열매는 사랑입니다. 오직 십자가 안에 나타난 하나님의 사랑을 깨닫고 믿음으로 영접하여 하나님의 사람이 됩니다. 인격적으로 하나님의 사랑을 체험합니다. 그리고 그 사랑에 응답합니다. 감사하고 감격합니다. 그리고 하나님을 사랑하기 시작합니다. 하나님의 사랑이 없었다면, 미련한 짐승처럼 살다가 지옥에 갔을 텐데 하나님의 사랑이 나를 찾아오셔서 그 사랑을 받아들이고 믿음으로 천국에 갑니다. 하나님의 자녀가 되었습니다. 얼마나 감사한 일입니까? 그래서 하나님께 감사하며, 하나님을 사랑하며, 하나님의 말씀에 순종합니다. 그리고 그 사랑이 이웃에게까지 흘러가게 됩니다.

예수님을 사랑하십니까?

부활신앙은 그 사람을 믿음의 사람으로, 사랑의 사람으로 날마다 변화시킵니다. 예일대학교 심리학 교수인 로버트 스탠버그(Robert Sternberg) 박사는 사랑을 구성하는 요소 세 가지를 제시합니다. 첫째가 친밀감(Intimacy)입니다. 친밀감은 서로 잘 알고 가깝게, 편안하게 느끼는 사람 사이에 느껴지는 호감입니다. 이것이 있어야 사랑입니다. 둘째는 열정(Passion)입니다. 서로간의 강렬한 호감이나 느낌으로 서로를 사로잡는 매력을 말합니다. 셋째는 헌신(Commitment)입니다. 상대방의 복지와 안녕을 책임지고 상대방과의 관계를 유지하기 위한 노력을 말합니다. 그래서 오랜 부부 사이에는 열정은 없어도 친밀감이나 헌신은 여전히 강하게 나타날 수 있습니다.

여러분은 얼마나 예수님을 사랑합니까? 예수님과 나 사이에서 친밀함을 느끼지 못하고 그분을 향한 열정이 없고 그분께 헌신하지 않는다면 예수님을 진정으로 사랑하는 것이 아닐 것입니다. 예수님을 사랑하는 것은 곧 하나님을 사랑하는 것입니다. 예수님을 사랑하지 않고 하나님을 사랑한다고 말하는 것은 거짓입니다.

베드로에게 일어난 충격적 사건

본문에 부활하신 예수 그리스도께서 베드로를 만나는 계시적인 사건이 기록되어 있습니다. 부활하신 주님께서 사도 베드로에게 나타나셔서 말씀하십니다. "네가 나를 사랑하느냐?" 이 말씀은 모든 부활의 증인에게 주시는 말씀입니다. 오늘도 부활의 증인에게 이 말씀을 하실 것입니다. "네가 나를 사랑하느냐?" 베드로는 이 사건을 평생 기억했을 것입니다. 엄청난 충격과 도전을 받았기 때문입니다.

먼저 이 말씀을 주시는 상황에 대한 이해가 중요합니다. 베드로는 요한복음 20장 19절에서처럼 이미 부활하신 예수님을 만났습니다. 부활하신 예수님을 보았습니다. 그런데 옛 생활로 돌아갑니다. 예수님을 만나 뵙기 전의 옛 삶으로 돌아가고 말았습니다. 예수님께서 물으셨습니다. "네가 나를 사랑하느냐?" 베드로는 부활의 목격자입니다. 엄청난 이적의 증인입니다. 진실로 예수님을 하나님으로 믿은 사람입니다. 그런데 옛사람으로 돌아갔습니다. 눈앞에 예수님께서 계실 때는 그냥 좋아다녔는데, 이제 눈앞에 안 계시니 다시 방황하며 옛 본성에 이끌려 살아갑니다. 인간의 타락한 본성이 이와 같습니다.

베드로는 한때 예수님께 대한 충성을 맹세했습니다. 마태복음 26장 33절의 말씀입니다. "베드로가 대답하여 이르되 모두 주를 버릴지라도 나는 결코 버리지 않겠나이다." 예수님이 십자가를 지시기 전날 밤에 했던 베드로의 약속입니다. 35절에 다시 반복합니다. "베드로가 이르되 내가 주와 함께 죽을지언정 주를 부인하지 않겠나이다." 그런데 얼마 되지 않아서 베드로가 이렇게 말합니다. "그가 저주하며 맹세하여 이르되 나는 그 사람을 알지 못하노라 하니 곧 닭이 울더라"(74절). 베드로는 엄청난 죄를 지었습니다. 부끄러운 일을 행했습니다. 그런데 베드로를 다시 만나신 예수님께서는 아무 말씀도 하지 않으셨습니다. 이 사건을 예언한 예수님이시지만 과거를 묻지 않으셨습니다. 허물을 지적하지도 않으셨습니다. 부활하신 주님께서 단 한 마디만 말씀하십니다. "네가 나를 사랑하느냐?"

십자가의 사랑_하나님은 사랑이시다

참 사랑은 과거를 묻지 않습니다. 허물을 따지지도 않습니다. 용서는 사랑에서 비롯됩니다. 사랑이 없는 용서는 교만이고 위선입니다. 용서는 그 과거를, 허물을 기억합니다. 용서하는 순간 기억력이 감퇴해서 잘못을 잊는 것이 아닙니다. 분명히 잘못을 기억하지만 망각하기로 결단하는 행위가 용서입니다. 예수님은 베드로의 허물을, 과거를 따져묻지 않으셨습니다. 베드로를 사랑하신 까닭입니다.

그런데 본문에 나타난 것처럼 예수님은 한 번만 이 질문을 하신 것이 아닙니다. 세 번이나 똑같은 질문을 하십니다. 가장 중요한 순간을 예수님께서 분명히 기억하게 하시려고 그렇게 하셨습니다. 예수 그리스도의 십자가의 사랑을 베드로의 심령에 분명히 새기시기 위해 같은 질문을 반복하시는 것입니다. 십자가의 사랑을 놓치면 모든 것을 잃는 것이기에 더욱 강조하셨습니다.

복음은 "하나님께서는 사랑이시다"라는 소식입니다. 복음은 능력이나 이적 같은 굉장한 사건 또는 지식이 아닙니다. 그것은 복음에 있어 주변적인 것입니다. 복음의 절정과 핵심은 '하나님께서는 사랑이시다'입니다. 그것이 십자가 안에 나타난 것입니다. 십자가에서 죽으신 예수 그리스도로 말미암아 하나님의 사랑이 확증됩니다. 하나님은 의인이 아니라 죄인을, 타락한 죄인을, 하나님과 원수 된 자를, 하나님을 비방하던 자를 사랑하십니다. 이것이 복음입니다. 더욱이 구제불능인 나 같은 죄인을 끝까지 사랑하신다는 것, 이것이 복음입니다. 이것이 십자가 복음의 핵심적인 계시입니다. 우리는 이 계시를 믿음으로 구원받습니다.

십자가의 사랑_변화시키는 능력

이 믿음은 사람을 변화시킵니다. 믿음의 사람, 사랑의 사람으로 변화시킵니다. 지식과 능력과 체험으로 변화되는 것이 아니라, 십자가의 사랑을 믿음으로 성령께서 그를 변화시키십니다.

구약성경에 출애굽의 기적이 나타납니다. 이것은 성경에 나타난 눈에 보이는 기적 중에 가장 큰 기적입니다. 도저히 상상할 수도 없는 재앙이 애굽에 임하고 나중에는 홍해까지 갈라졌습니다. 하나님께서 능력으로 기적을 행하실 때 이스라엘 백성들은 기적을 통해 하나님을 만났지만, 결국 얼마 안 되어 원망과 불평 가운데 실족하고 맙니다. 오늘도 마찬가지입니다. 진정한 삶의 변화는 능력이나 지식의 깨달음이 아니라, 십자가에 나타난 사랑입니다. 이것이 하나님의 방법입니다. 그 안에서 성령께서 역사하십니다.

그런데 베드로가 부활하신 주님을 만났습니다. 3년 동안 예수님의 능력을 경험했고 그분의 가르침을 받았습니다. 그런데 예수님이 십자가에 돌아가시자 옛사람으로 돌아갑니다. 옛사람의 본성에 이끌리어 원치 않는 삶으로 끌려갑니다. 온전히 변화되지 못했습니다. 그런 베드로에게 예수님께서 마지막으로 말씀하십니다. "네가 나를 사랑하느냐?" 이 질문은 모든 부활의 증인에게, 옛사람으로 또 다시 돌아간 하나님의 자녀에게 주시는 최종적인 은총의 말씀입니다.

'진실로' 예수님을 사랑하십니까?

본문에서 예수님께서 이렇게 말씀하십니다. "요한의 아들 시몬아." 그것도 계속해서 세 번이나 그렇게 부르십니다. 베드로라고 부르지 않으십니다. 베드로는 예수님께서 주신 새 이름입니다. 새 존재에 걸맞은 새 이름입니다. '베드로'는 '반석'이라는 뜻입니다. "주는 그리스도시요, 살아 계신 하나님의 아들입니다"라고 고백하는 베드로의 믿음 위에, 하나님의 은혜로 주신 새 이름입니다. 그런데 지금은 그 이전 이름을 부르십니다. 베드로라는 이름을 얻기 전의 모습으로 돌아간 베드로의 자화상을 보게 하시려고 "요한의 아들 시몬아" 하고 부르셨습니다. 하나님께서는 내가 휘청거리고 옛사람으로 끌려가 살아갈 때, 내가 누구인지를 깨닫게 하시고 회개하게 만드십니다.

진정 베드로는 예수님을 위해서 죽기로 결단했을 것입니다. 그러나 그렇게 하지 못했습니다. 부활하신 주님을 만나고도 용기를 내지 못했습니다. 믿음의 삶을 살지 못했습니다. 또 다시 옛사람, 옛 생활로 돌아갔고, 옛사람의 본성에 이끌려 추락했습니다. 이런 베드로에게 "네가 나를 사랑하느냐?"라고 물으시는 건, 베드로가 과연 내가 예수님을 진실로 사랑하는지 생각해 볼 수 있는 여지를 주시는 것입니다.

여러분은 '진실로 예수님을 사랑합니까?' 아니라면, 여기부터 다시 시작해야 합니다. 베드로도 예수님을 사랑합니다. 우리도 예수님을 사랑합니다. 그런데 문제는 그 사랑의 차원입니다. 예수님보다 나를 더 사랑한다면, 항상 자기애가 나를 꽉 쥐고 있다면, 간헐적으로 예수님을 사랑한다면, 예수님보다 세상에서의 안녕과 성공과 명예를 더 사랑한다면 이것은 위선적 사랑입니다. 참 사랑이 아닙니다. 예수님께서 그것을 물으십니다. "네가 나를 사랑하느냐? 무엇보다도 진실로 나를 사랑하느냐?"

'오직' 예수님을 사랑하십니까?

십자가의 사랑을 정말 믿으면, 하나님의 엄청난 사랑이 나 같은 죄인에게 임하였음을 깨닫고 믿으면 전심으로 예수님만을 사랑하게 됩니다. 자기애가 없어집니다. 자기 부인이 먼저 일어납니다. 십자가의 사랑에 끌리면, 사로잡히면 자기 사랑이라는 것은 없어집니다. 인간관계에서의 참사랑을 생각해 보십시오. 처음에는 나의 필요를 위해서 그를 사랑합니다. 그 대상을 사랑합니다. 그러나 그것은 이기적인 사랑입니다. 이제 그것을 넘어 성숙한 사랑이 되면 그를 위해서 사랑하게 됩니다.

하물며 십자가 안에 나타난 예수 그리스도의 사랑을 믿고 깨달으면 어떻게 되겠습니까? 그분의 사랑에 완전히 사로잡히게 됩니다. 하나님의 사랑 속에 있는 자는 진실로 예수 그리스도를 사랑하게 됩니다. 항상 그분이 먼저입니다. 그런데 베드로는 그렇지 못했습니다. 그래서 옛사람의 본성에 이끌려 갔습니다. 또 자기사랑이 나옵니다. 그래서 예수님께서 물으십니다. "네가 나를 사랑하느냐?" 예수님께서 말씀하시는 이 사랑은 아가페적 사랑입니다. 인간적인, 에로스적인, 친구간의 사랑이 아닙니다.

누군가를 진정으로 사랑하면 사랑의 대상에게 집중합니다. 정말 내가 누군가를 사랑하면 그 사람을 알고 싶고, 그 사람과 친밀한 관계가 되고 싶고, 그 사람에 대해서 열정이 생깁니다. 그리고 반드시 그 대상에게 자신의 사랑을 표현합니다. 정말 그 대상을 사랑하면 '내가 당신을 사랑한다'고 말할 수밖에 없습니다. "네가 나를 사랑하느냐?"는 예수님의 질문은 "정말 내가 너를 위하여 죽은 것을 아느냐? 그 안에 나타난 하나님의 사랑을 정말 믿고 살아가느냐?" 묻는 것입니다.

'전심으로' 예수님을 사랑하십니까?

사랑은 인격적 체험입니다. 사랑은 책으로 배우는 것이 아닙니다. 사랑은 실제적 관계에서 이루어집니다. 지·정·의를 통해서 확신되고, 느껴지고, 체험됩니다. 그러면 예수님과 나 사이에 인격적 관계가 사랑 안에서 성립됩니다. 그것을 체험하지 못한다면 거듭난 사람이 아닙니다. 그 인격적 사랑 안에서 사랑하는 자를 신뢰하기 시작합니다. 전적으로 예수님만을 신뢰합니다. 그리고 그 사랑에 순종합니다. 헌신합니다. 이것이 십자가의 지혜요 능력입니다.

하나님께서 가장 기뻐하시는 것은 온 마음으로 여호와 하나님을 사랑하는 것입니다. 십자가의 사랑을 알고, 믿고, 인격적으로 체험하며 사는 사람에게 이것은 당연하고 자연스러운 결과입니다. 그런데 이것이 쉽습니까, 어렵습니까? 거듭난 그리스도인에게는 쉽습니다. 십자가에 나타난 하나님의 사랑이 나를 사로잡을 때는 쉽습니다. 그러나 십자가의 사랑에서 멀어지고 다른 관심이 나의 우선순위가 되면 불가능합니다. 내가 먼저고, 세상이 먼저고, 하나님께는 자기에게 필요한 능력만 구한다면 이것은 불가능합니다. 전심으로 하나님을 사랑할 수 없습니다. 그래서 예수님께서 물으십니다. "네가 나를 사랑하느냐?"

예수님의 질문과 베드로의 대답

세 번의 질문을 통하여 베드로는 새로워집니다. 다시 회복합니다. 그리고 답합니다. "주께서 아십니다. 주께서 아십니다." 마음의 중심이 변화되고 있습니다. 옛날 같았으면 "그걸 말씀이라고 하세요? 제가 사랑하죠. 정말 사랑한다니까요? 누구보다도 내가 사랑합니다"라고 했을 것입니다. 그러나 이제는 자기 자신을 못 믿습니다. 믿을 수 없는 존재임을 깨닫기 시작했습니다. 오직 십자가의 사랑에 붙들릴 때만 진실로 주님을 사랑할 수 있음을 고백합니다. 그래서 말씀합니다. "주께서 아십니다." 이것이 베드로의 겸손이요, 진실입니다. 성도 여러분, 얼마나 주님을 사랑합니까? 베드로와 같이 "주께서 아십니다"라고 고백하며 살아갑니까?

오래전 TV에서 본 내용인데, 여러 가지를 생각하게 하는 내용이라 지금도 기억합니다. 노인분들이 낱말 맞추기 퀴즈를 하는데, 할아버지에게 '천생연분'이라는 낱말을 보여 주었습니다. 할아버지가 할머니에게 그 낱말을 설명합니다. "야, 우리처럼 오랫동안 다투지 않고 행복하게 사는 걸 뭐라고 그래?" 그랬더니 할머니가 웃으시면서 "웬수"라고 하더라고요. 그래서 다시 할아버지가 "네 글자로 말해" 했더니, "평생 웬수"라고 했습니다. 그래서 사회자가 중재에 나섰습니다. 그러면서 할아버지에게 물었습니다. "정말 한평생 안 싸우셨습니까? 정말 그렇게 사셨습니까?" 그랬더니 할아버지가 정말이라고 하며 이렇게 말했습니다. "정말 안 싸웠어. 저할멈이 내 성격을 잘 알아서 비위를 잘 맞춰 주고, 잘 받아줘서 안 싸웠어. 우린 천생연분이야." 사회자가 할머니에게 물었습니다. "정말 안 싸우셨습니까?" 할머니가 대답합니다. "부부싸움이요? 내 속 썩는 줄 누가 아나? 하나님이나 검게 탄 내 속을 아시려나? 내 진실을 누가 아나?"

사실 나도 내 진실을 다 알 수 없습니다. 모든 것을 다 아시는 분은 오직 예수 그리스도 뿐입니다. 그분이 우리에게 물으십니다. 부활의 증인들에게 물으십니다. 하나님의 자녀에게 오늘도 물으십니다. "네가 나를 사랑하느냐? 정말 네가 나를 사랑하느냐?" 나의 진실은 무엇입니까?

하나님이 우리에게 요구하시는 것

허드슨 테일러(Hudson Taylor)는 진정 위대한 하나님의 사람입니다. 그분의 유명한 일화가 있습니다. 그는 중국에서 평생 헌신하신 분인데, 많은 열매를 맺고 선교회의 총책임자가 됐습니다. 많은 사람들이 그를 찾아와 해외 선교사로 나가겠다고 할 때마다, 그는 동일한 질문을 했습니다. "당신은 무슨 동기로 그와 같은 선택을 하십니까? 한평생 선교사로 사는 게 참으로 힘든 일인데, 왜 그런 결정을 하셨습니까?" 어떤 사람은 이렇게 대답했습니다. "주님께서 명령하셨으므로, 땅 끝까지 증인이 되라고 하셨으므로, 온 세상에 가서 모든 족속을 제자를 삼으라고 하셨으므로 그 말씀에 순종하기 위해서 제 모든 인생을 내놓았습니다." 굉장한 열정입니다. 또 다른 이는 이렇게 말했습니다. "예수님을 모르는 이 세상은 너무나 타락했습니다. 그래서 예수 그리스도의 복음을 전하기 위해서 내 삶을 다 내놓을 것입니다. 헌신할 것입니다." 참 위대한 결단입니다. 그런데 허드슨 테일러는 이들 앞에서 이렇게 말했습니다. "그런 동기로 하나님께, 예수님께 헌신하는 것은 오래가지 못합니다. 그 모든 동기도 좋지만 시험과 시련과 고생, 심지어 죽음의 순간을 당할 때 그 동기가 절대 당신을 구하지 못합니다. 단 한 가지 동기가 당신을 어려운 시험과 시련에서 견디게 해 줄 것입니다. 그것은 그리스도의 사랑입니다."

오늘날 그리스도인들이 가장 잘못 생각하는 것 가운데 하나가 예수님을 사랑하는 것과 예수님의 일을 하는 것을 같은 것으로 생각하는 것입니다. 헌신하고, 선행하고, 봉사하고, 구제하고, 그런 일을 하는 그 중심에 진실로 예수님을 사랑하는 마음이 없다면 그것은 자기를 위한 것입니다. 가식입니다. 주님께서는 우리가 주님을 사랑하는지 우리의 입술로 고백하기를 원하십니다. 거듭난 그리스도인의 삶의 모든 동기가 십자가의 사랑이어야 하고, 예수 그리스도를 사랑하는 마음이어야 합니다. 그 삶만이 하나님께 영광 돌리는 길입니다.

사랑의 동기와 응답하는 삶

하나님께서는 인간의 업적과 공로를 좋아하지 않으십니다. 어차피 다 하나님께서 베푸신 것입니다. 하나님께서는 중심을 원하십니다. 만일 그 중심으로 하나님을 사랑하지 않는다면, 하나님을 사랑하는 동기가 십자가의 사랑에 있지 못하다면 또 다시 베드로와 같이 옛 본성에 이끌려 옛사람으로 전락하고 맙니다. 예수님께서 "네가 나를 사랑하느냐?" 물으십니다. 그 말씀을 듣고, 생각하고, 응답하는 순간에, "주께서 아시나이다"라고 고백하는 그 진실한 순간에 예수님께서 위대한 사명을 주십니다. 하나님 일의 동역자로 부르십니다. "내 양을 먹이라."

나를 사랑하는 동기로만 이 일을 행하라는 것입니다. 어떤 선행도, 하나님을 위한 어떤 일도 오직 예수 그리스도를 사랑하는 동기로 행할 때 하나님께 영광이 되고 복음의 능력이 나타나게 됩니다. 그런데 유감스럽게

도 이 일이 저절로 되지는 않습니다.

네가 나를 사랑하느냐?

그러므로 우리는 인격적으로 다시 십자가에 집중해야 합니다. 그리고 부활하신 주님께서 하신 말씀에 귀를 기울여야 합니다. "네가 나를 사랑하느냐?" 그 앞에서 진실하게 응답하는 자만이 믿음으로 승리할 수 있습니다. 이것은 단번에 되지 않습니다. 주께서 부르시는 그날까지 계속될 인격적 역사입니다. 십자가의 사랑 위에 내 믿음과 소망이 있어야 합니다. 그럴 때 사랑의 열매가 나를 통해서 나타납니다.

부활의 신앙은 어떤 죄인도, 어떤 타락한 사람도 믿음의 사람으로, 사랑의 사람으로 변화시킵니다. 부활신앙을 가진 사람은 주님의 인격에 집중하고 십자가의 사랑에 감사하며 응답하는 사람으로 살아갑니다. 주님의 말씀에 귀를 기울입니다. "네가 나를 사랑하느냐?" 오늘도 부활하신 주님께서 찾아오셔서 말씀하십니다. "네가 나를 사랑하느냐? 네가 나를 사랑하느냐? 네가 나를 사랑하느냐?"

기도

사랑과 긍휼이 풍성하신 은혜의 하나님. 하나님의 최종 계시인 십자가에 나타난 하나님의 사랑을 믿음으로 하나님의 자녀가 되었건만, 그 사랑에 집중하지 못하고 또다시 세상에 눈을 돌리고, 자신에게만 집중하며, 당신의 능력과 지혜에만 관심을 가져 십자가의 길에서 멀리 떨어진 죄인을 용서하여 주시옵소서. 오, 주님. 부활하신 주님께서 베드로에게 찾아오셔서 "네가 나를 사랑하느냐?" 말씀하신 것처럼 오늘도 이 사건을 통해서 우리 모든 부활의 증인에게 "네가 나를 사랑하느냐?" 말씀하시고 기다리시니 감사합니다. 하나님은 우리가, 오직 믿음으로, 사랑으로 거듭난 자의 삶을 보이며, 주와 동행하는 삶을 살기를 기다리시는 줄을 믿고 아오니. 이 말씀으로 새롭게 되게 하시고 하나님의 영광을 나타내는 권세 있는 삶을 살도록 우리를 지켜 주시옵소서. 주 예수 그리스도의 이름으로 간절히 기도드리옵나이다. 아멘.

하나님의
복음